高等工科院校"十三五"系列教材

机械制图习题集

主编　葛敬侠　刘顺芳　石建玲
参编　韩志杰　孙婷婷　张景梅　李才泼　高雪强

机械工业出版社

本书按照知识点包括制图的基本知识和技能，点、直线、平面的投影，基本立体的投影，立体表面的交线，组合体的构形与表达，机件常用的图样画法，标准件和常用件，图样上的技术要求，零件图，装配图，计算机辅助绘图等内容。

本书可作为高等本科院校机械类专业教材，也可作为高职高专相关专业教材，同时也可供有关工程技术人员参考使用。

图书在版编目（CIP）数据

机械制图习题集/葛敬侠，刘顺芳，石建玲主编. —北京：机械工业出版社，2018.9
（2025.6重印）
高等工科院校"十三五"规划教材
ISBN 978-7-111-60803-5

Ⅰ.①机… Ⅱ.①葛… ②刘… ③石… Ⅲ.①机械制图-高等学校-习题集 Ⅳ.①TH126-44

中国版本图书馆 CIP 数据核字（2018）第 204291 号

机械工业出版社（北京市百万庄大街22号　邮政编码100037）
策划编辑：王海峰　责任编辑：王海峰　责任校对：肖　琳　张晓蓉
封面设计：鞠　杨　责任印制：单爱军
中煤（北京）印务有限公司印刷
2025年6月第1版第6次印刷
368mm×260mm・15.5印张・378千字
标准书号：ISBN 978-7-111-60803-5
定价：45.00元

电话服务　　　　　　　　网络服务
客服电话：010-88361066　　机　工　官　网：www.cmpbook.com
　　　　　010-88379833　　机　工　官　博：weibo.com/cmp1952
　　　　　010-68326294　　金　书　网：www.golden-book.com
封底无防伪标均为盗版　　　机工教育服务网：www.cmpedu.com

前 言

本书根据教育部高等学校工程图学教学指导委员会制定的《普通高等学校工程图学课程教学基本要求》及近年来发布的与制图有关的国家标准，并结合多年的教学经验编写而成，供高等学校机械类各专业作教材使用。

本书主要有以下特点：

1. 全面贯彻现行国家标准《技术制图》《机械制图》以及其他有关标准。

2. 每章均有一定数量的习题或作业，既包括基本题型，也有一定难度的题目。题目由易到难，循序渐进，具有典型性、代表性及多样性。

3. 本书在立体表面的交线、组合体的构形与表达、机件常用的图样画法、零件图及装配图各章题目数量较多，可满足不同需求。在使用时，可根据情况选用。

本书由葛敬侠、刘顺芳、石建玲任主编，参加本书编写的还有韩志杰、孙婷婷、张景梅、李才泼、高雪强。

由于编者水平有限，书中疏漏和差错之处，恳请读者批评指正。

编 者

目 录

前 言

第一章 制图的基本知识和技能 ………………………………………… 1

第二章 点、直线、平面的投影 …………………………………………… 7

第三章 基本立体的投影 …………………………………………………… 17

第四章 立体表面的交线 …………………………………………………… 19

第五章 组合体的构形与表达 ……………………………………………… 31

第六章 机件常用的表达方法 ……………………………………………… 51

第七章 标准件和常用件 …………………………………………………… 71

第八章 图样上的技术要求 ………………………………………………… 83

第九章 零件图 ……………………………………………………………… 87

第十章 装配图 ……………………………………………………………… 97

第十一章 计算机辅助绘图 ………………………………………………… 115

参考文献 ……………………………………………………………………… 120

第一章 制图的基本知识和技能

1-1 字体　　　　　班级　　　姓名　　　学号

1. 长仿宋体汉字练习。

机械制图审核数量材料比例共第张

序号名称备注螺纹齿轮键销弹簧轴

技术要求铸造圆角热处理组合体轴测遵守国家标准

2. 数字练习。

0123456789 0123456789

3. 字母练习。

ABCDEFGHIJKLMNOPQRSTUVWXYZΦ

abcdefghijklmnoprstwxyz

1-2　图线　　班级　　姓名　　学号

1. 在下面空白处抄画各种图线。

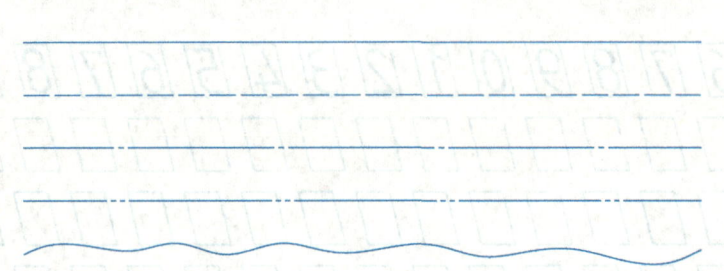 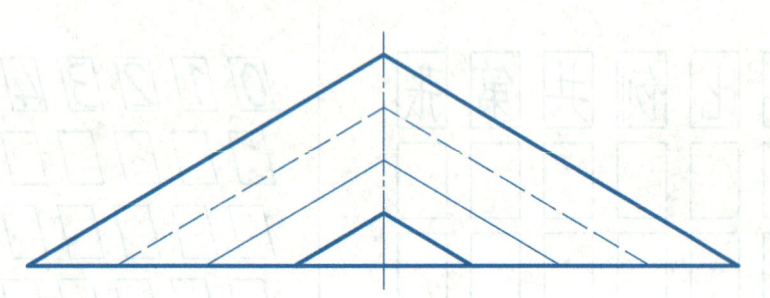 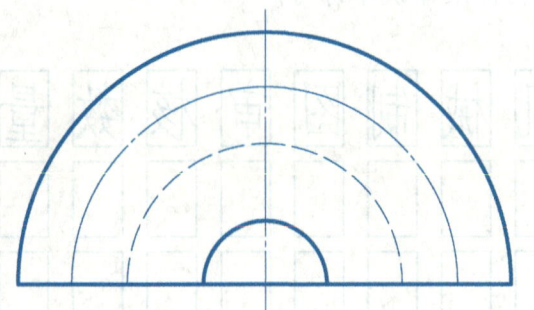

2. 找出各圆中细点画线的正确画法，错误的指出原因。

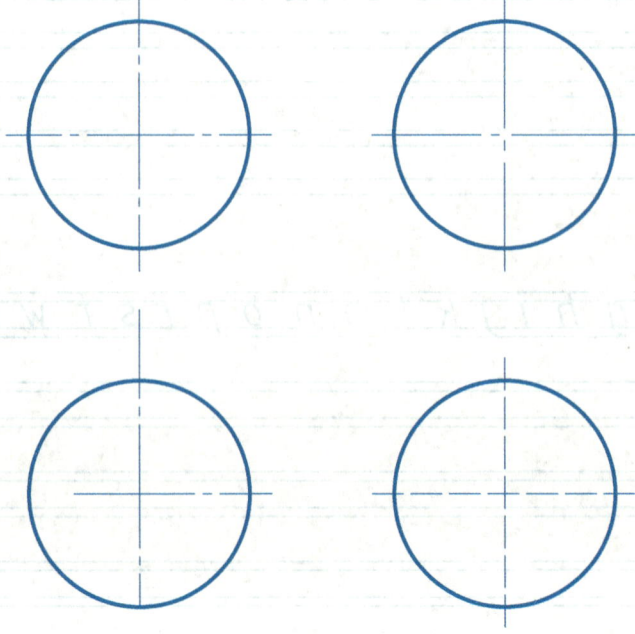

3. 用细点画线补画图中的中心位置线和对称位置线。

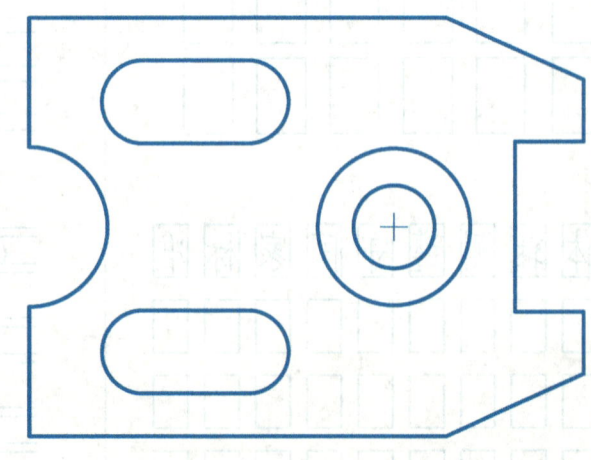 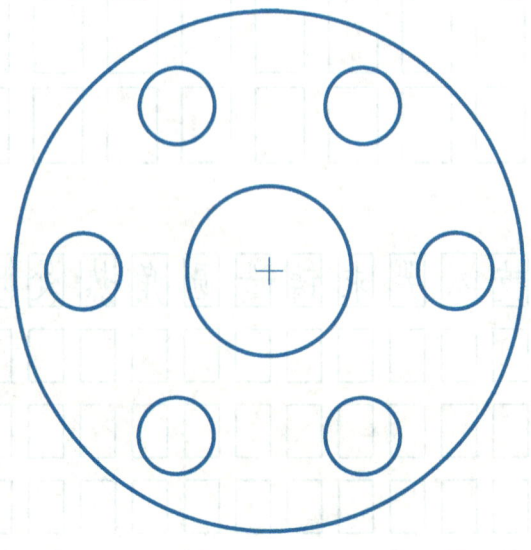

| 1-3　尺寸注法 | 班级　　　姓名　　　学号 |

1. 填写尺寸数字（按1∶1比例在图上量取并取整）。

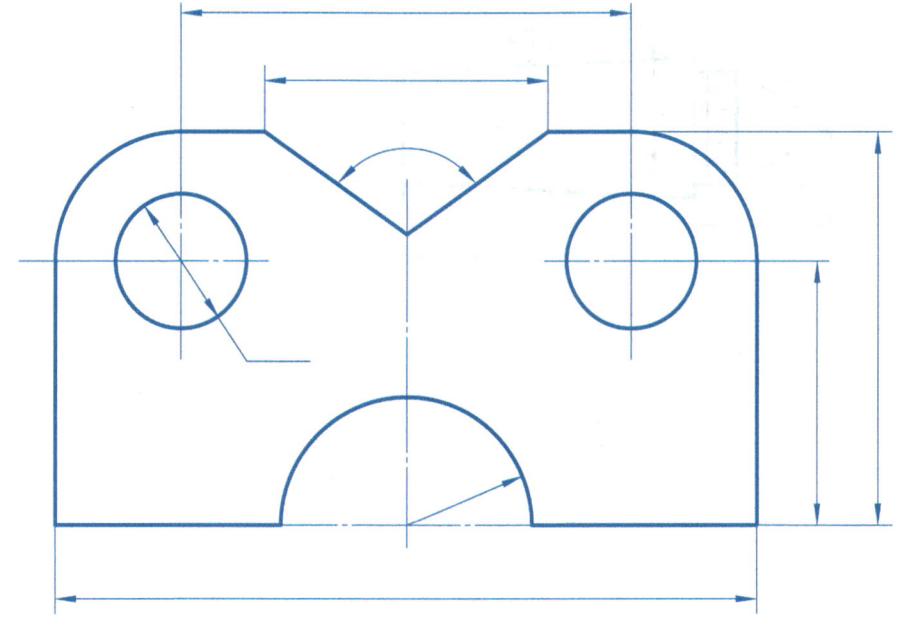

3. 找出图中错误的尺寸标注，并在下图中正确注出。

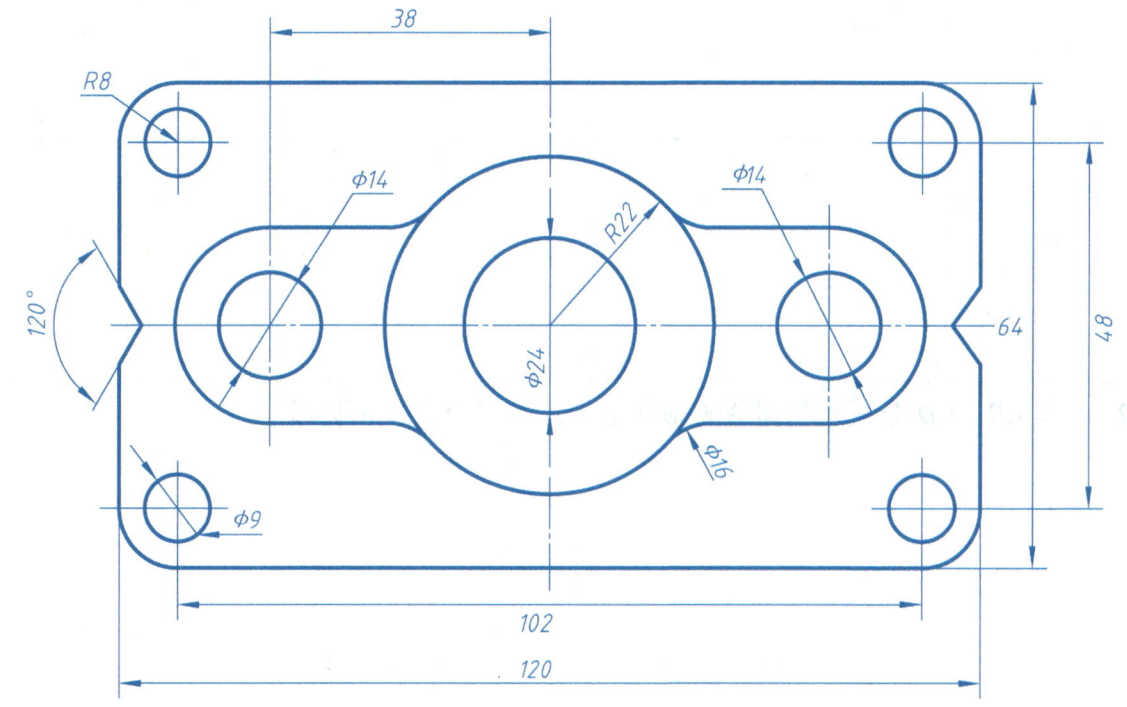

2. 补画尺寸线终端，并填写尺寸数字（按1∶1比例在图上量取并取整）。

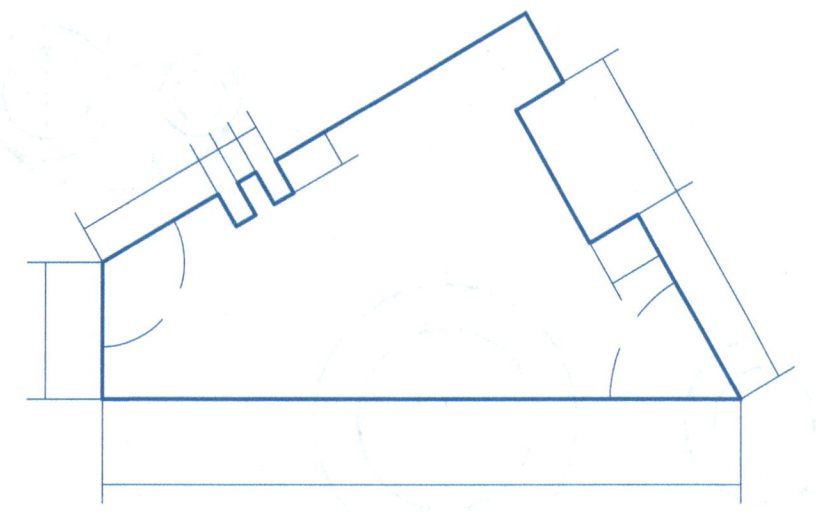

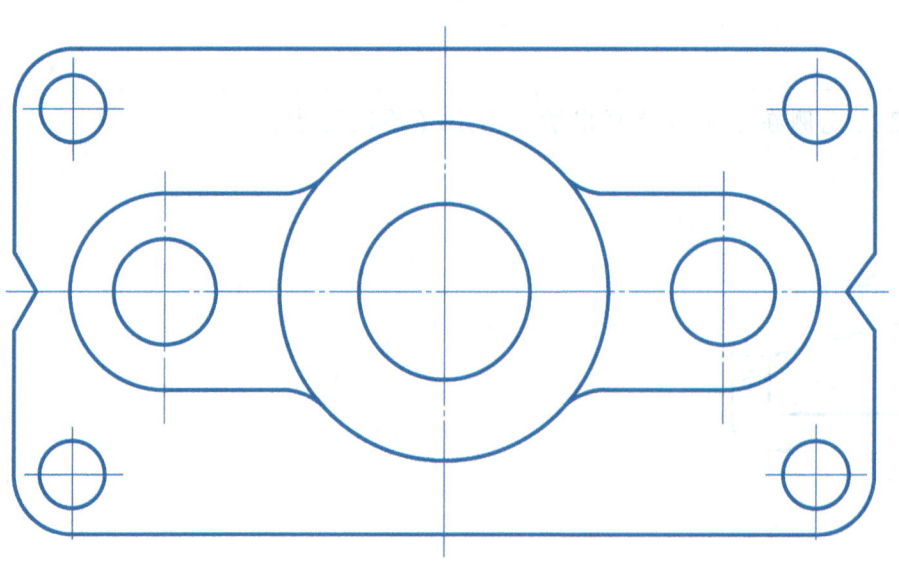

| 1-4 几何作图 | 班级　　　姓名　　　学号 |

1. 以 A 为顶点作正六边形，以 B 为顶点作正五边形。

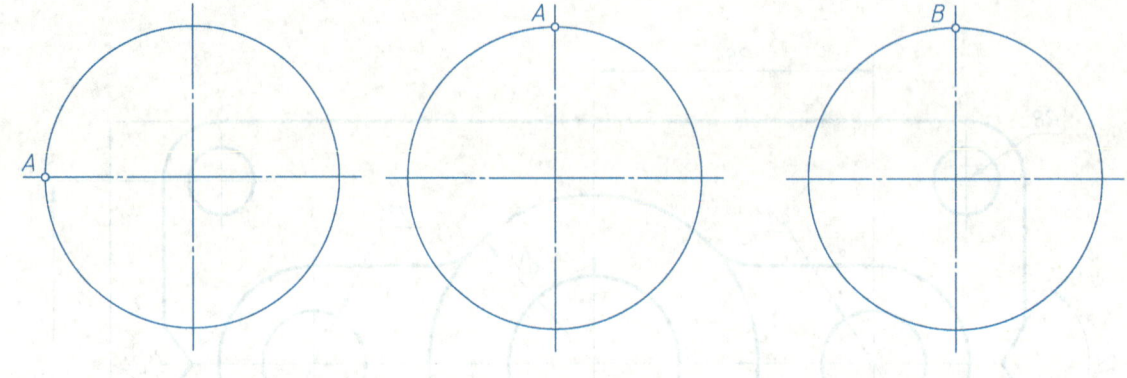

2. 已知 AB、CD 分别是椭圆的长轴和短轴，用四心法画出椭圆。

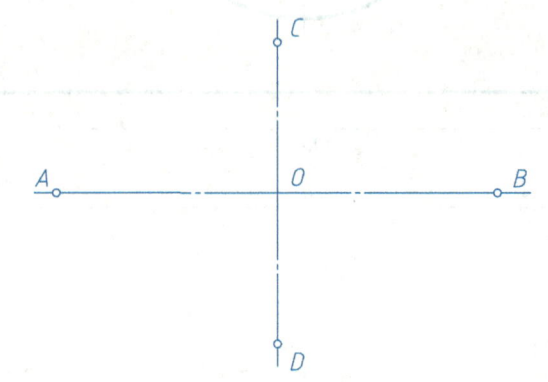

3. 用 1∶2 的比例在指定位置画出所示图形（不注尺寸）。

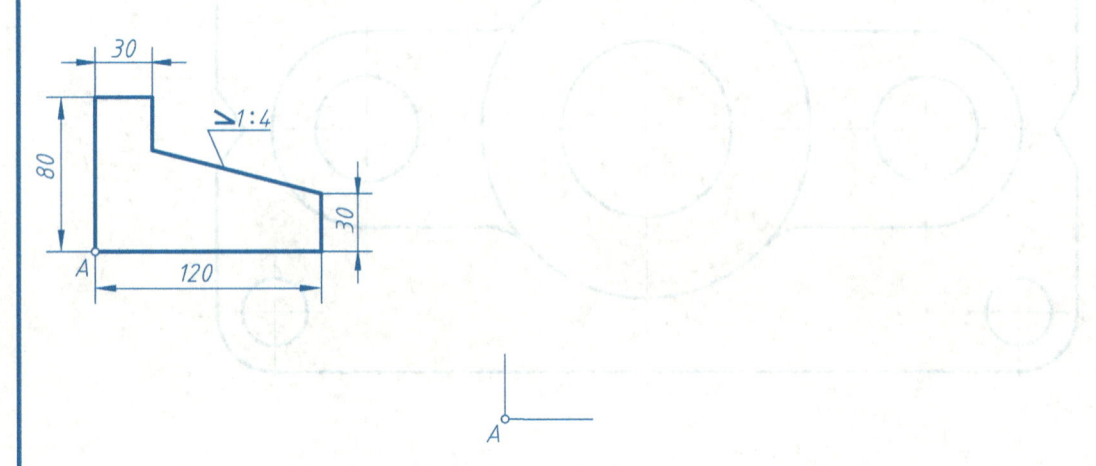

4. 用 1∶1 的比例在指定位置画出所示图形（不注尺寸）。

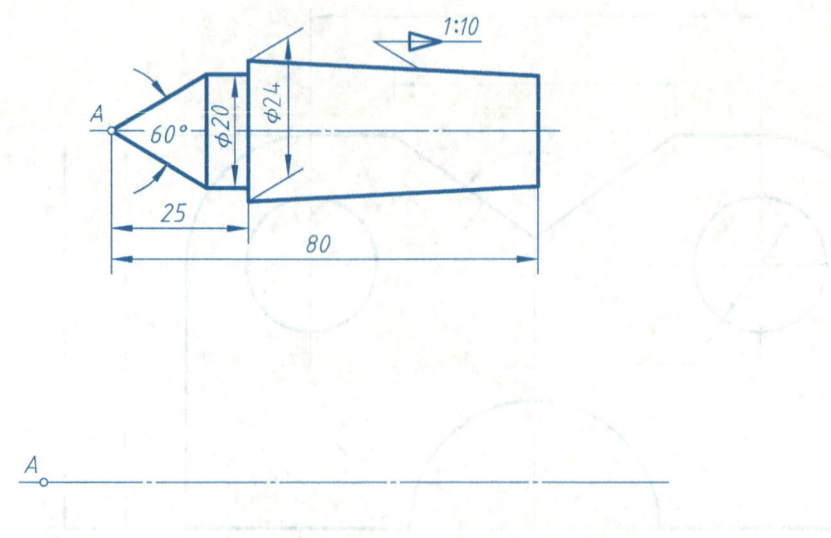

5. 根据图例尺寸，补全平面图形的轮廓（保留作图线）。

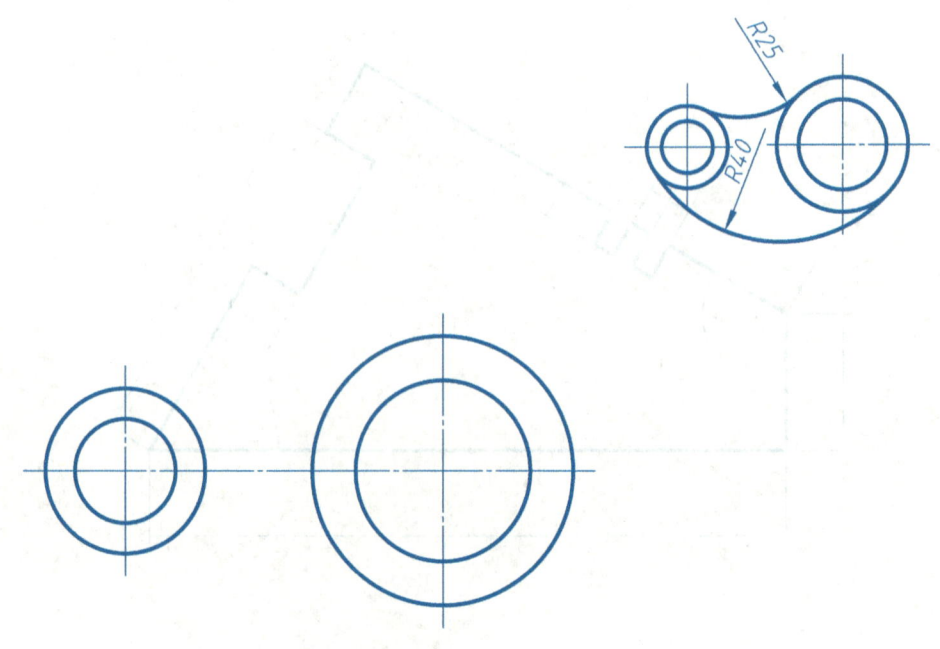

| 1-5 徒手绘图 | 班级　　　姓名　　　学号 |

在指定位置，徒手抄画平面图形。

(1)

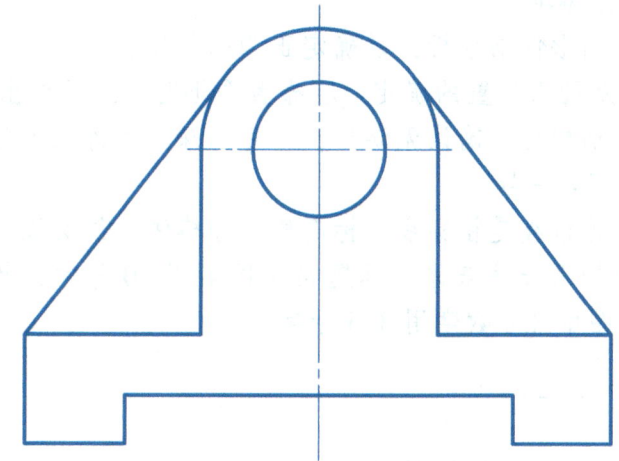

(2)

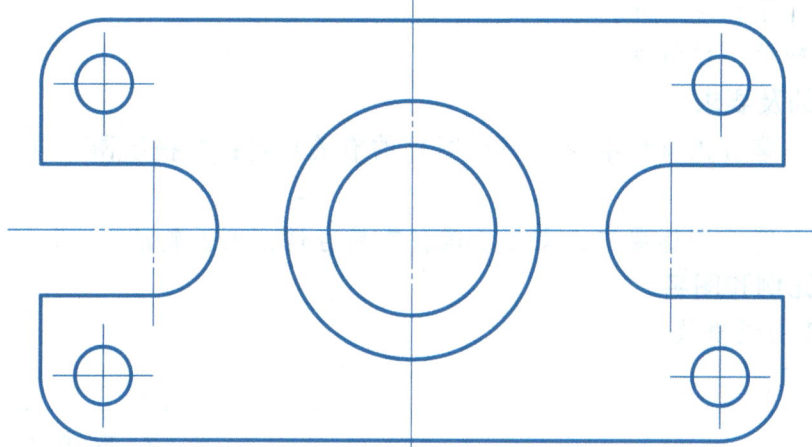

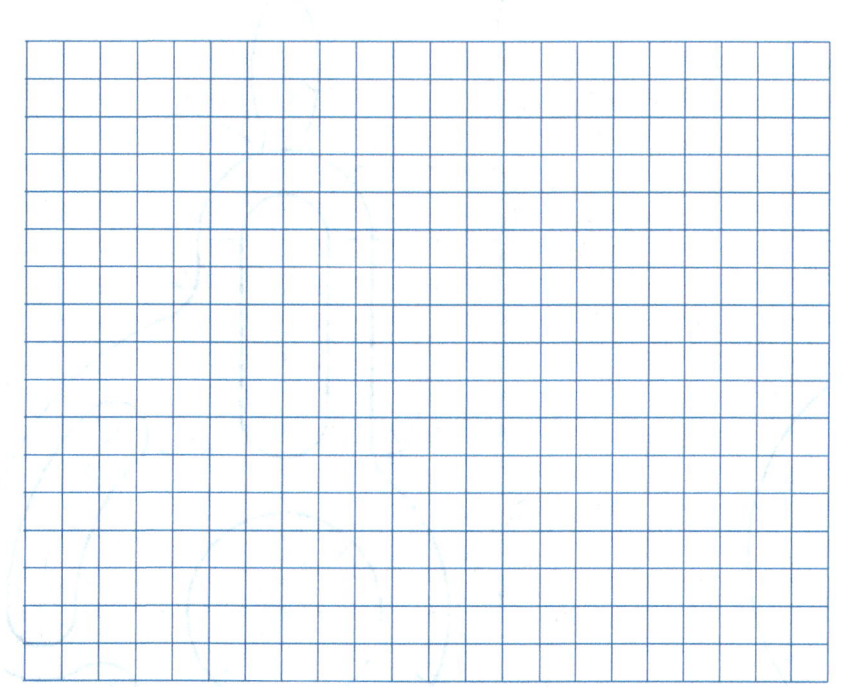

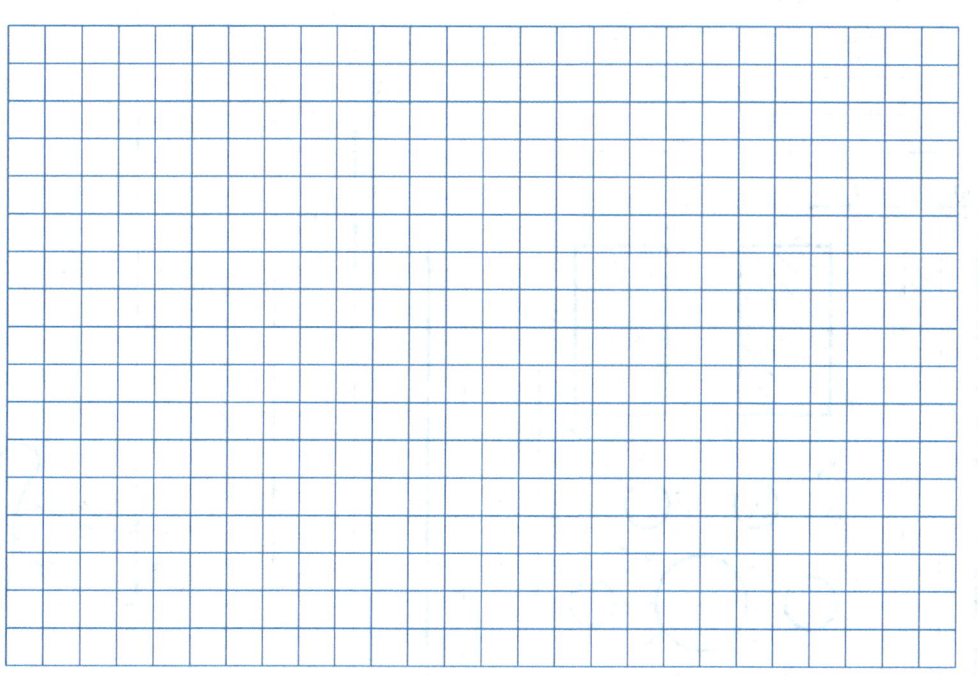

| 1-6 制图基本知识绘图训练 | 班级　　　姓名　　　学号 |

绘图技能训练——基本练习

一、作业内容
1. 抄画线型（不标注尺寸）。
2. 抄画零件轮廓，并标注尺寸。

二、作业目的及要求
1. 目的：初步掌握国家标准《机械制图》的有关规定；掌握绘图仪器和工具的使用方法。
2. 要求：线型符合国标要求，图形正确，布局合理，图面整洁。

三、图幅、比例和图名
1. 图幅：A3 图纸横放。
2. 比例：1∶1。
3. 图名：基本练习。

四、绘图步骤及注意事项
1. 绘图前应对所画图形仔细分析，以确定正确的作图步骤，特别要注意零件轮廓线上圆弧连接的各切点及圆心位置的确定，在布置图形时要注意留出标注尺寸的位置。
2. 完成底稿后，仔细校验，确认无误后，方可加深。加深圆及圆弧时，圆规的铅芯要比画直线时所用铅笔软一号。
3. 图框线、标题栏外框线是粗实线，标题栏内分格线是细实线。
4. 字体要求：汉字均用长仿宋体，标题栏中图名用 10 号字，校名用 7 号字，姓名及其他均用 5 号字，图中尺寸数字用 3.5 号字。

1. 线型

2. 零件轮廓
(1) 起重钩

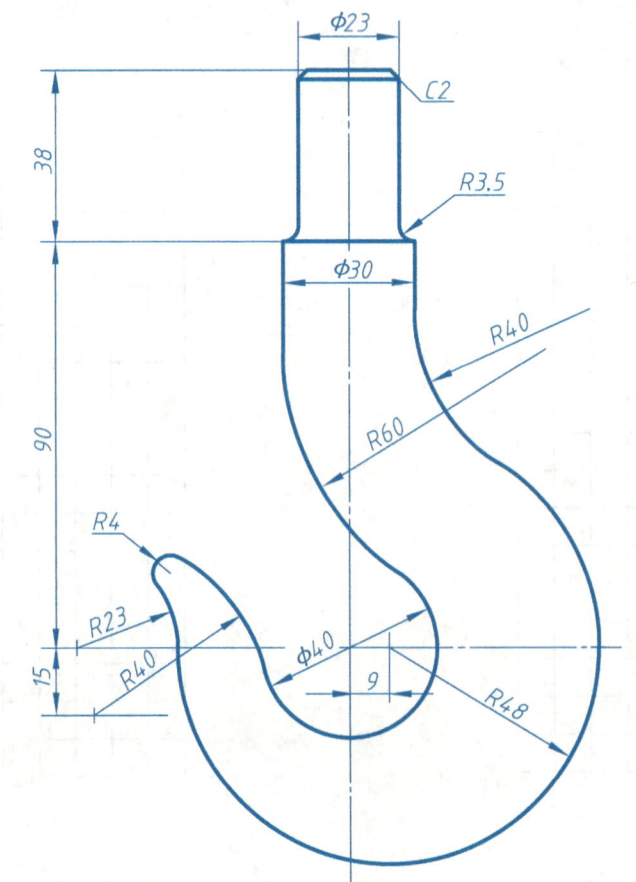

(2) 挂轮架

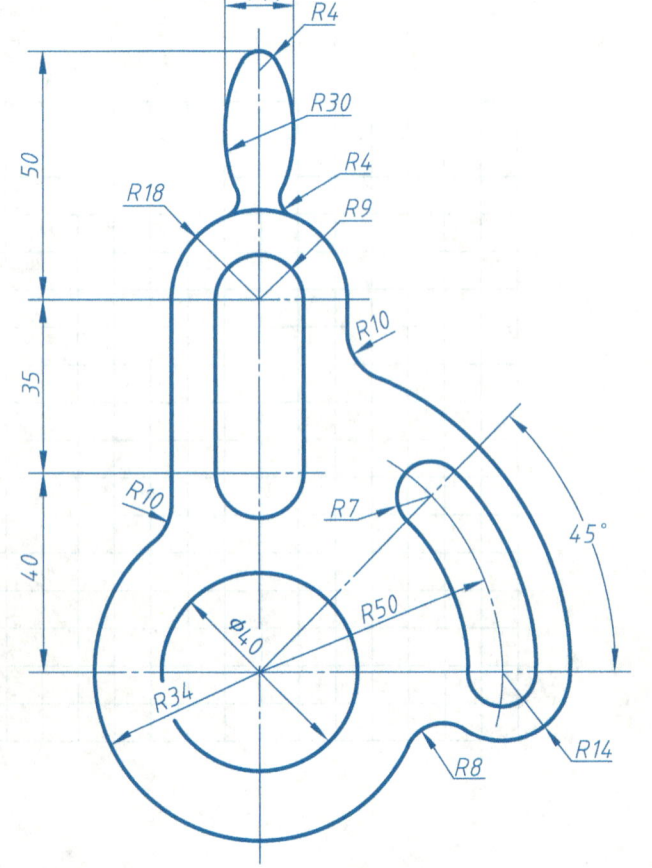

第二章 点、直线、平面的投影

2-1 点的投影　　　　　　　班级　　　姓名　　　学号

1. 根据立体图作出点 A、B、C 的两面投影。

2. 根据立体图作出点 A 和点 B 的三面投影。

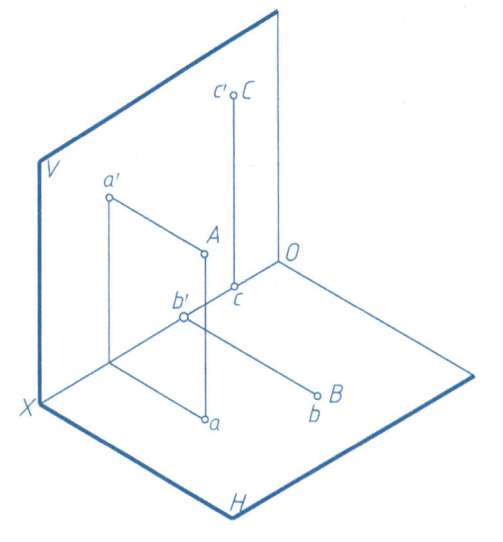
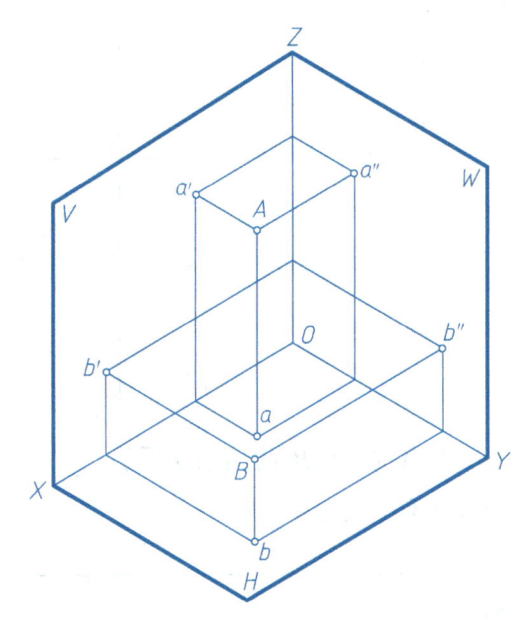

3. 补全点 A、B、C 的三面投影。
(1)　　(2)　　(3)

4. 补全特殊位置点 A、B、C、D 的三面投影。

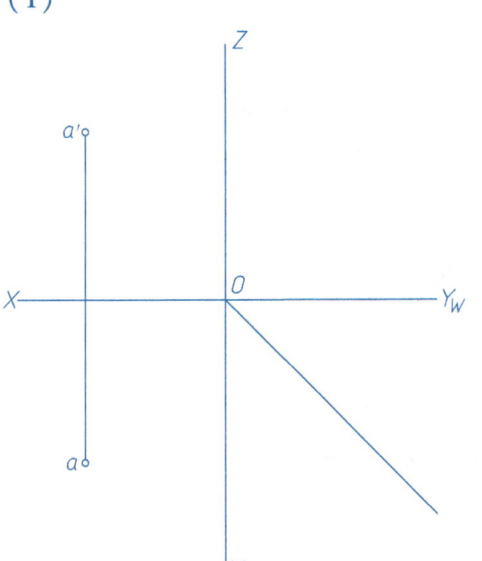
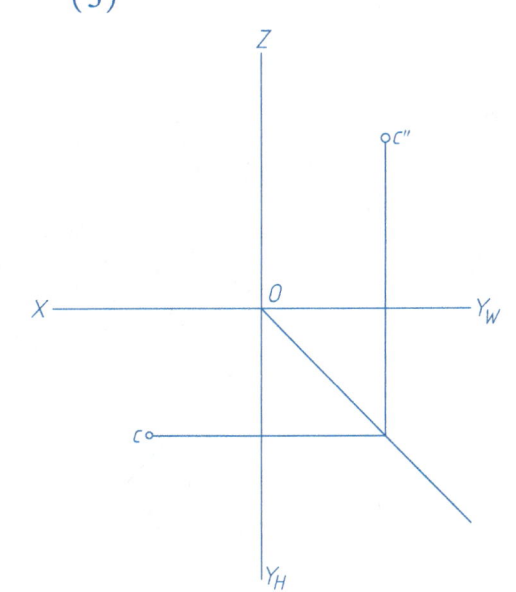

2-1 点的投影（续） 班级 姓名 学号

5. 已知点 A 在 H 面之上 25mm，点 B 在 V 面上，点 C 在 V 面之前 35mm，点 D 在 H 面上，补全各点的两面投影。

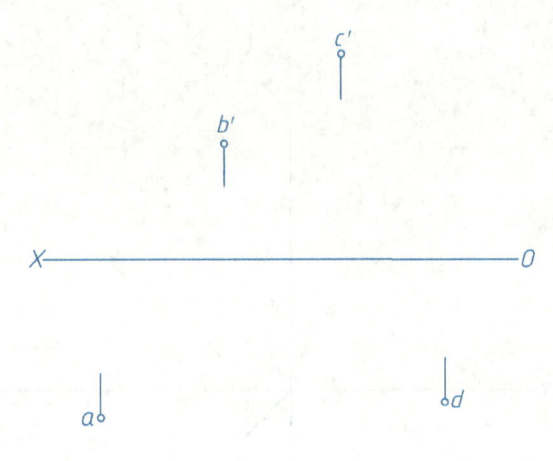

6. 根据点 A（10，20，15）和点 B（20，10，25）的坐标值，作出两点的三面投影，并填空。

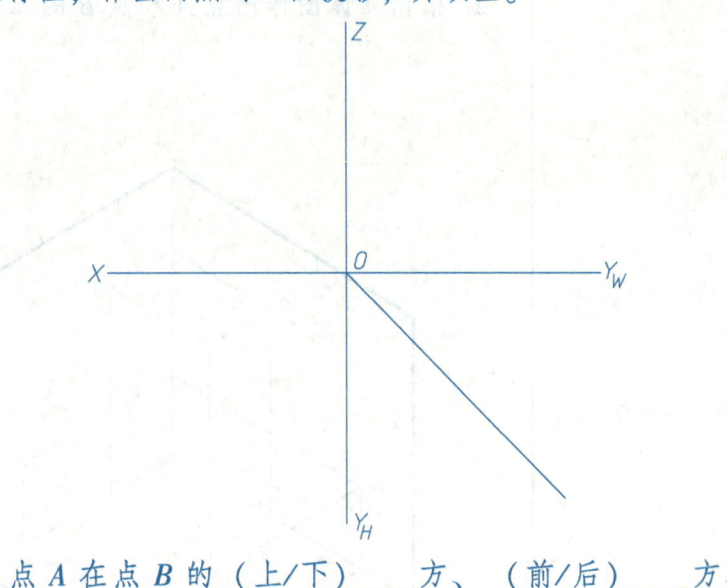

点 A 在点 B 的（上/下）____方、（前/后）____方、（左/右）____方。

7. 已知点 B 在点 A 的左方 15mm，前方 10mm，下方 15mm，作出点 B 的三面投影。

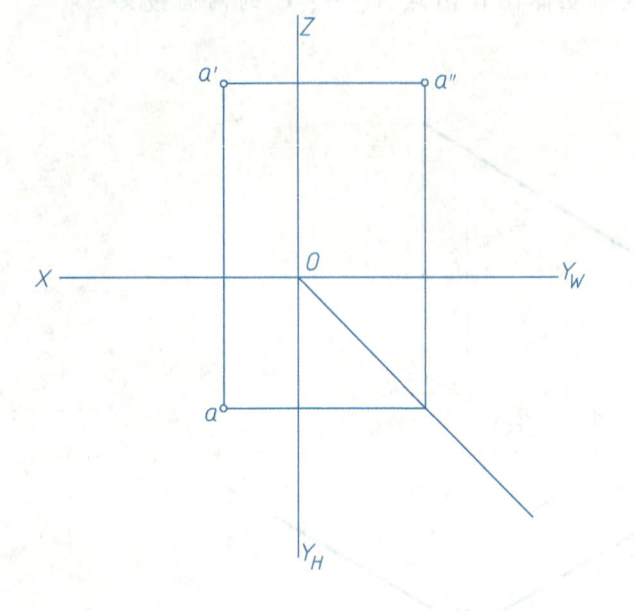

8. 根据立体图作出各点的三面投影，重影点要标记正确。

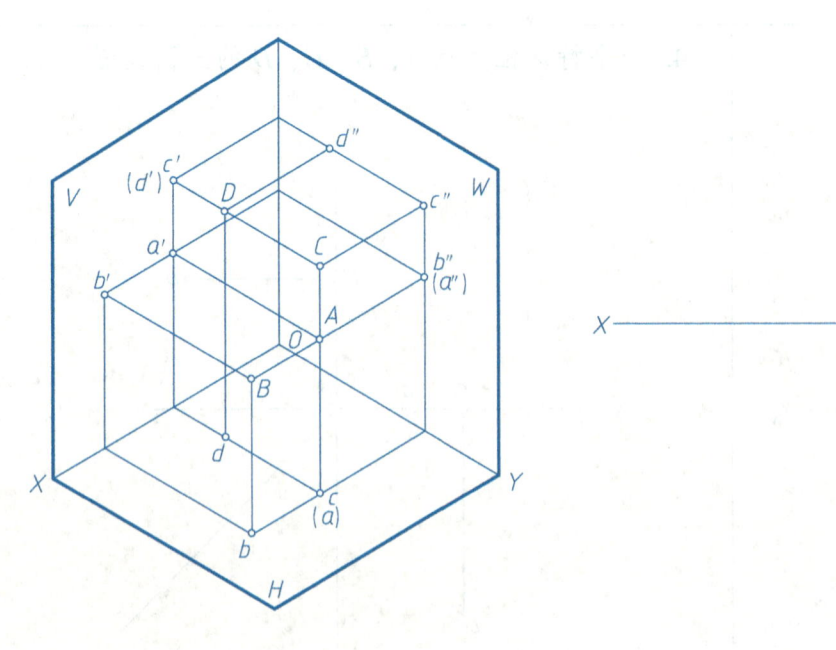

9. 已知点 B 在点 A 正上方 15mm，点 C 在点 A 正右方 10mm，点 D 在点 A 正后方 20mm，作出点 B、C、D 的三面投影。

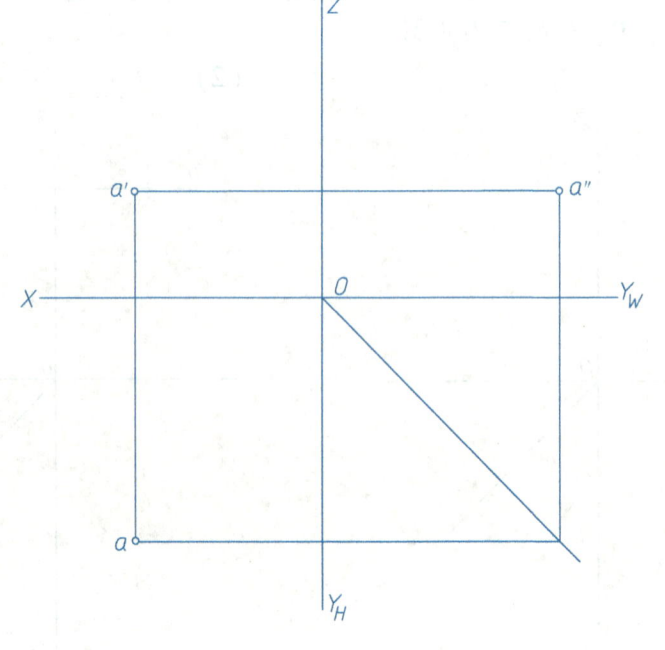

2-2 直线的投影　　　　班级　　姓名　　学号

1. 补全直线 AB 的三面投影，判断其与投影面的相对位置，把准确的名称填写在横线上。

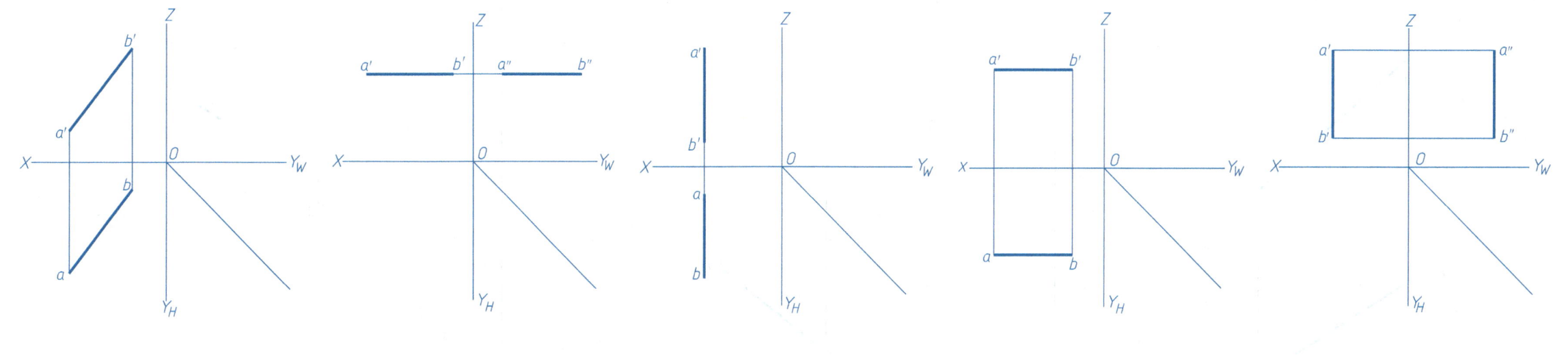

(1) _____线　　(2) _____线　　(3) _____线　　(4) _____线　　(5) _____线

2. 过点 A 作直线 AB∥V 面、$\alpha=30°$ 且 $AB=35$mm；AC∥H 面、$\beta=45°$ 且 $AC=30$mm，求其三面投影（只求一解）。

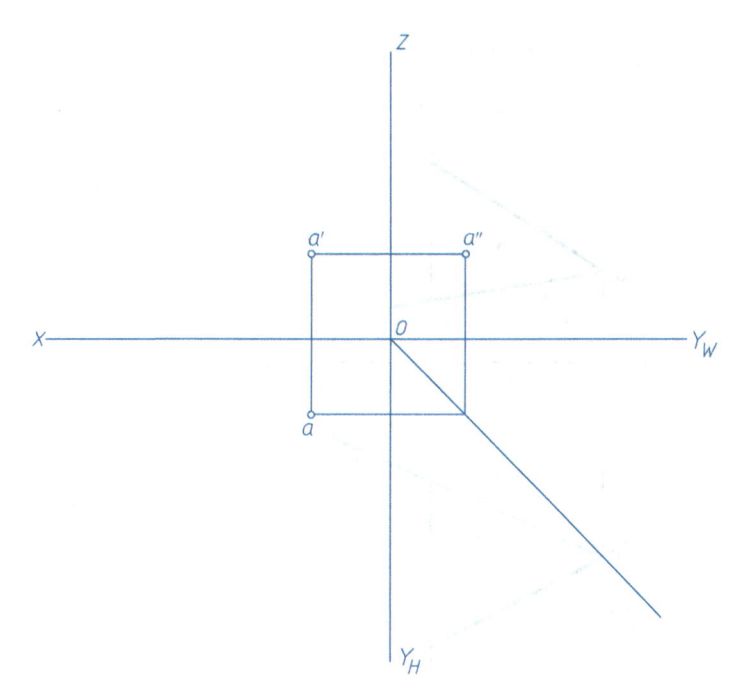

3. 在直线 AB 上求一点 C，使 $AC:CB=2:3$，完成直线 AB 及点 C 的三面投影。

(1)　　　　　　　　　(2)

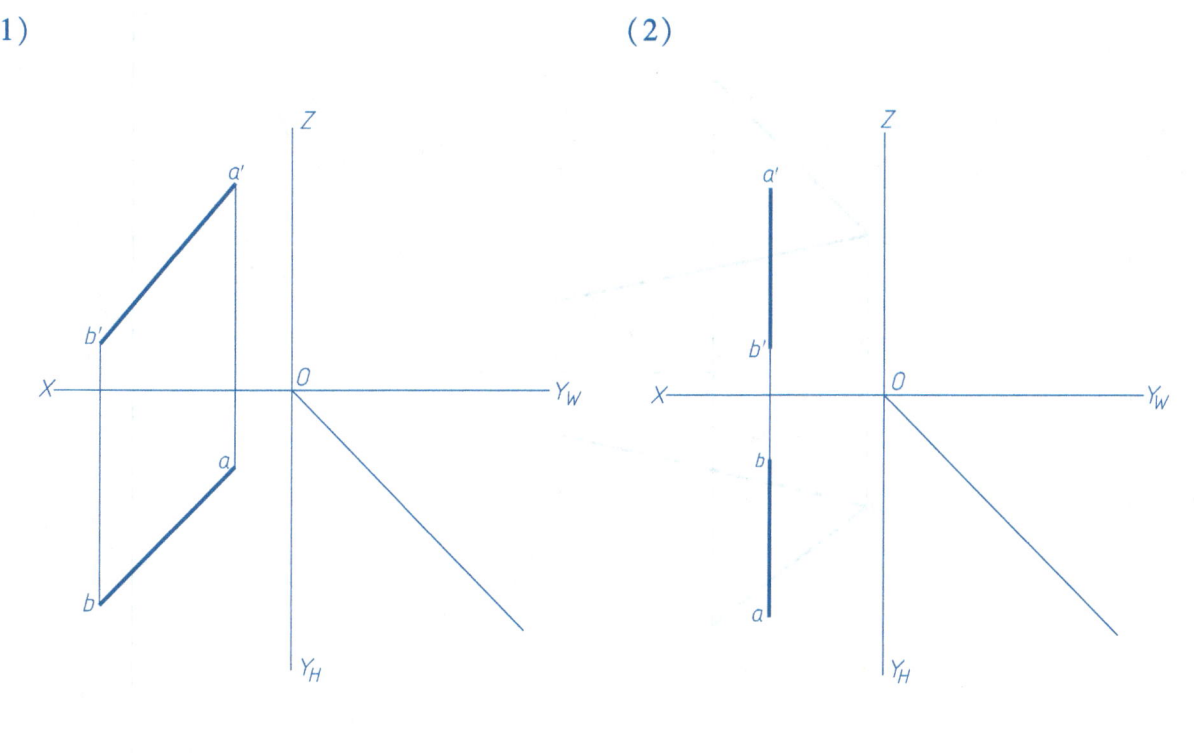

| 2-2 直线的投影（续） | 班级　　　姓名　　　学号 |

4. 用直角三角形法求直线 AB 对 H 面的倾角 α、对 V 面的倾角 β。

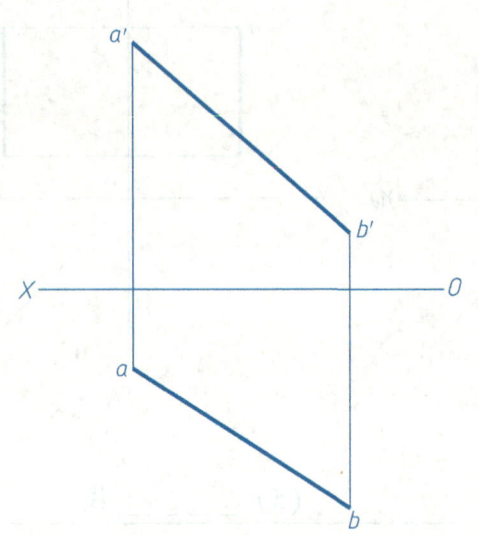

5. 已知直线 AB=30mm，作出直线 AB 的正面投影。

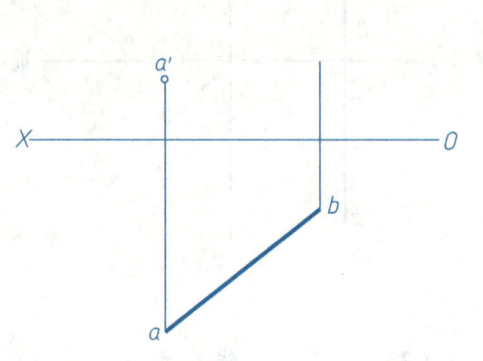

6. 已知直线 AB 与 V 面的倾角为 30°，作其水平投影。

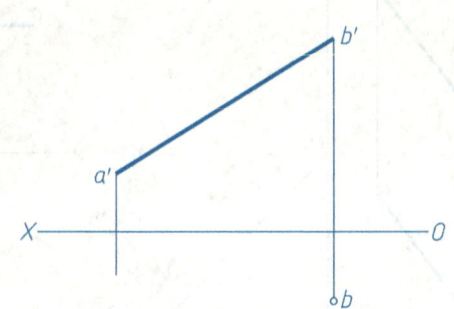

7. 已知点 A 为等腰 △ABC 的顶点，点 C 在直线 AD 上，完成 △ABC 的两面投影。

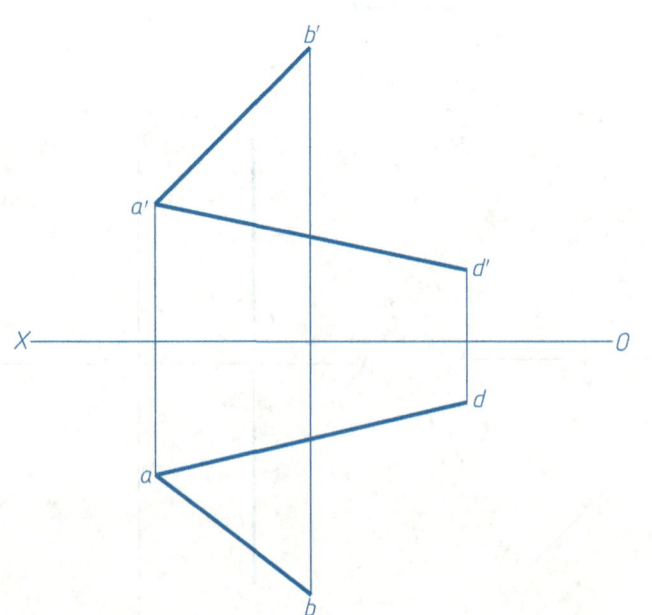

8. 用直角三角形法求 ∠ABC 的实际大小。

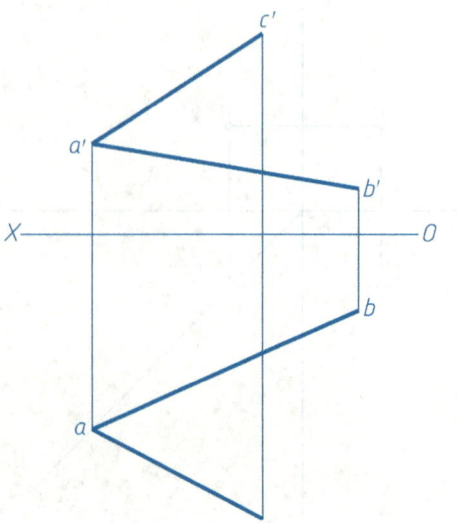

2-2 直线的投影（续）

9. 判断两直线 AB 和 CD 的相对位置（平行、相交或交叉）。

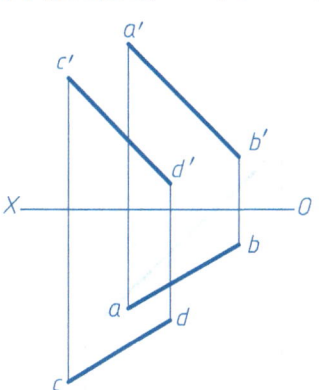
(1) _____

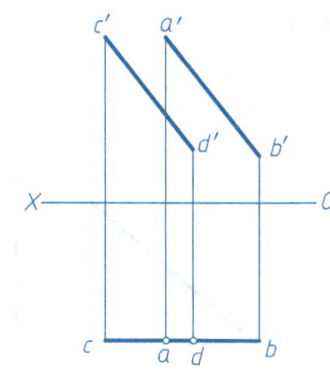
(2) _____

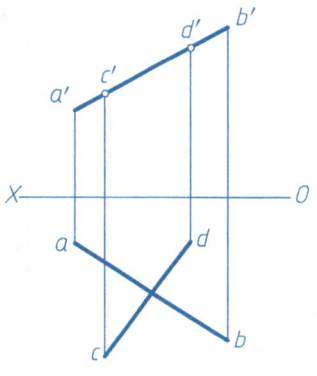
(3) _____

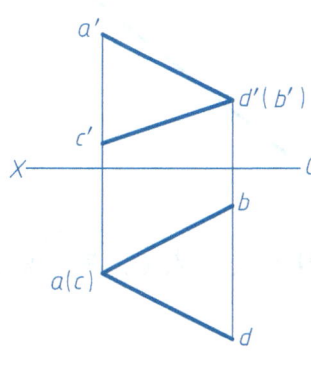
(4) _____

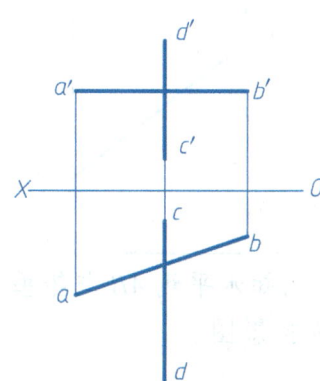
(5) _____

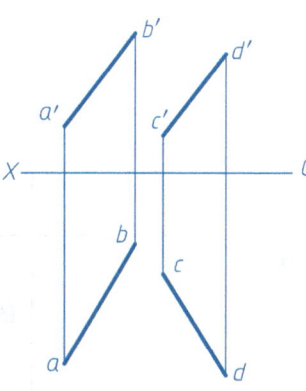
(6) _____

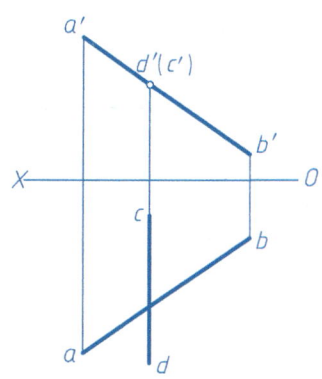
(7) _____

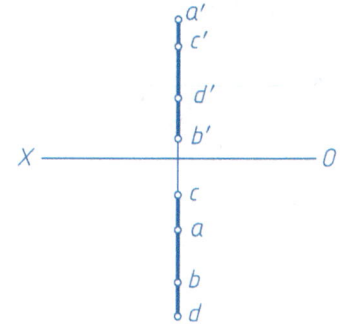
(8) _____

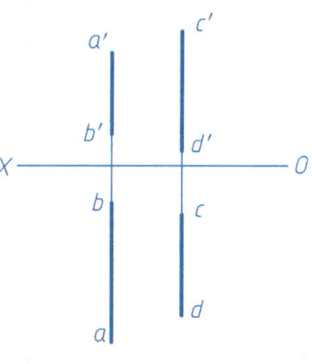
(9) _____

10. 作出交叉两直线 AB 和 CD 上重影点的三面投影。

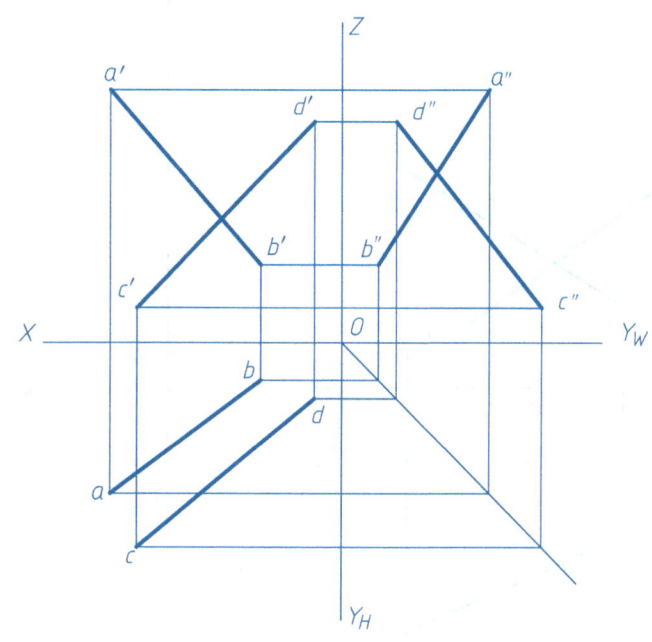

11. 已知点 N 在直线 AB 上，且点 N 距离 H 面 20mm，作出直线 MN 的两面投影。

(1)　　　　　　　(2)　　　　　　　(3)

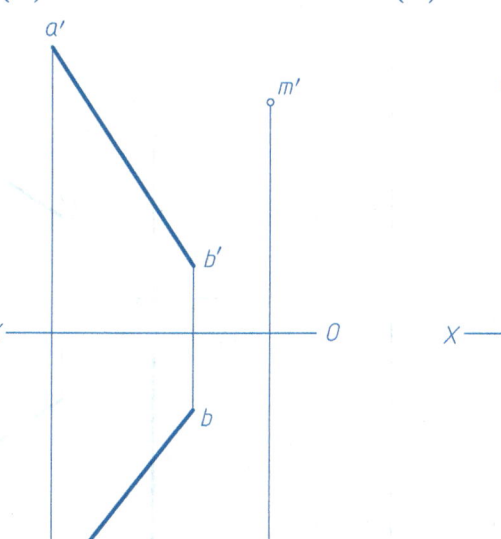
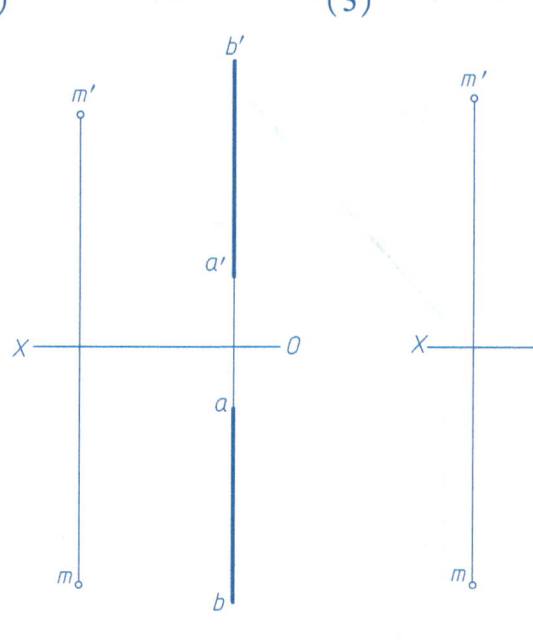

2-2 直线的投影（续）		班级　　　姓名　　　学号

12. 已知直线 AB 与 CD 相交，完成其水平投影。

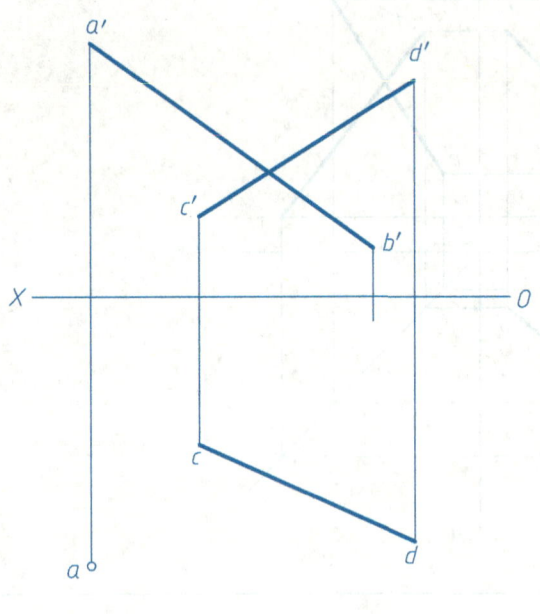

13. 过点 A 作水平线 AB 与 CD 相交于点 B，完成其两面投影。

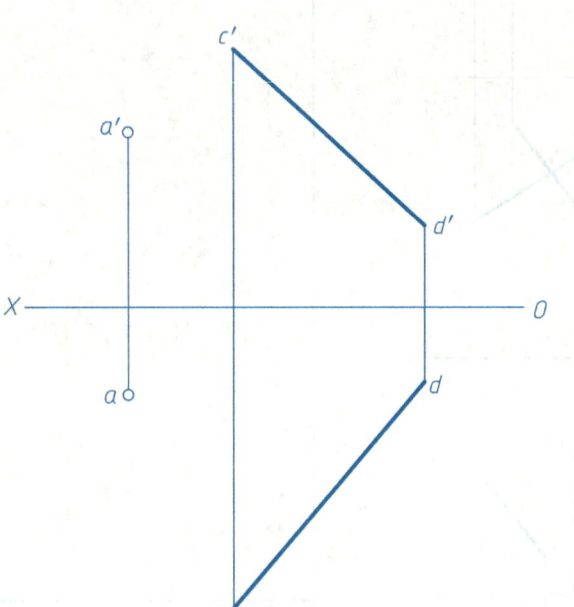

14. 作直线 MN 与 AB 平行，并且与 CD 相交于 M、与 EF 相交于 N。

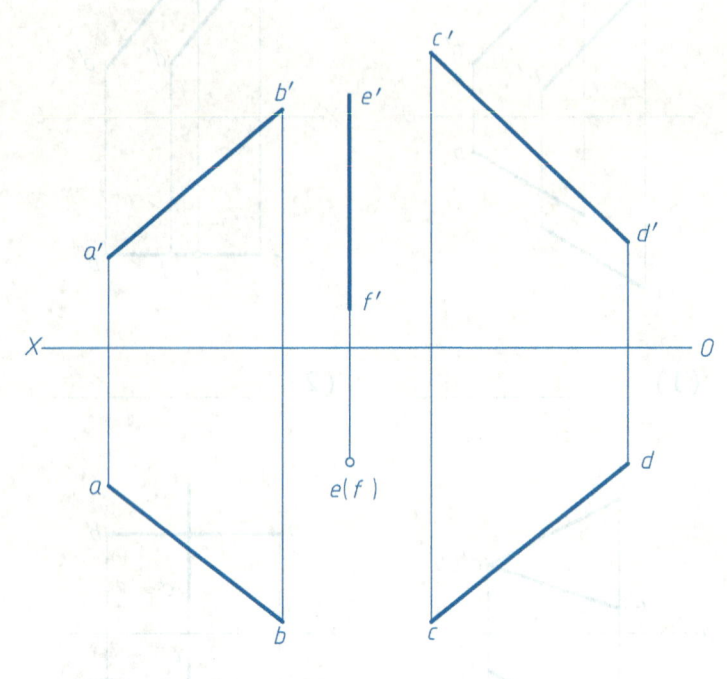

15. 已知直线 AB 与 CD 相交，且点 B 在 H 面上，点 D 位于 V 面前 10mm，补全两直线的两面投影。

16. 作一侧垂线与直线 AB、CD 均相交。

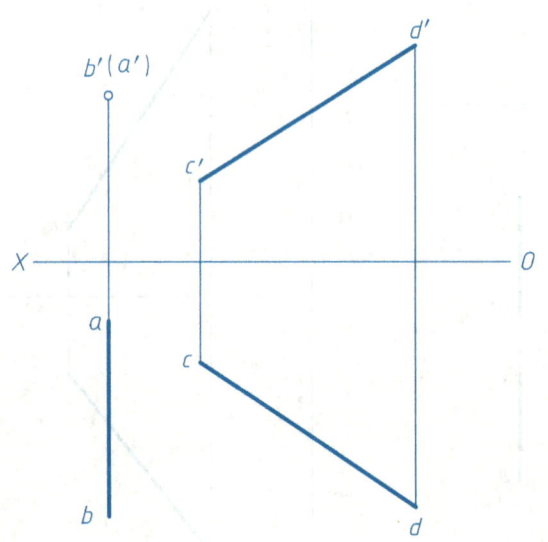

17. 已知水平线 AB 与铅垂线 CD 相交于点 C，完成两直线的三面投影图。

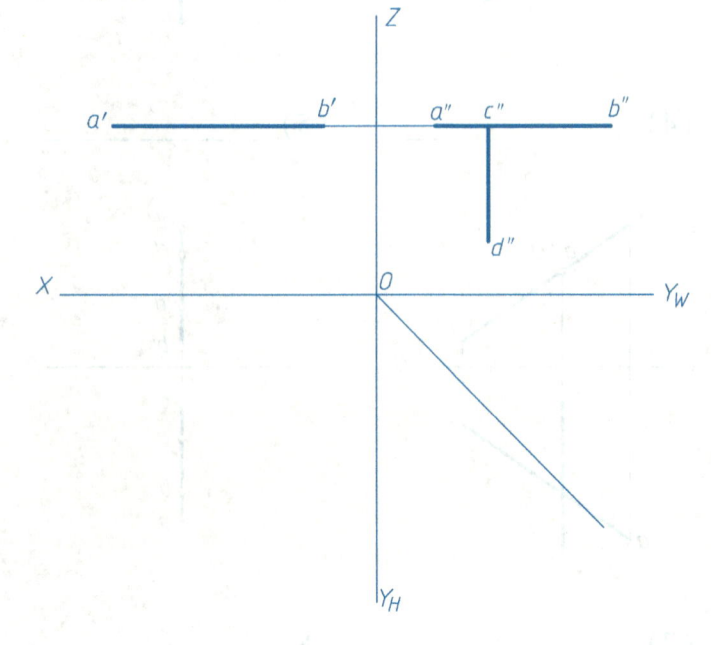

2-3 平面的投影

1. 补全平面图形的第三面投影，并填空。

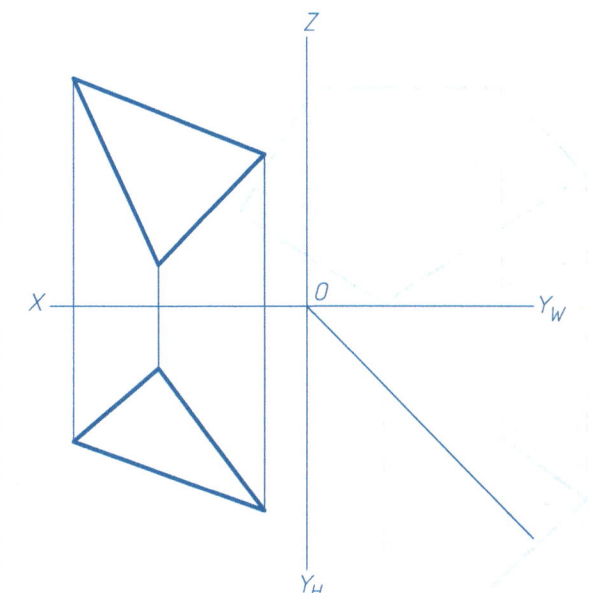
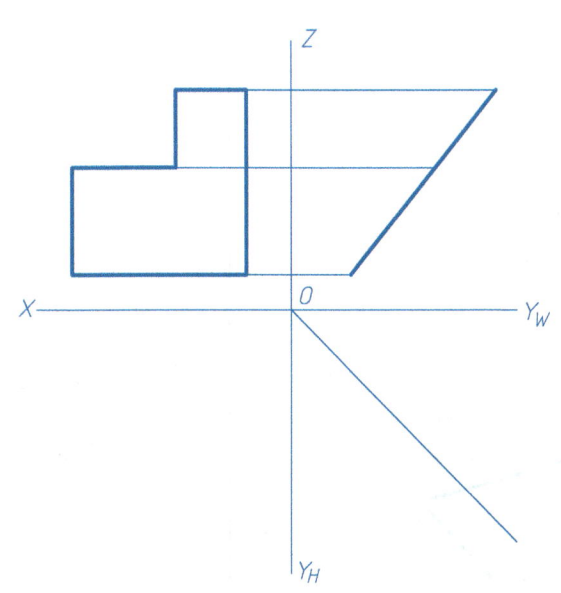
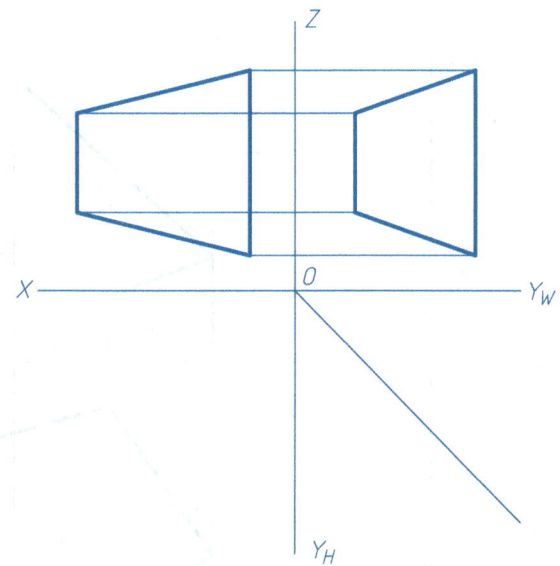
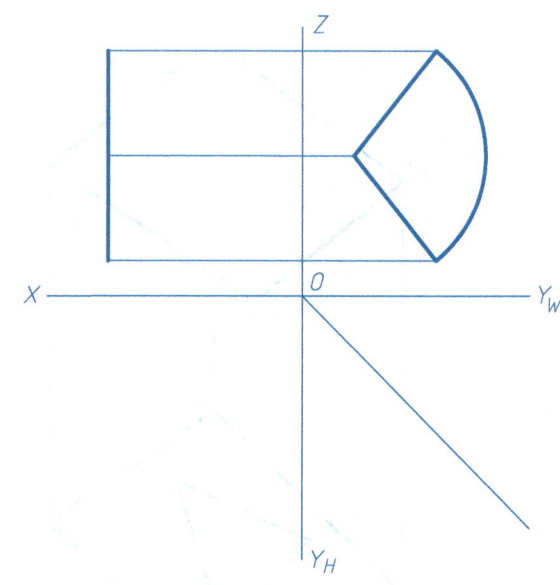

(1) 三角形是_____面

(2) 六边形是_____面
$\alpha=$_____ $\beta=$_____ $\gamma=$_____

(3) 四边形是_____面
$\alpha=$_____ $\beta=$_____ $\gamma=$_____

(4) 扇形是_____面
$\alpha=$_____ $\beta=$_____ $\gamma=$_____

2. 判断 A、B、C、D 四点是否共面。

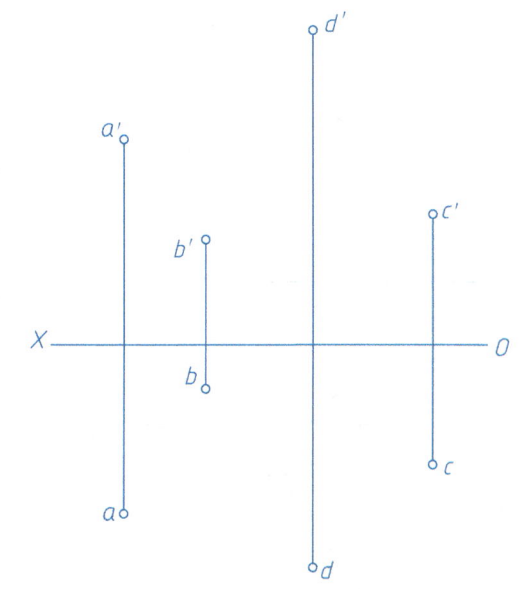

结论：四点_____面

3. 作出平面内点 K 的水平投影。

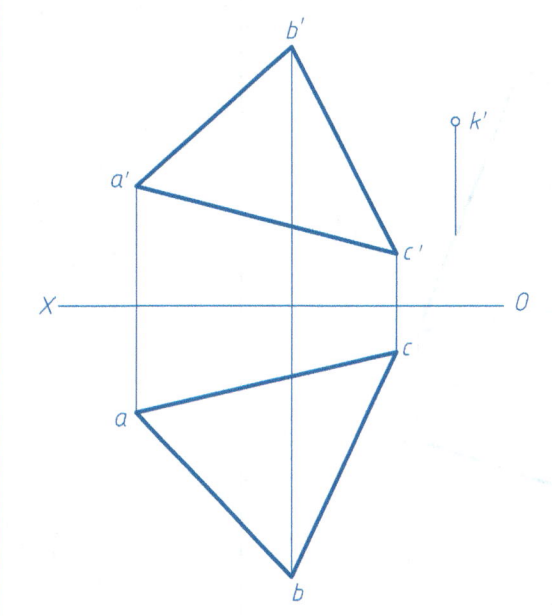

4. 判断点 K 是否在给定平面内。

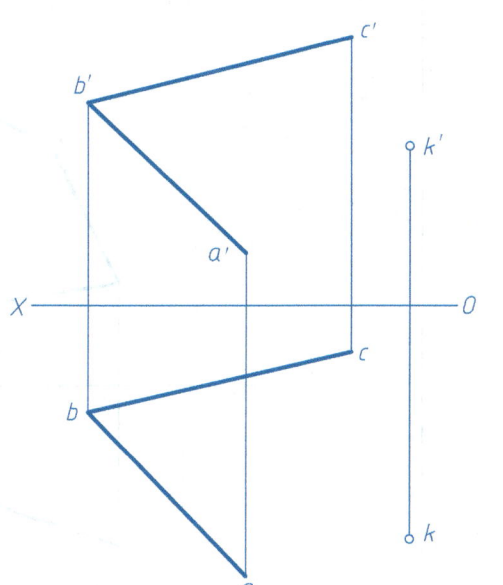

结论：K 点_____给定平面

5. 作出平面内直线 MN 的正面投影。

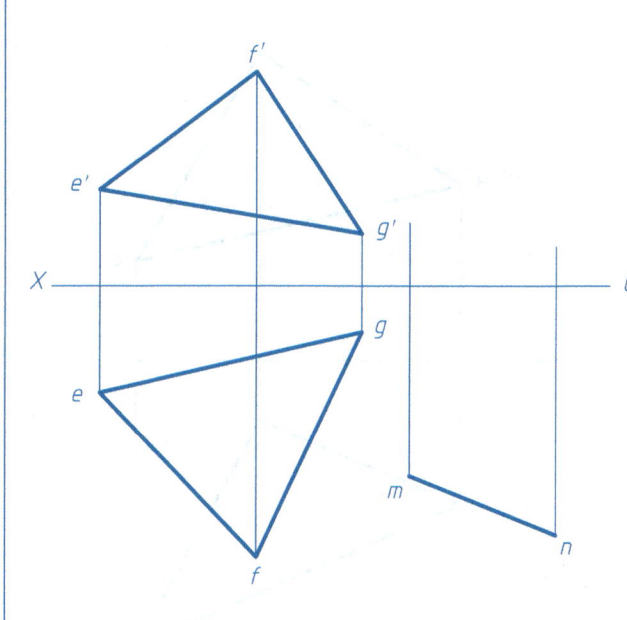

2-3 平面的投影（续）

6. 已知△ABC在平面EFGH内，补全其正面投影。

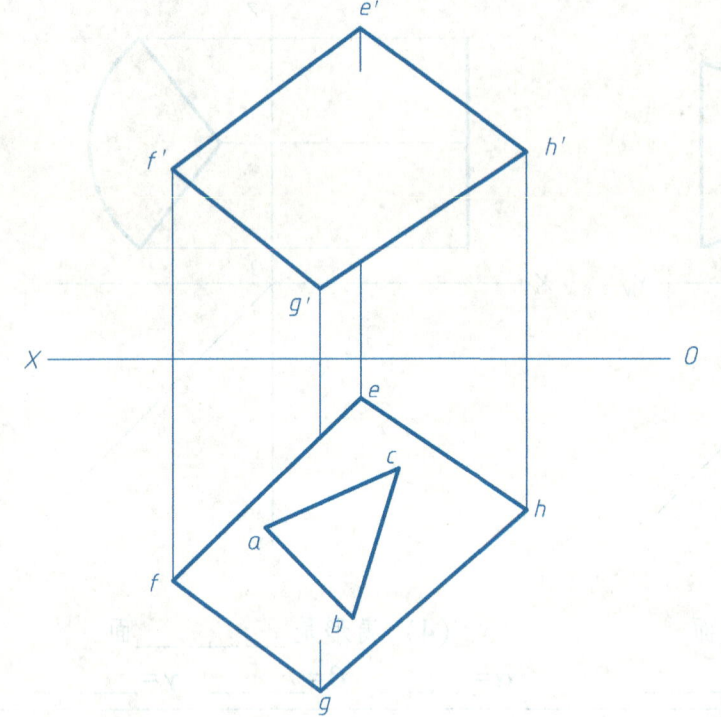

7. 补全平面四边形ABCD的正面投影。

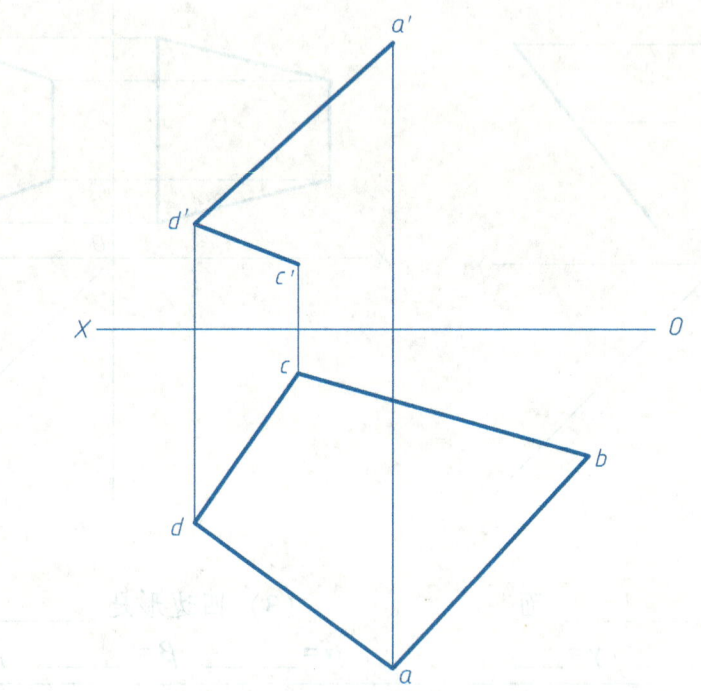

8. 补全平面五边形ABCDE的水平投影。

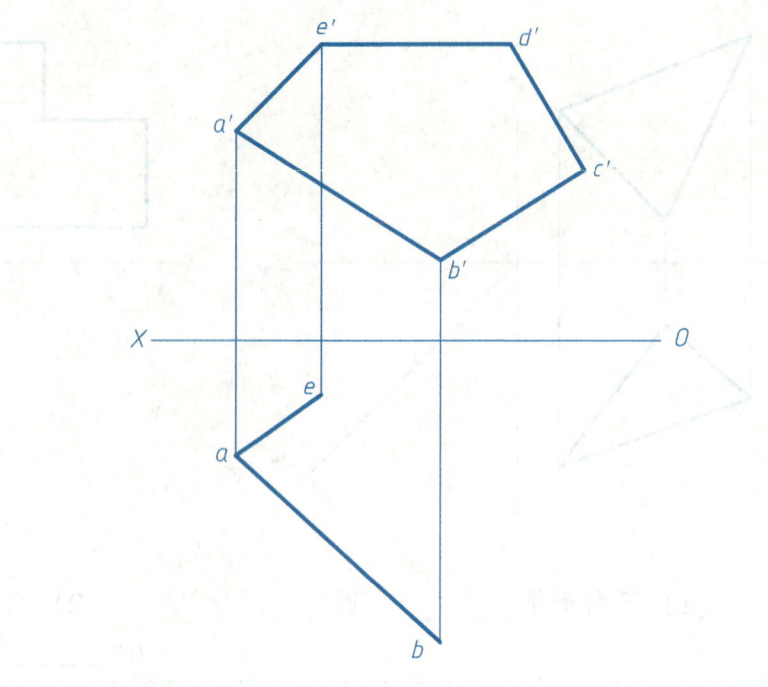

9. 在给定平面内作距H面30mm的水平线；距V面25mm的正平线。

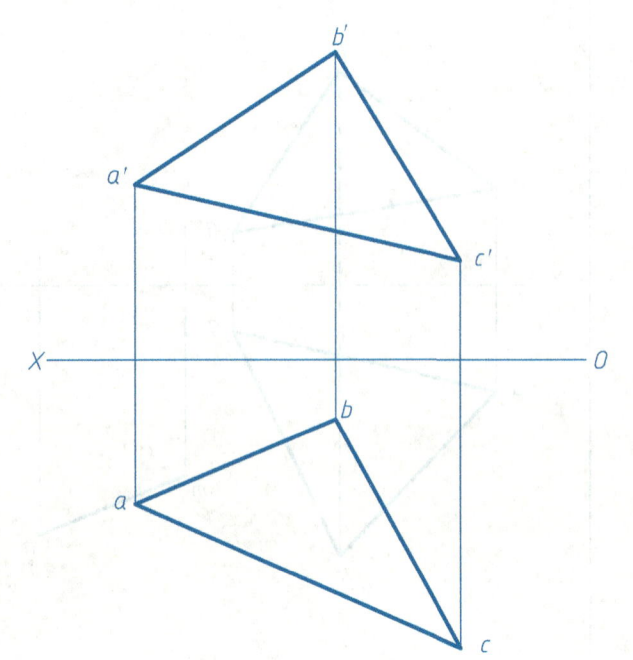

10. 已知CD为正平线，完成平面四边形ABCD的水平投影。

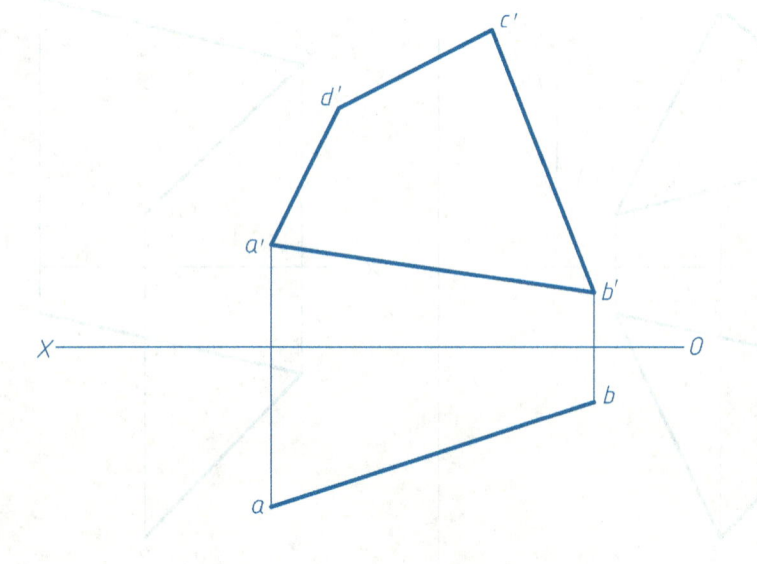

11. 已知点A为正平圆的圆心，其半径为15mm，完成圆的三面投影。

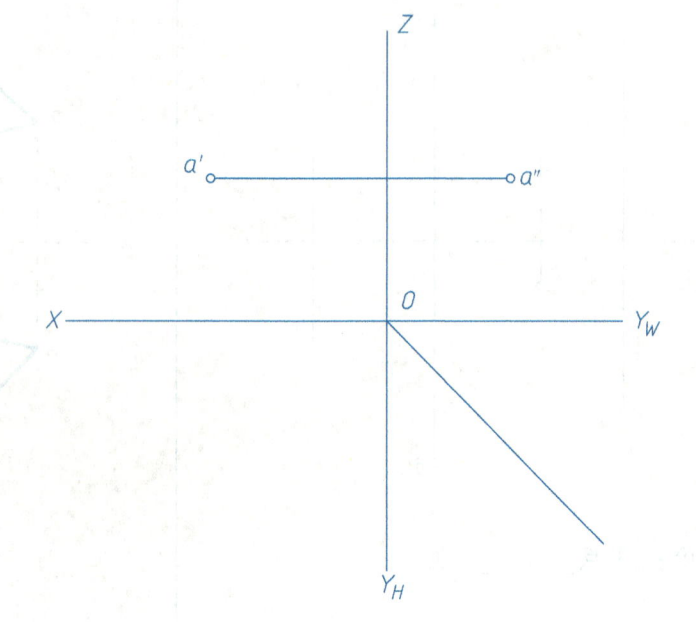

2-4 换面法		班级　　　姓名　　　学号
1. 作出点 *A* 的新投影。 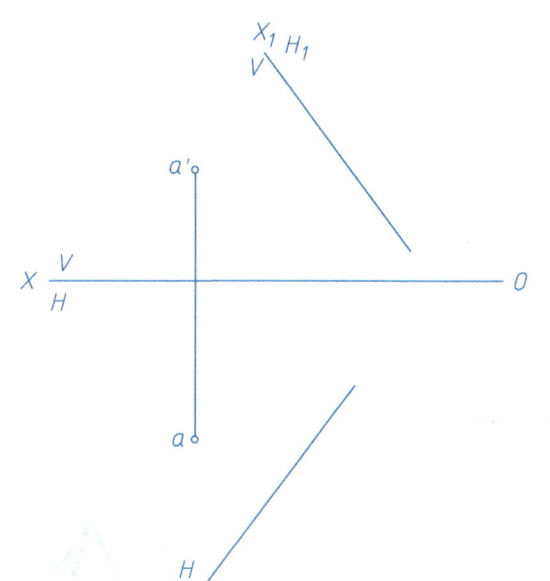	2. 作出点 *A* 在 H 面上的投影。 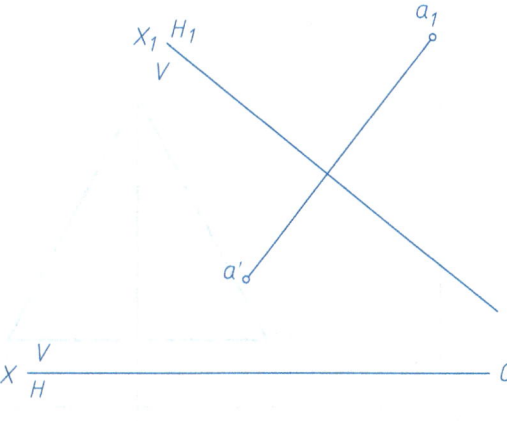	3. 求线段 *AB* 的实长及其对 H 面、V 面的倾角 α、β。 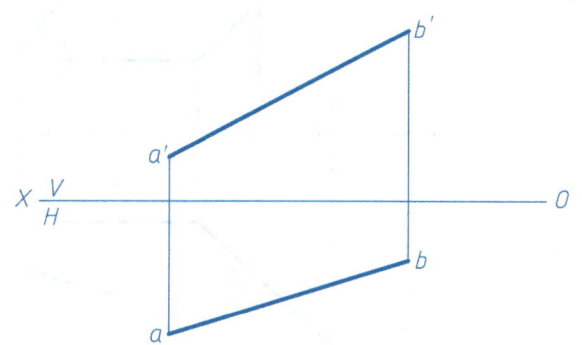
4. 求 △*ABC* 对 H 面的倾角 α。 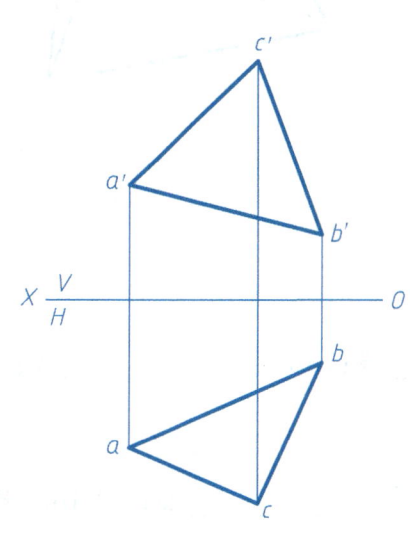	5. 求平面五边形 *ABCDE* 的实形。 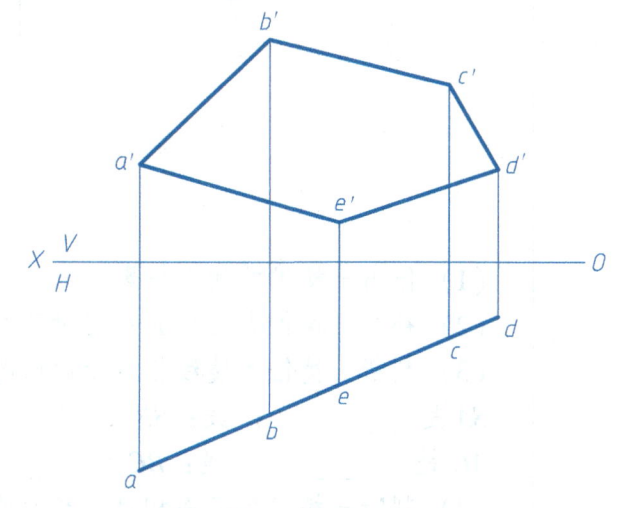	6. 用换面法求 ∠*ABC* 的实际大小。 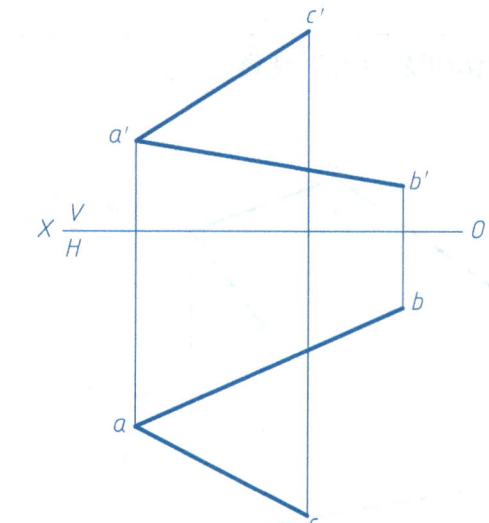

2-5 综合练习

1. 根据下图填空。

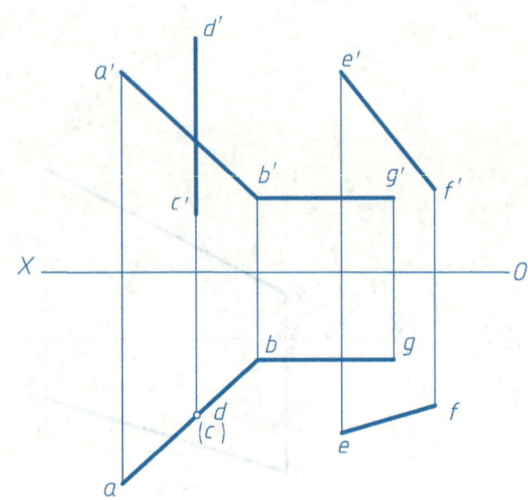

(1) 判断各直线与投影面的相对位置：
AB 是_____线；CD 是_____线；BG 是_____线。
(2) 判断两直线的相对位置：
AB 与 CD _____；AB 与 EF _____；CD 与 EF _____。

2. 补全平面五边形 ABCDE 的两面投影。

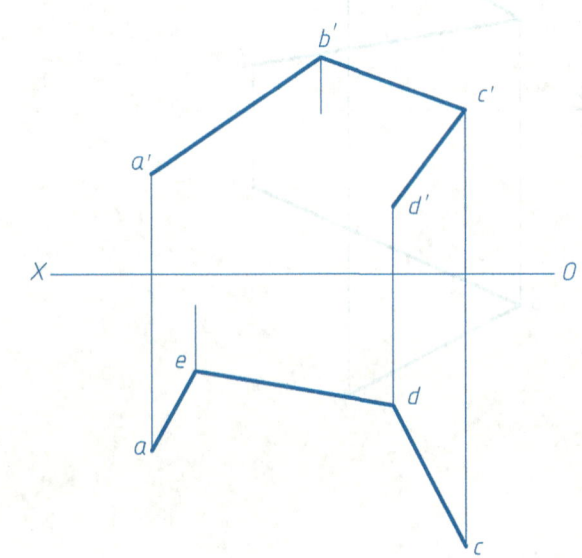

3. 已知正三棱锥 S-ABC 的两面投影，按要求完成各题。

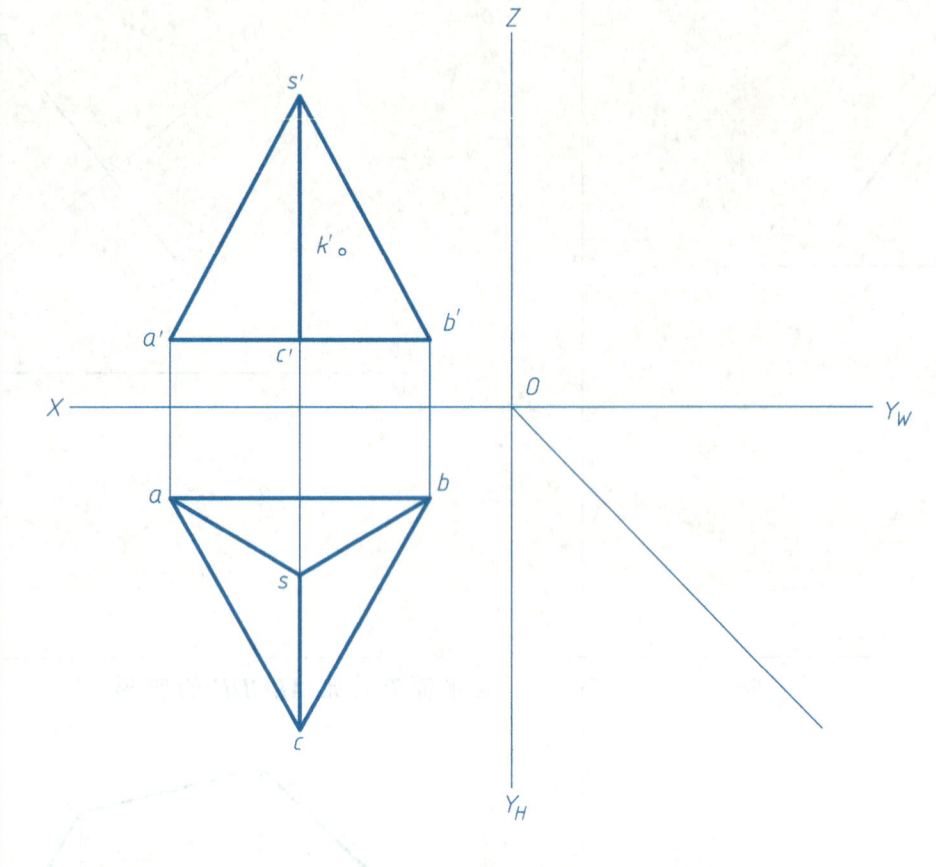

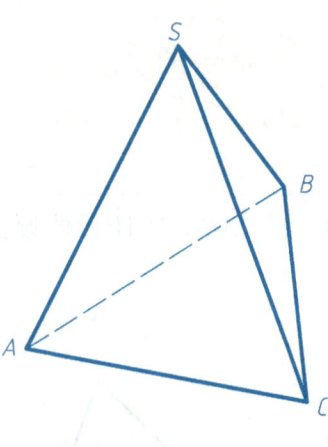

(1) 作出三棱锥的侧面投影。
(2) 补全三棱锥表面点 K 的另两面投影。
(3) 判断三棱锥各棱线相对投影面的位置：
SA 是_____线；SB 是_____线；SC 是_____线；AB 是_____线；
AC 是_____线；BC 是_____线。
(4) 判断三棱锥各表面相对投影面的位置：
△SAB 是_____面；△SBC 是_____面；△SAC 是_____面；△ABC 是_____面。

第三章 基本立体的投影

3-1 平面立体的投影   班级   姓名   学号

1. 补画正六棱柱的左视图,并作出其表面各点的另两面投影。

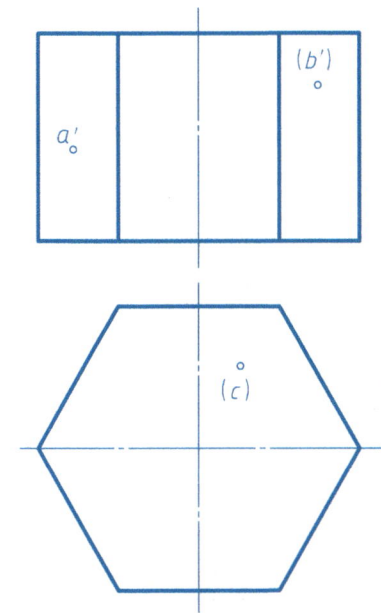

2. 补画正六棱柱的左视图,并作出其表面线段的另两面投影。

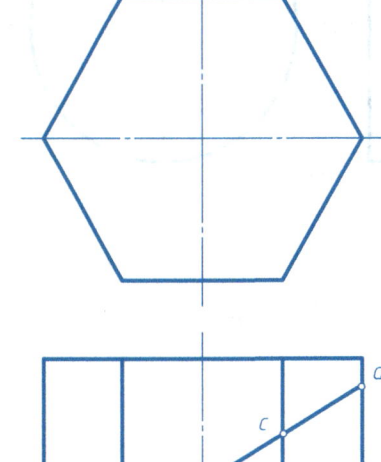

3. 补画正三棱锥的左视图,并作出其表面各点的另两面投影。

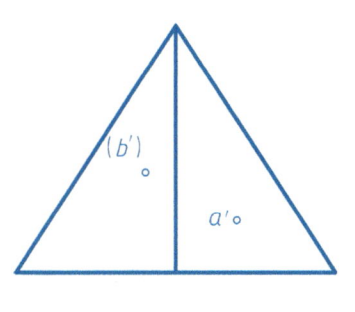

4. 补画正三棱锥的左视图,并作出其表面线段的另两面投影。

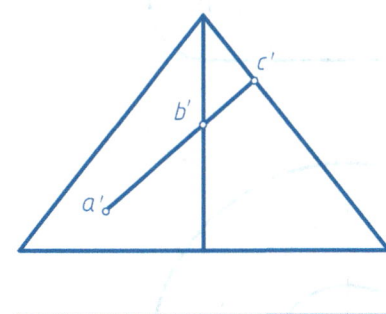

5. 补画四棱柱的主视图,并作出其表面各点的另两面投影。

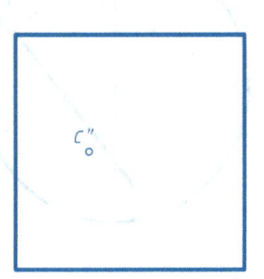
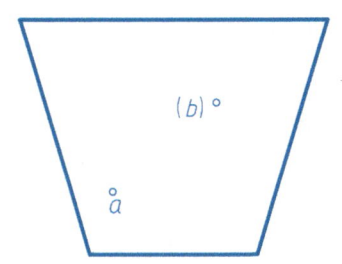

6. 补画正四棱台的左视图,并作出其表面四边形 ABCD 的另两面投影。

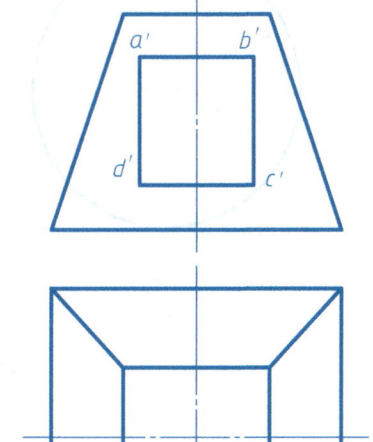

3-2 回转体的投影 班级 姓名 学号

1. 补画圆柱的左视图，并作出其表面线段的侧面投影。

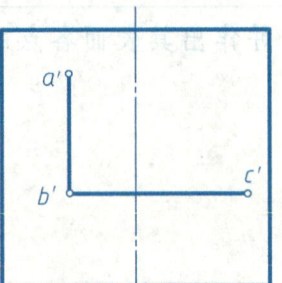

2. 补画圆柱的俯视图，并作出其表面线段的水平投影。

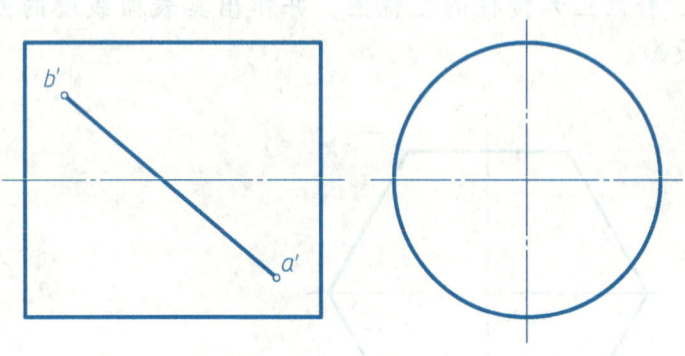

3. 补画圆锥的左视图，并作出其表面线段的水平投影和侧面投影。

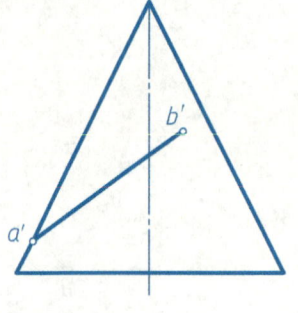

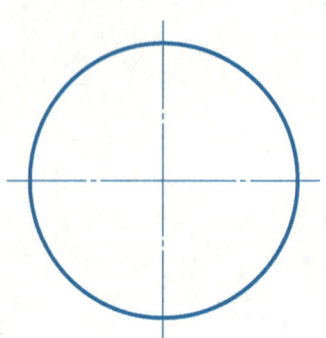

4. 作出圆球表面线段的正面投影和侧面投影。

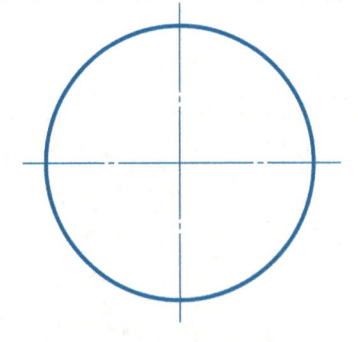
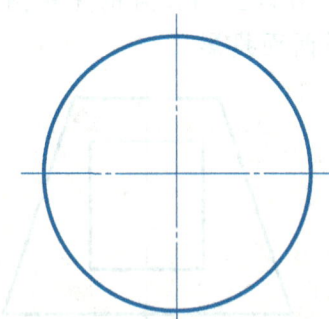
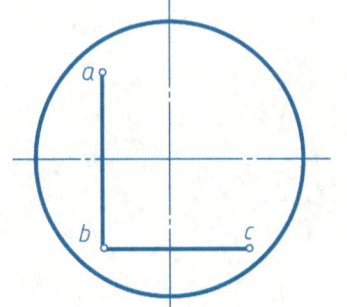
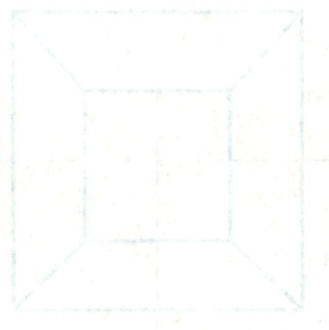

5. 作出圆球表面线段的水平投影和侧面投影。

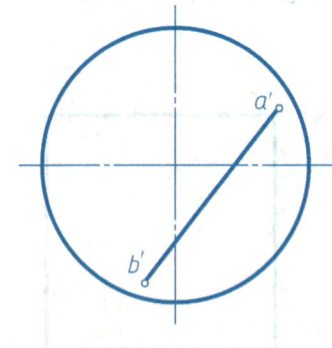
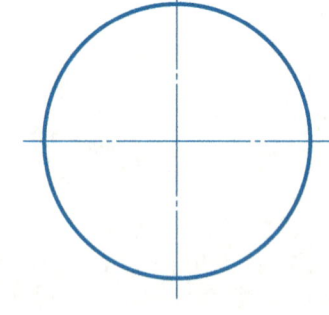
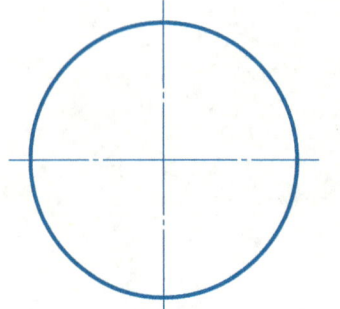

6. 作出圆环表面各点的水平投影。

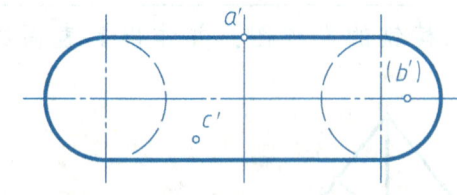
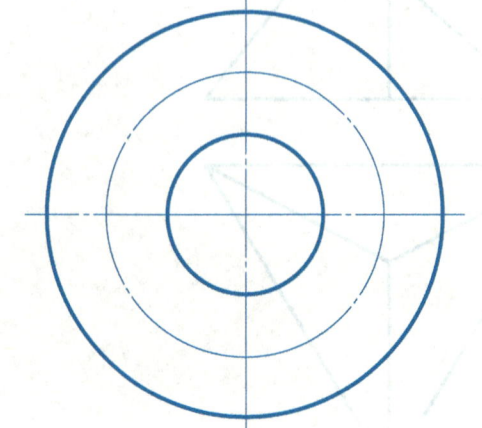

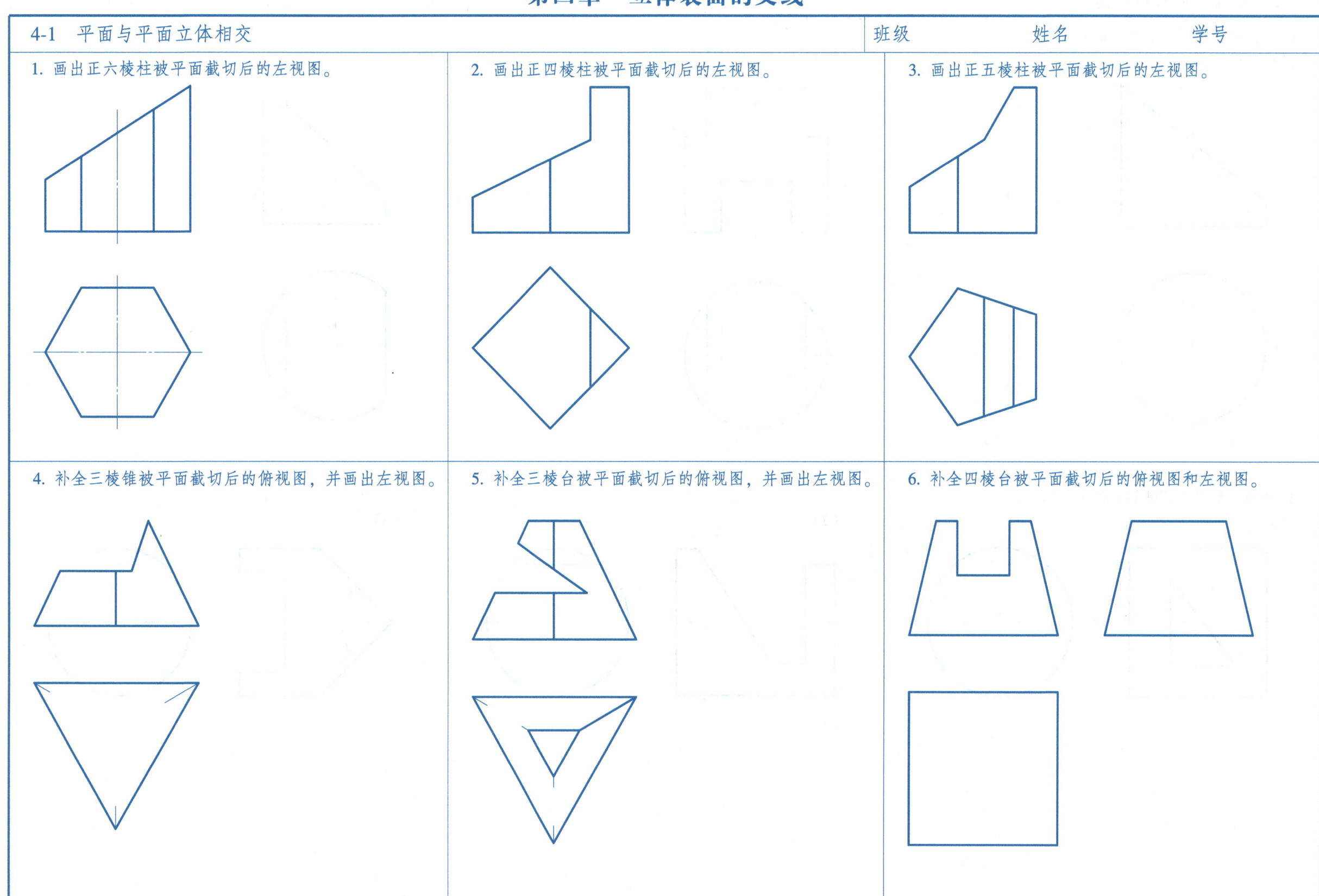

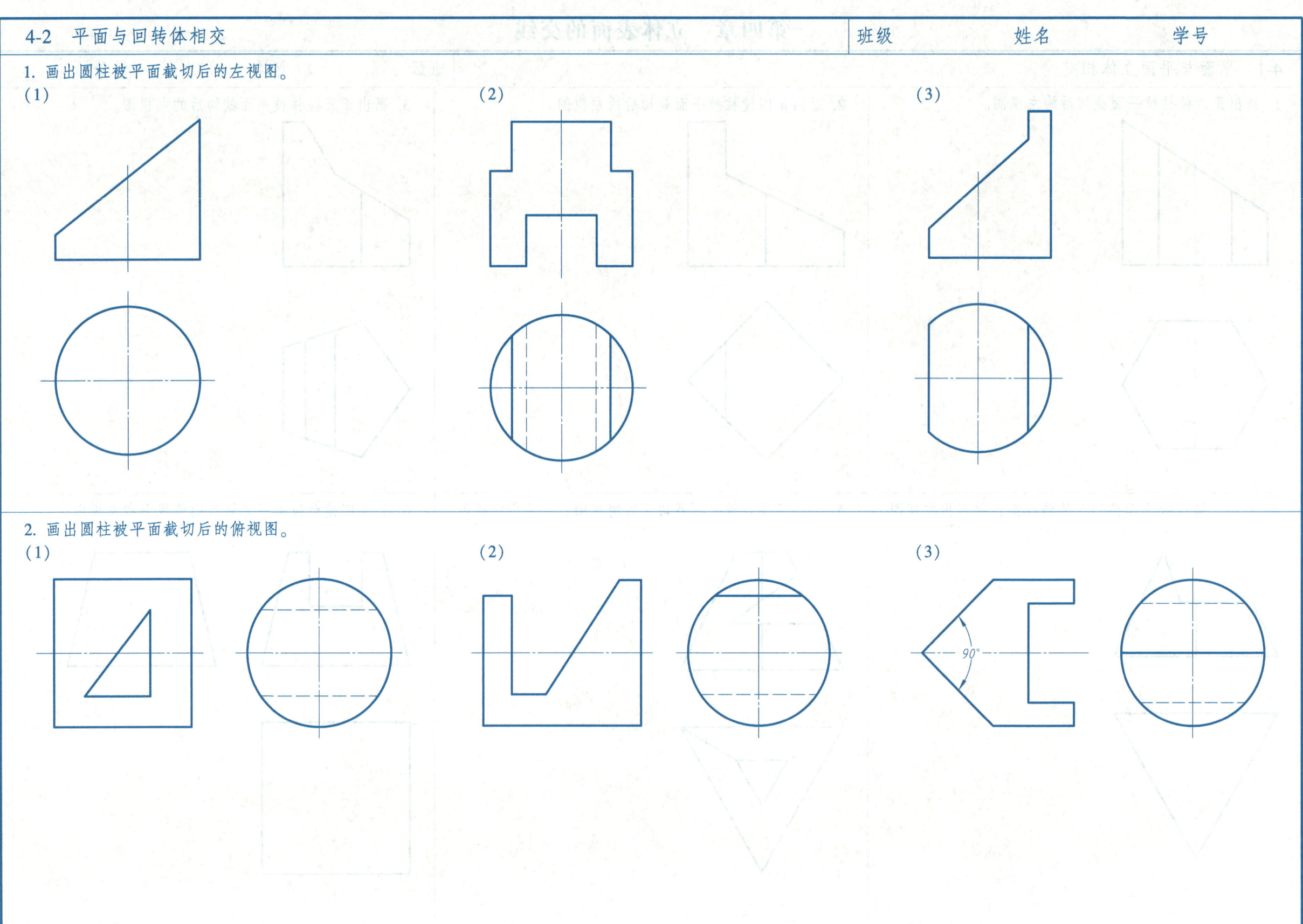

| 4-2 平面与回转体相交（续） | 班级　　姓名　　学号 |

3. 画出空心圆柱被平面截切后的左视图。

(1)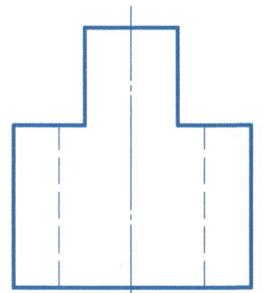

(2)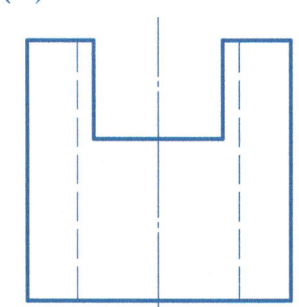

4. 画出空心圆柱被平面截切后的俯视图。

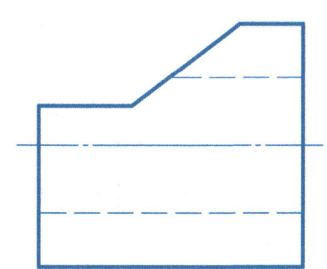 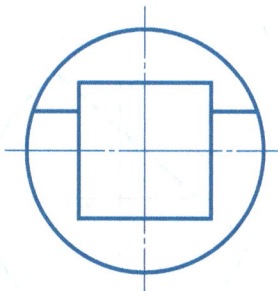

5. 补全圆锥被平面截切后的俯视图，并画出左视图。

(1)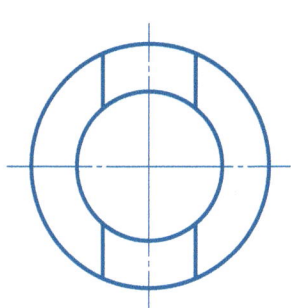

(2)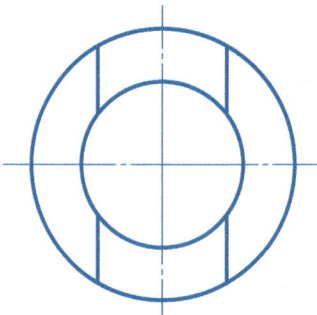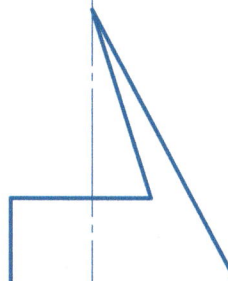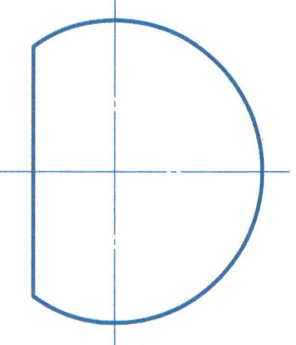

6. 画出圆锥被平面截切后的左视图。

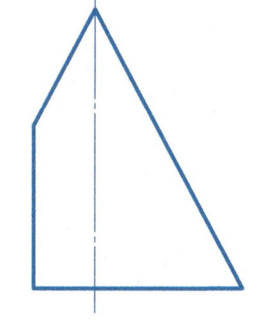 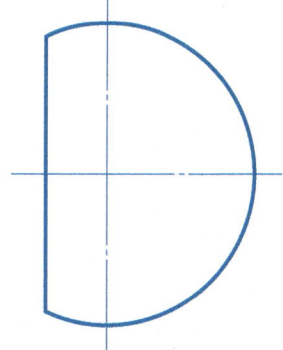

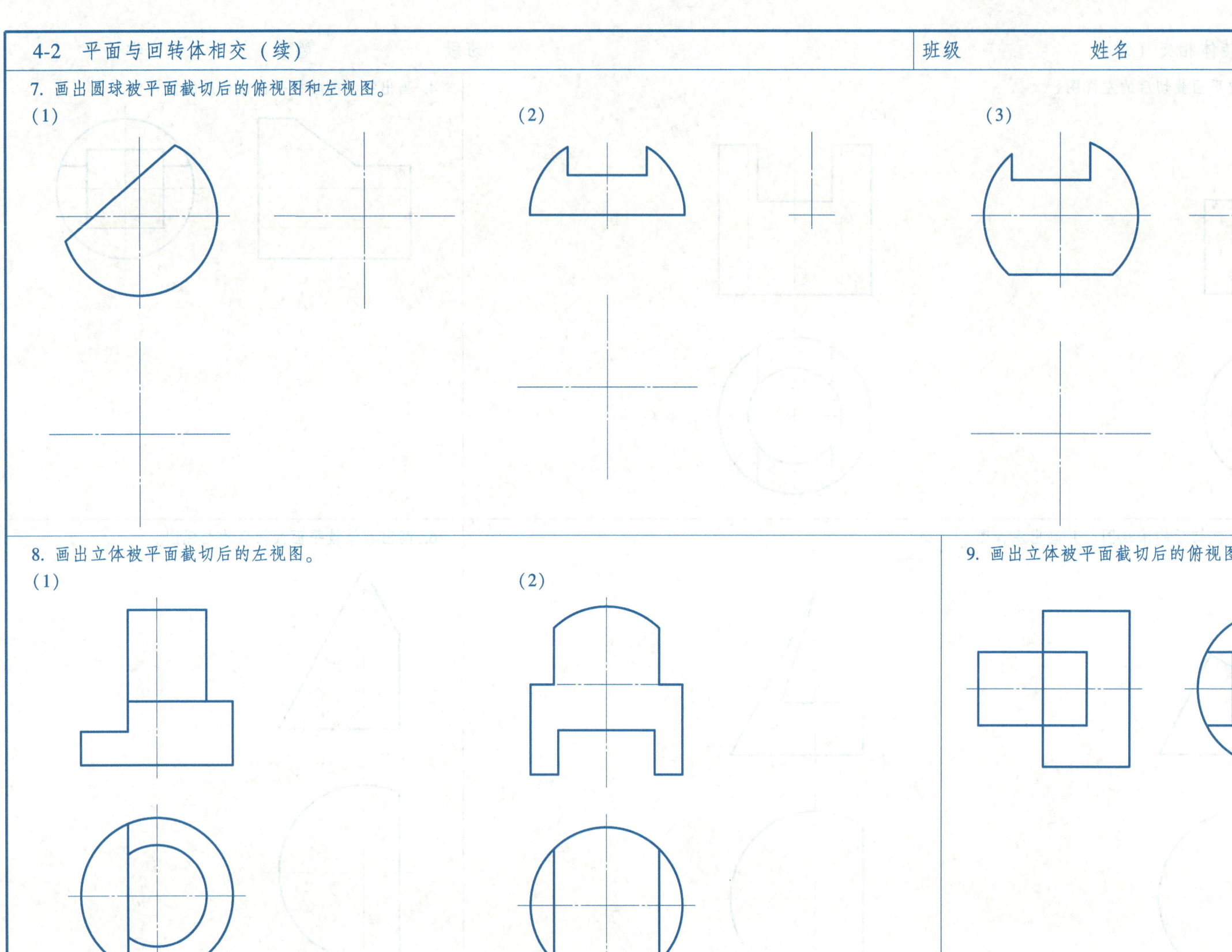

4-2 平面与回转体相交（续）

10. 补全立体被平面截切后的俯视图。

(1)

(2)

11. 补全立体被平面截切后的主视图。

(1)

(2)

4-3 两回转体相交　　　　班级　　　　姓名　　　　学号

1. 补全立体的主视图。

(1)　　　　　　　　　(2)　　　　　　　　　(3)

(4)　　　　　　　　　(5)　　　　　　　　　(6)

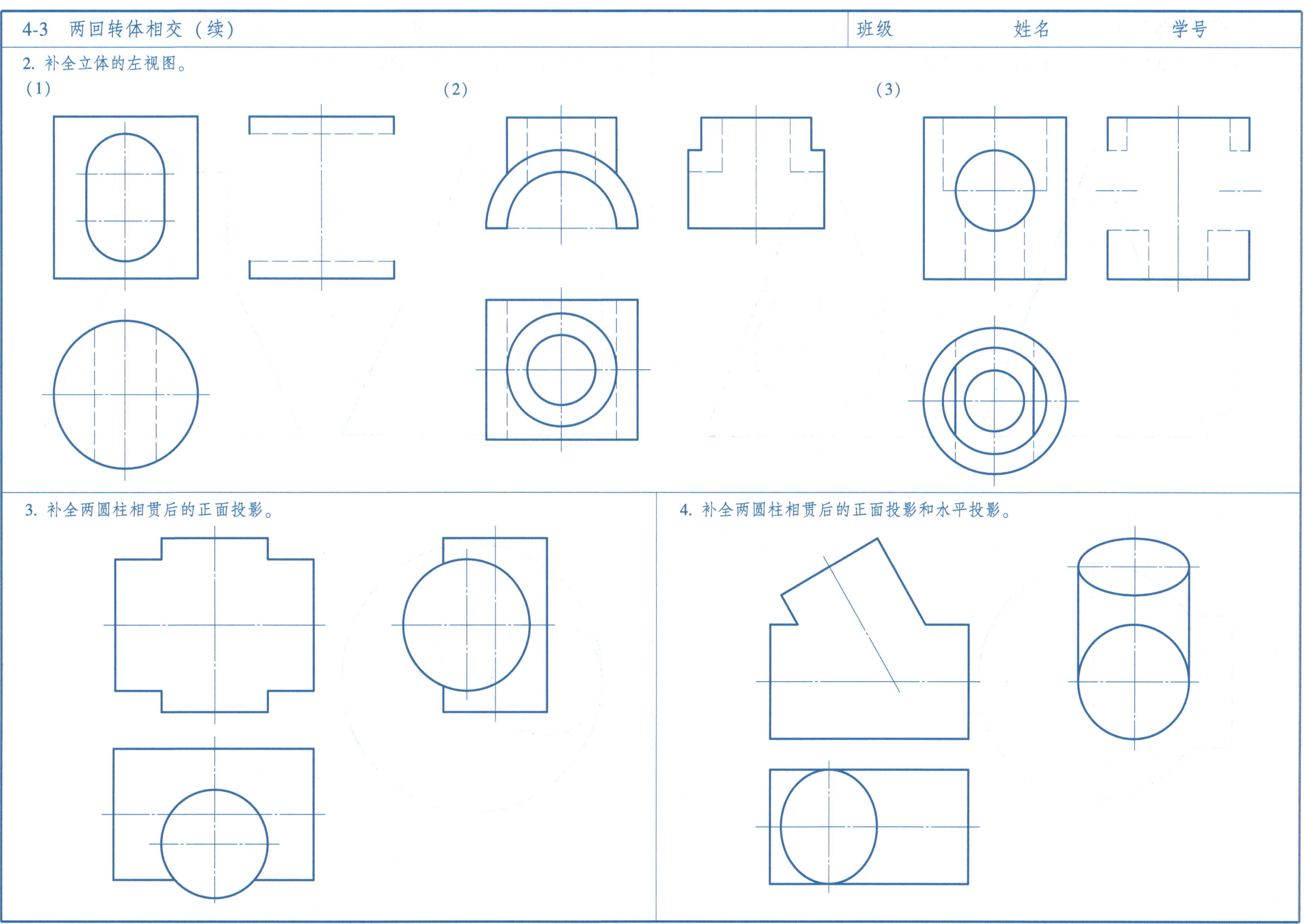

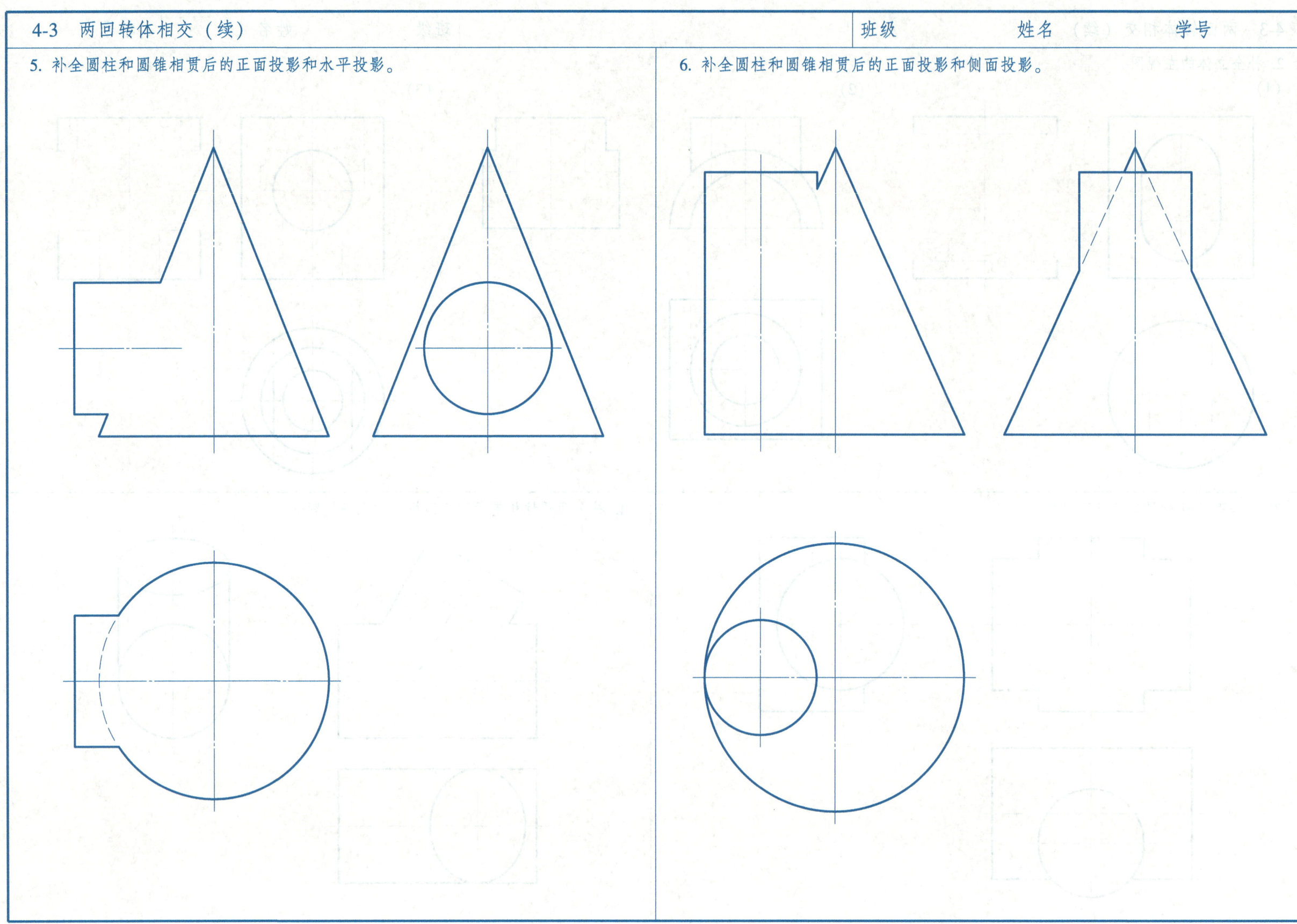

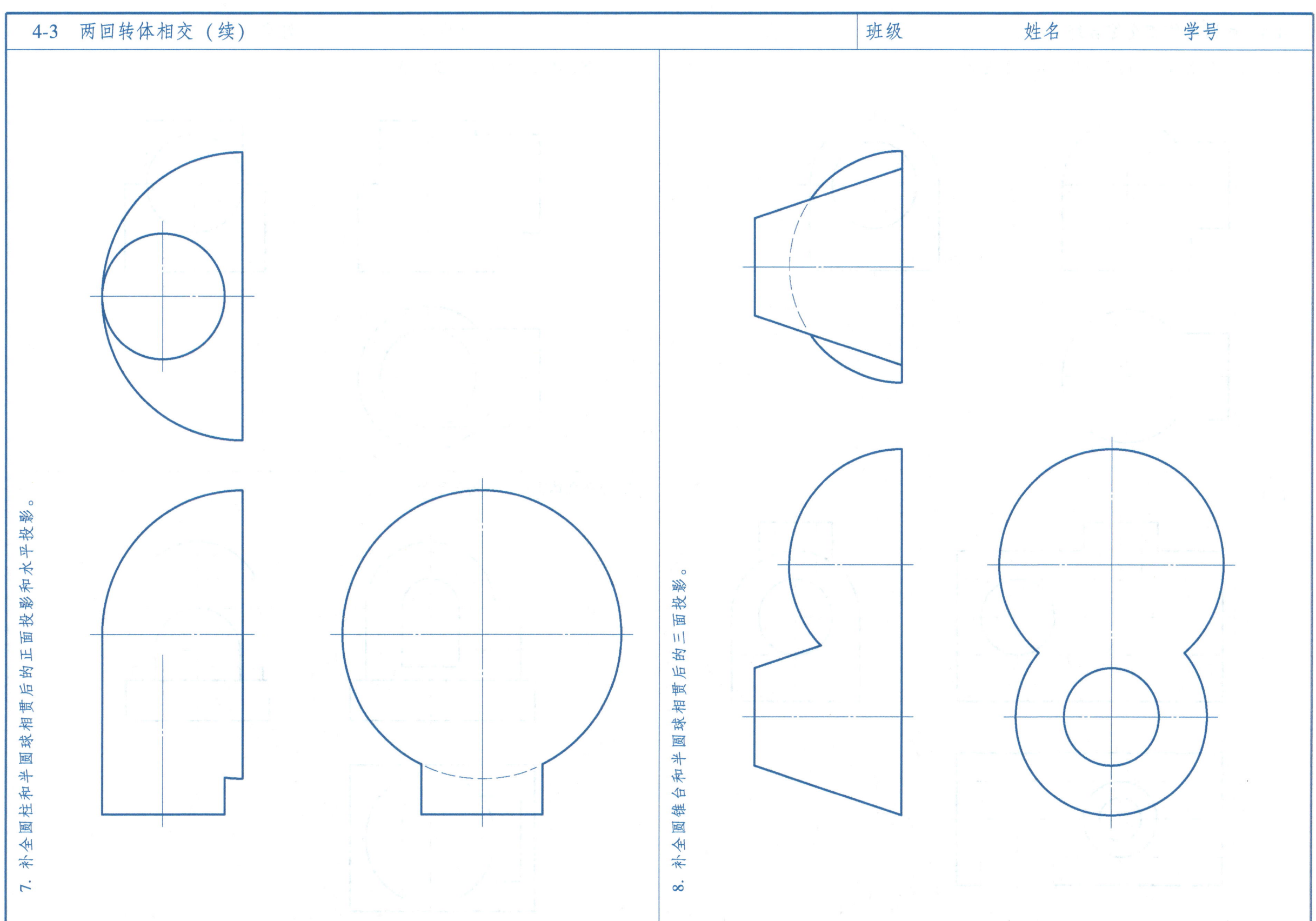

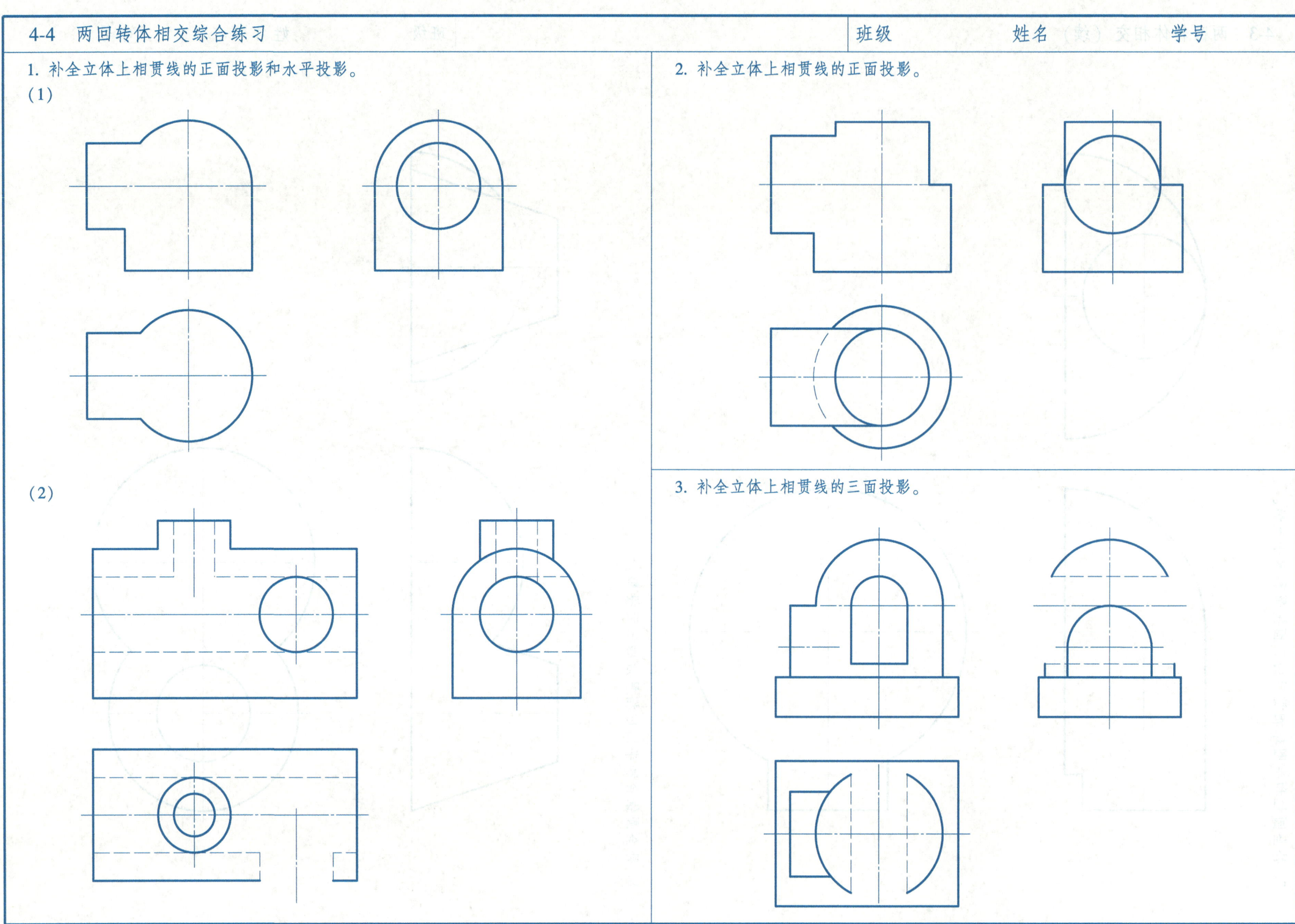

4-5 轴测图	班级　　　姓名　　　学号

1. 根据立体的两个视图画出其正等轴测图。

(1)

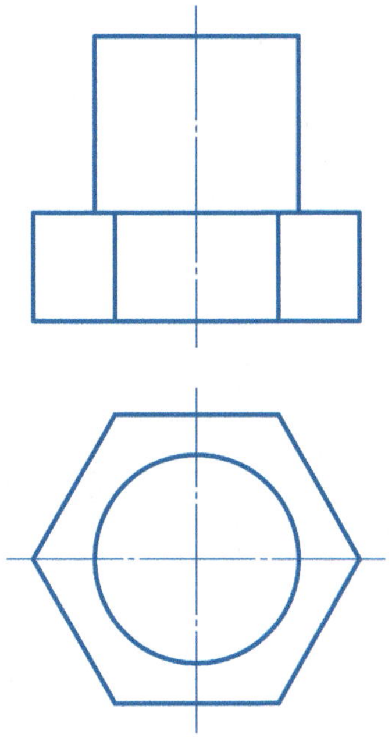

(2)

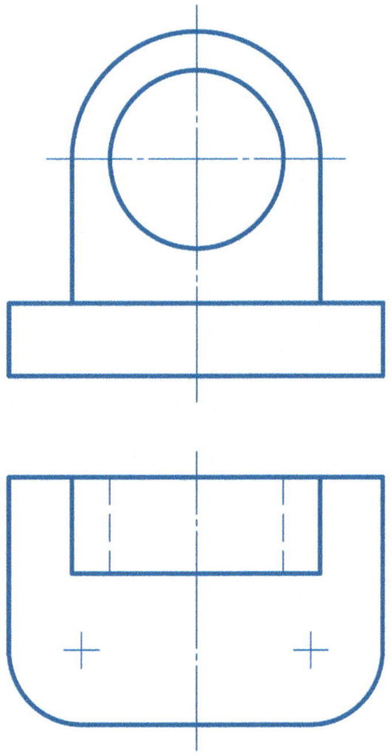

(3)

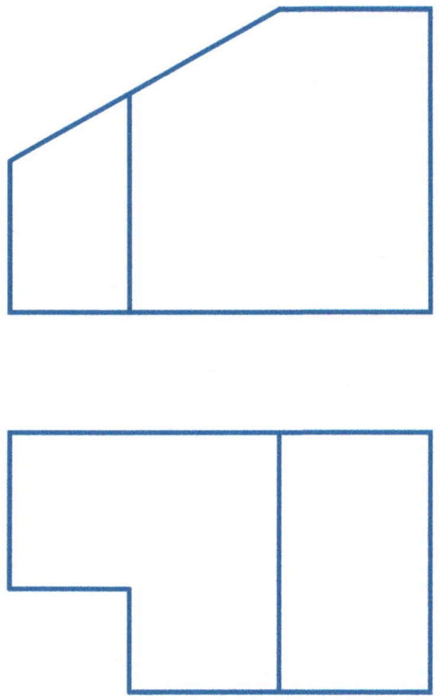

(4)

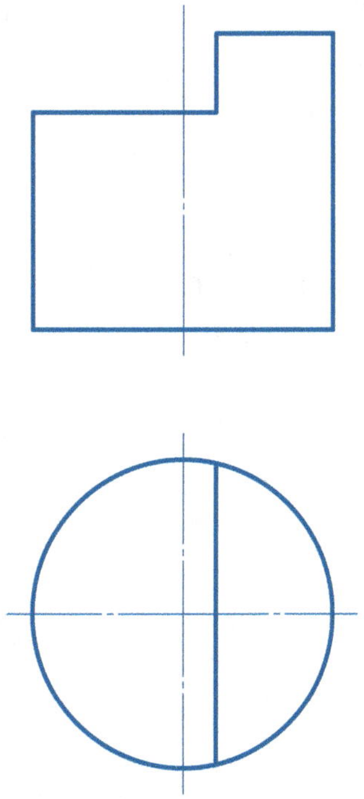

4-5 轴测图（续）

班级　　　姓名　　　学号

2. 根据立体的两个视图画出其斜二等轴测图。

(1)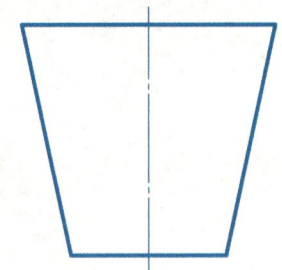

(2)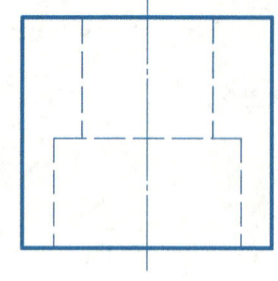

(3)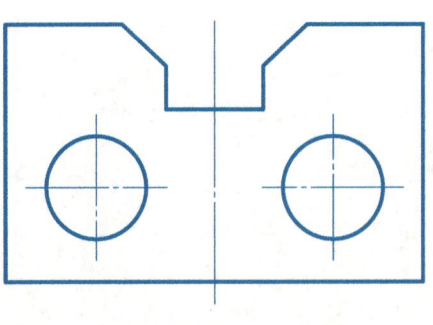
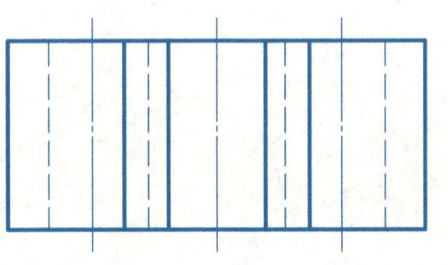

(4)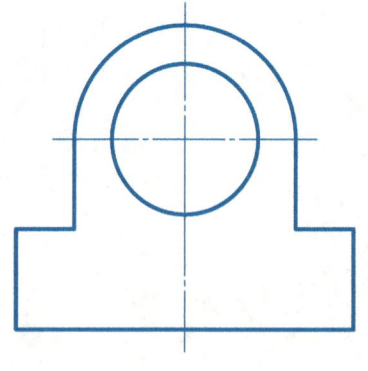
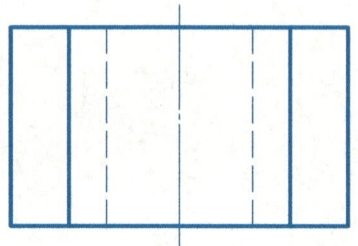

第五章 组合体的构形与表达

5-1 补画组合体视图中所缺的图线

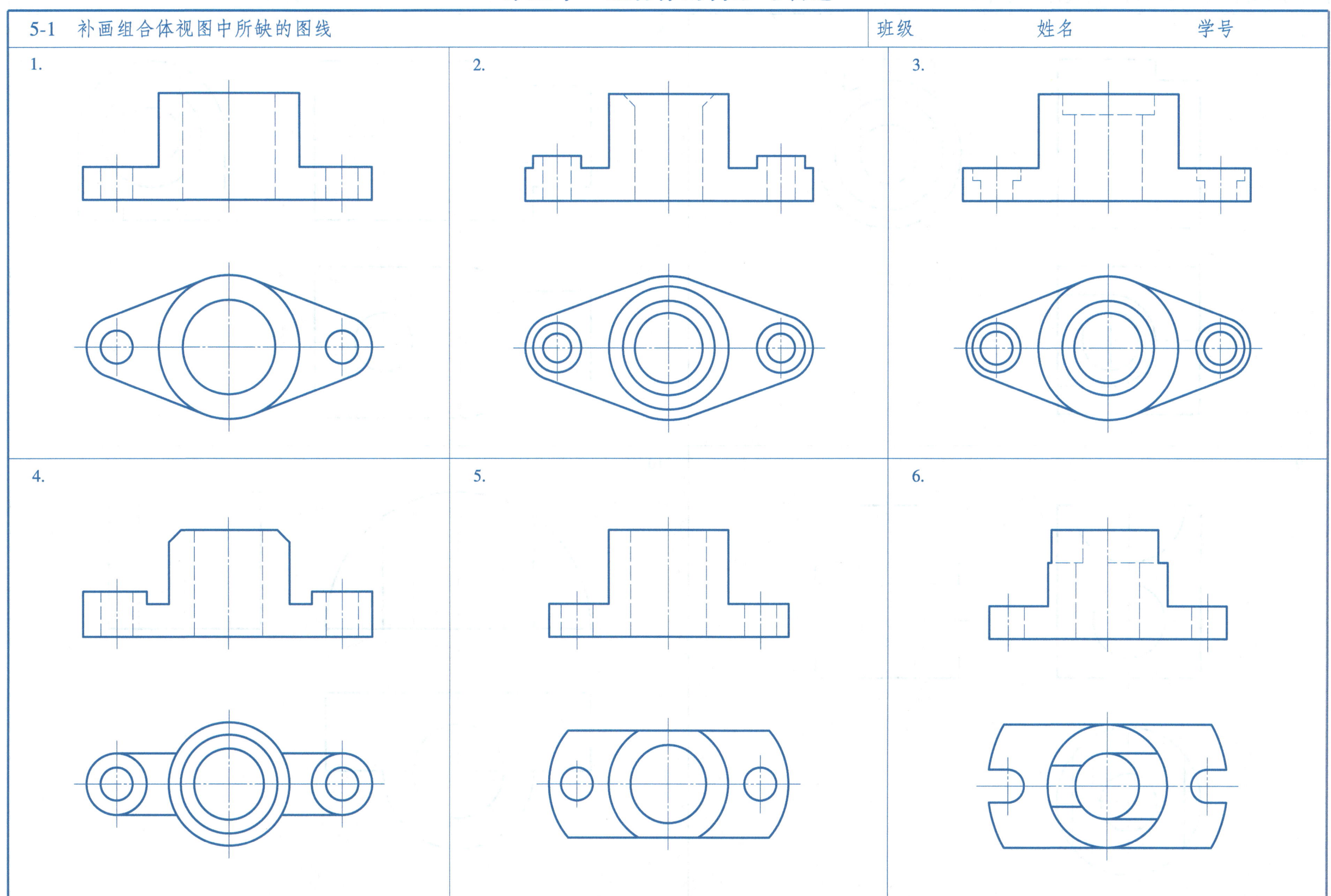

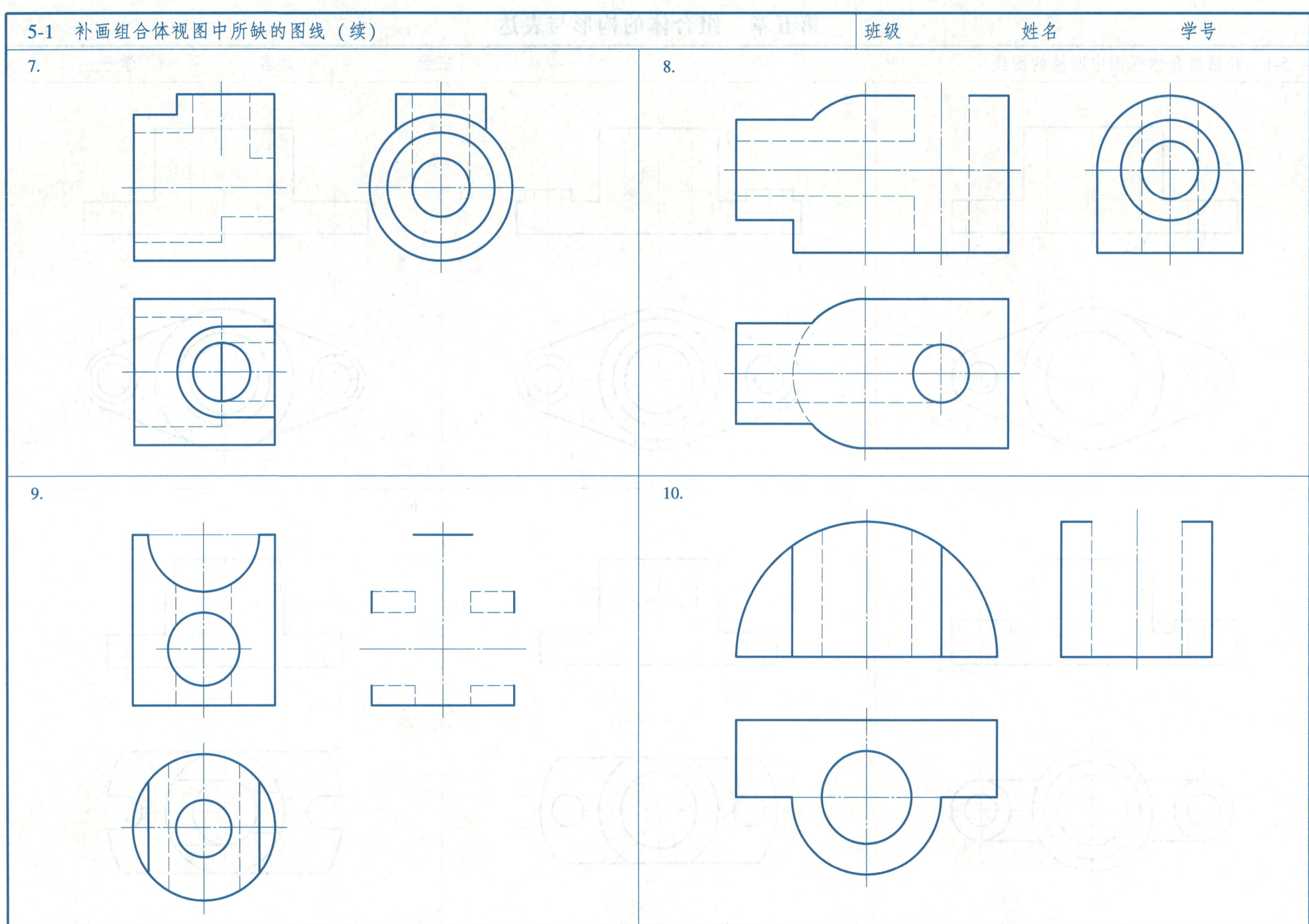

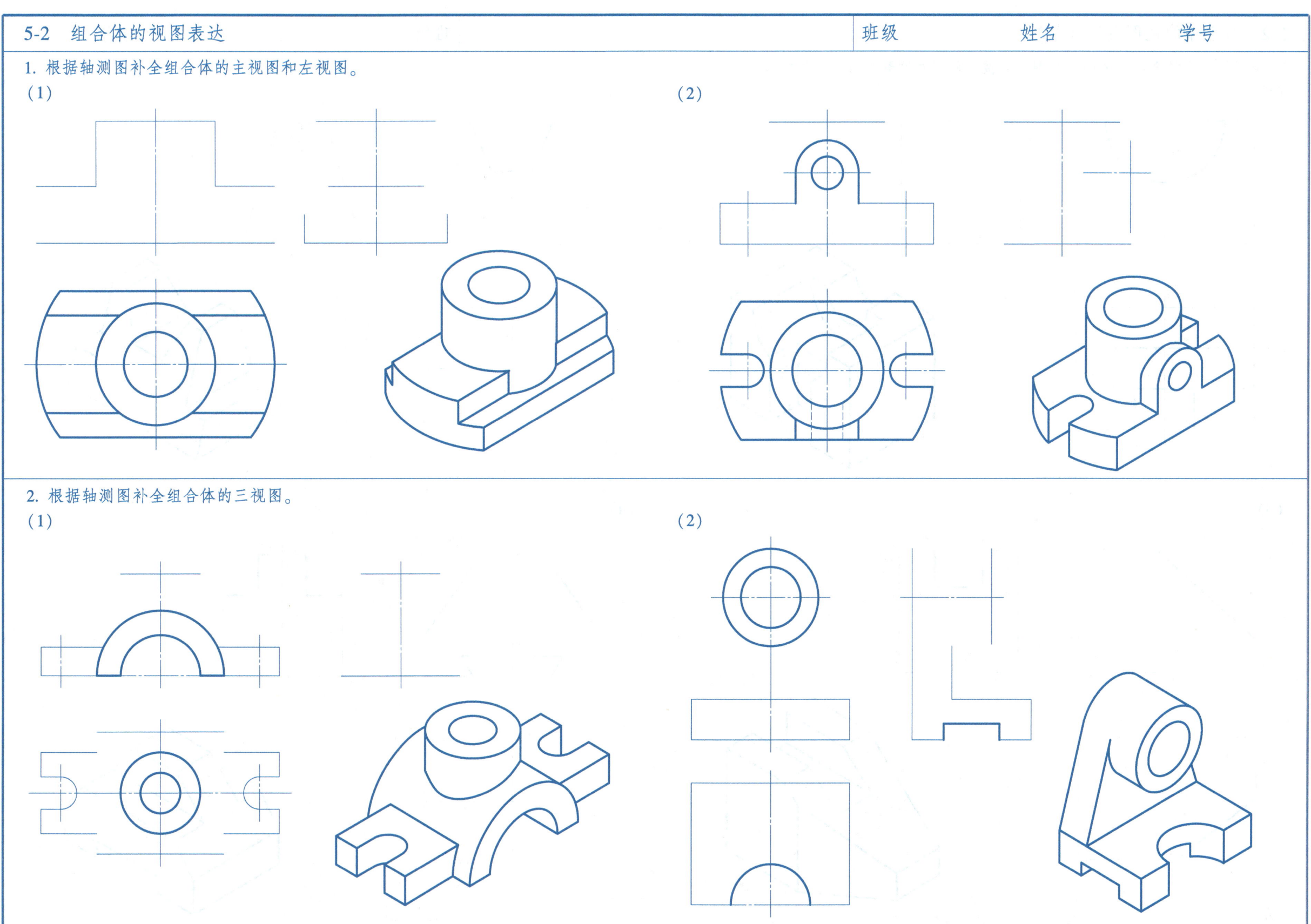

| 5-2 组合体的视图表达（续） | 班级 | 姓名 | 学号 |

3. 根据轴测图补全组合体的三视图，并按示例标注阴影平面的三面投影。

（1）
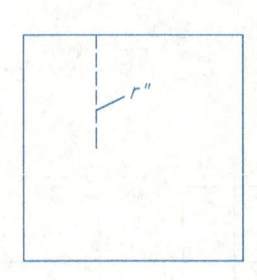
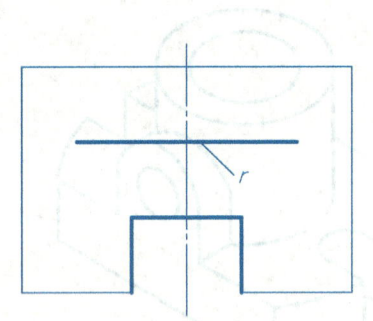
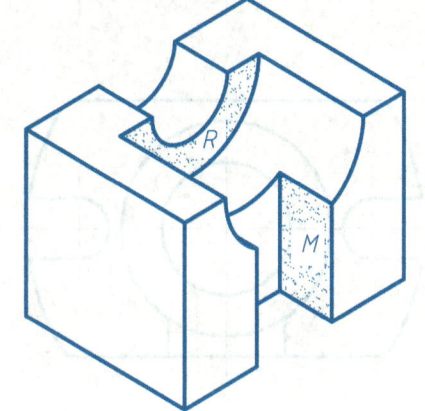

（2）

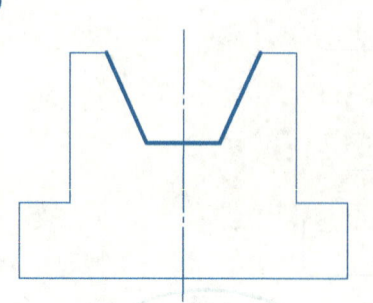
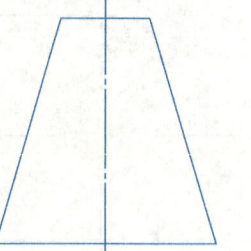
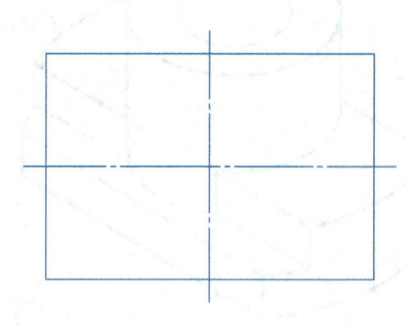
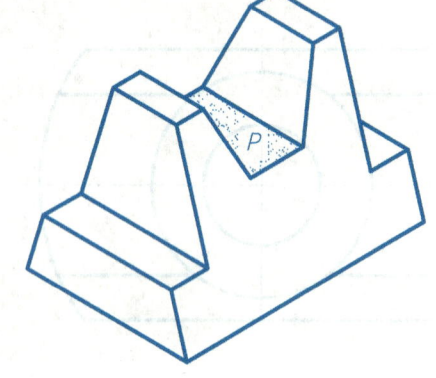

（3）
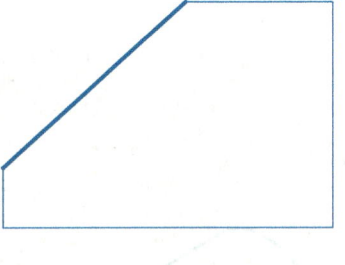
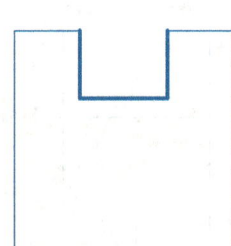

（4）
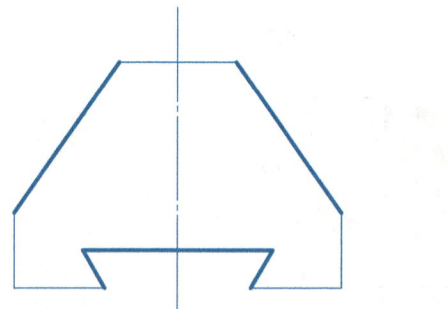
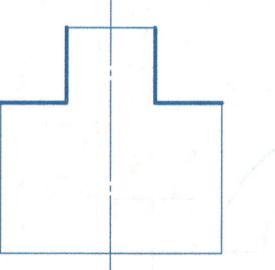
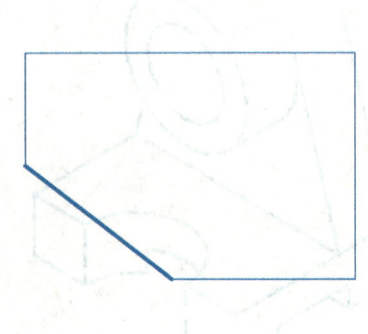
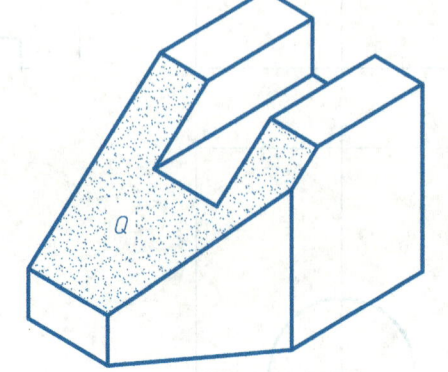

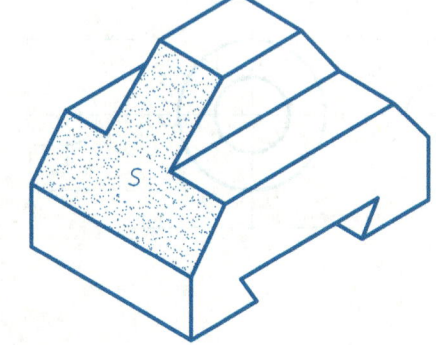

5-2 组合体的视图表达（续）

4. 根据轴测图，在指定位置徒手画出组合体三视图。

（1）

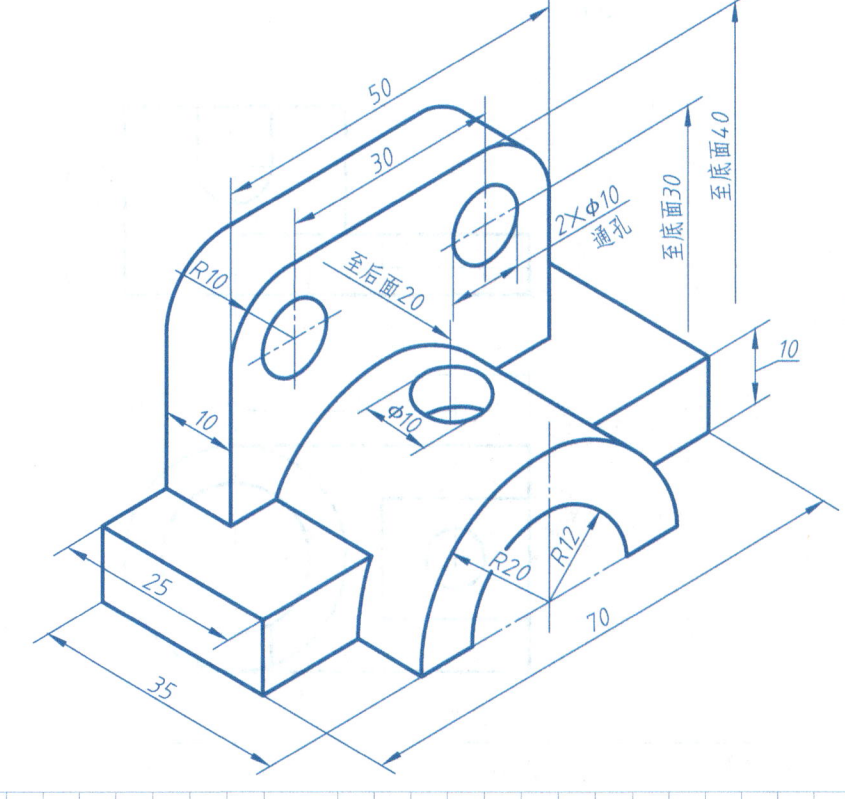

（2）

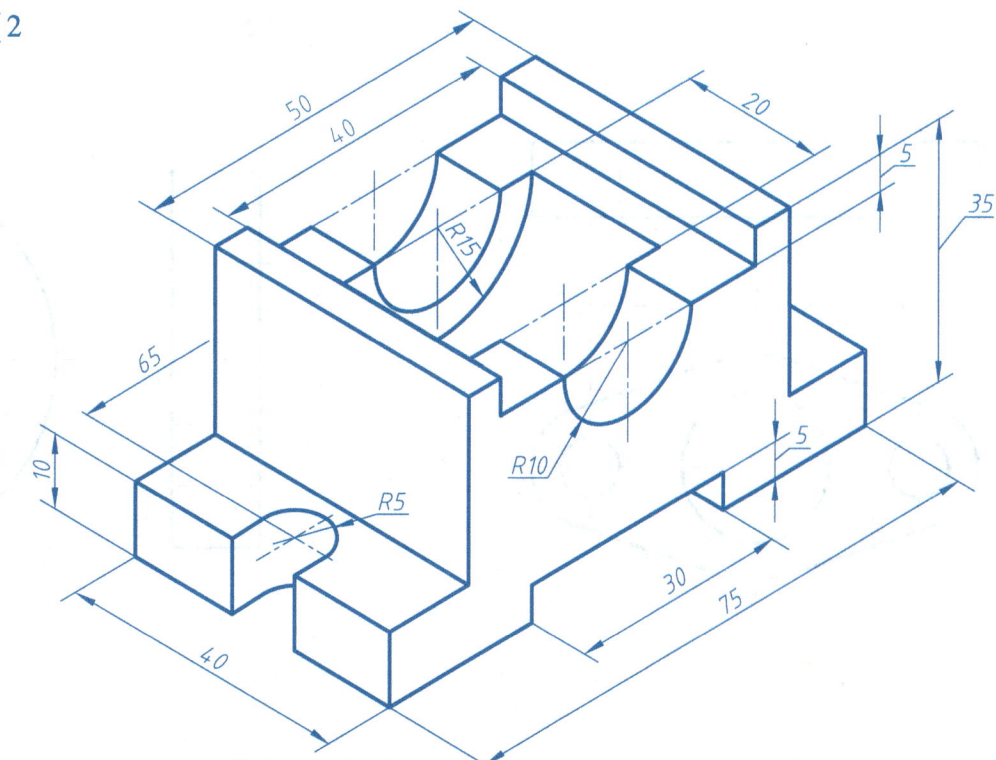

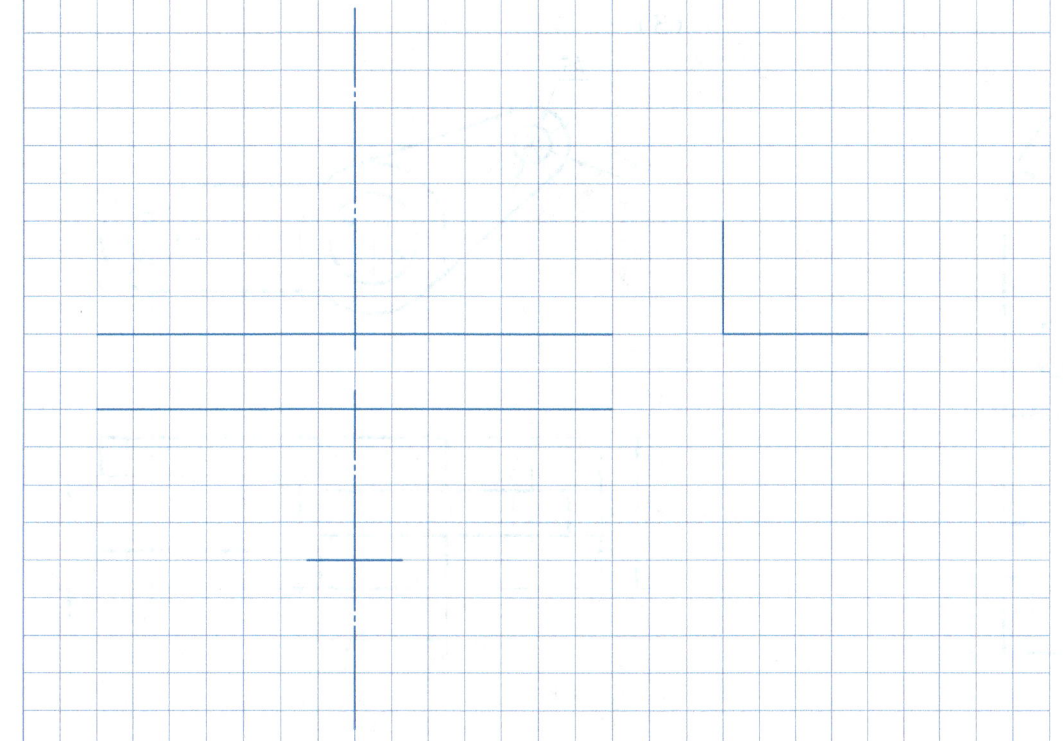

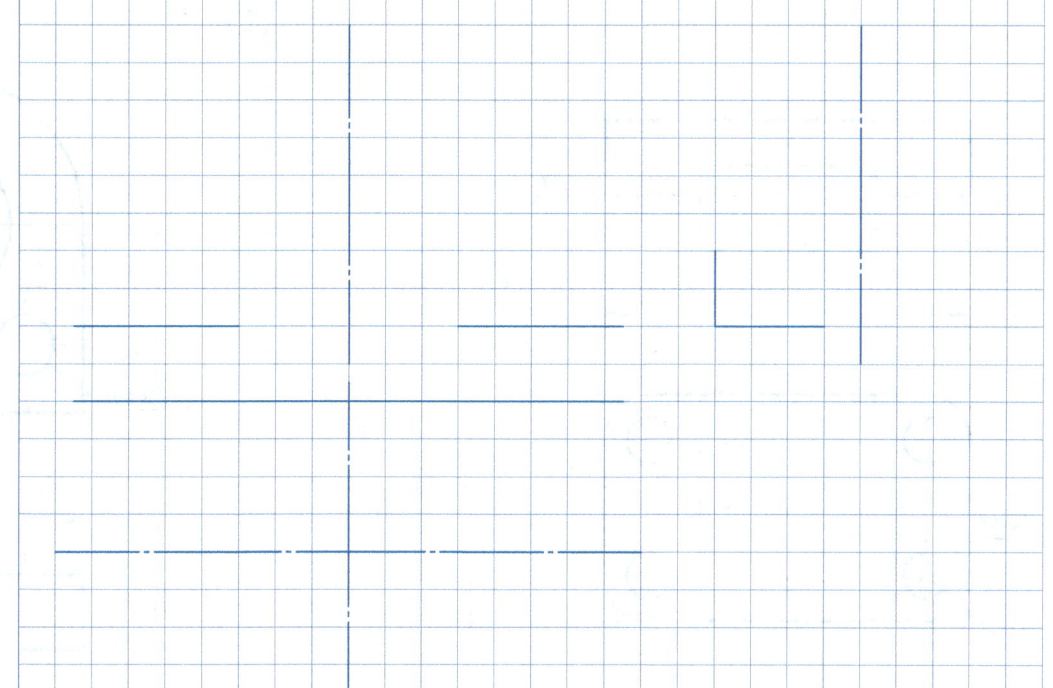

| 5-3 组合体视图的尺寸标注 | 班级　　　姓名　　　学号 |

1. 分析组合体的结构，标注定形尺寸。

(1)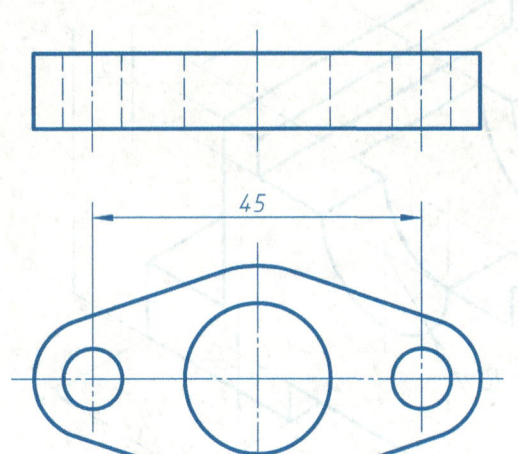

(2)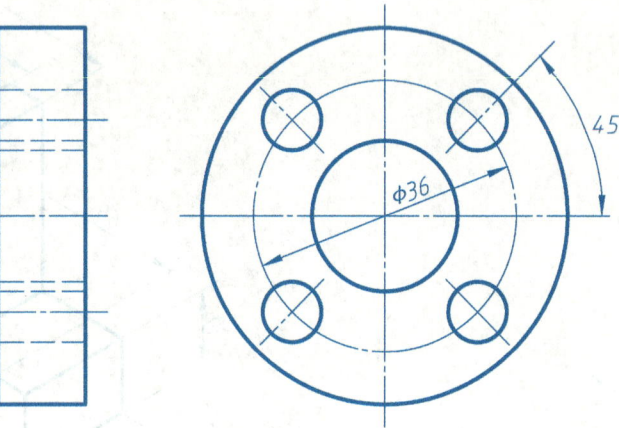

(3)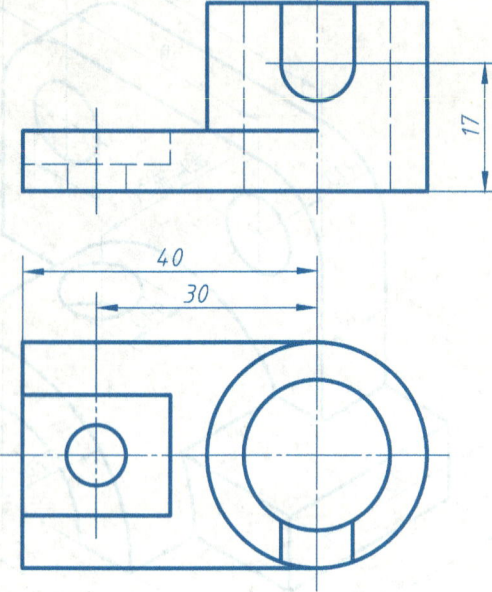

2. 分析组合体的尺寸基准，标注定位尺寸。

(1)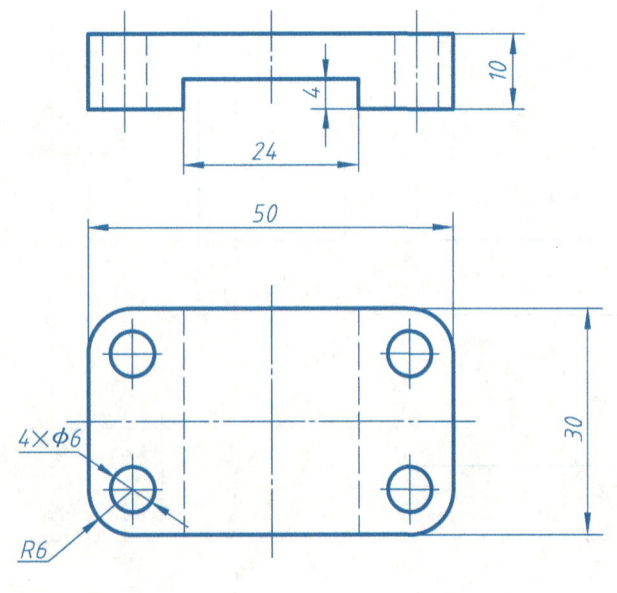

(2)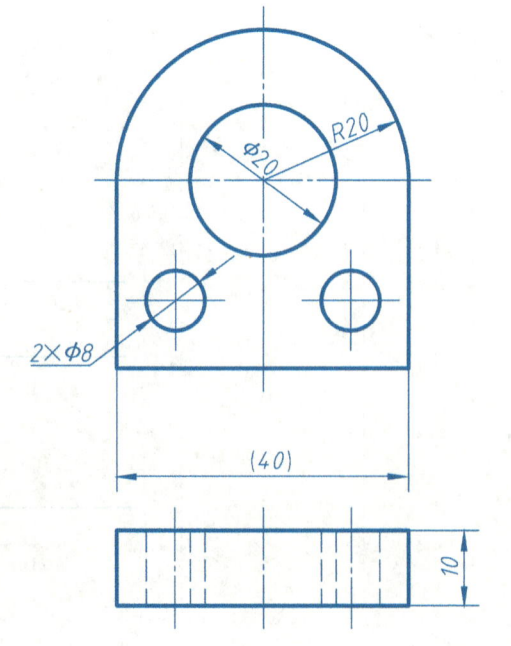

(3)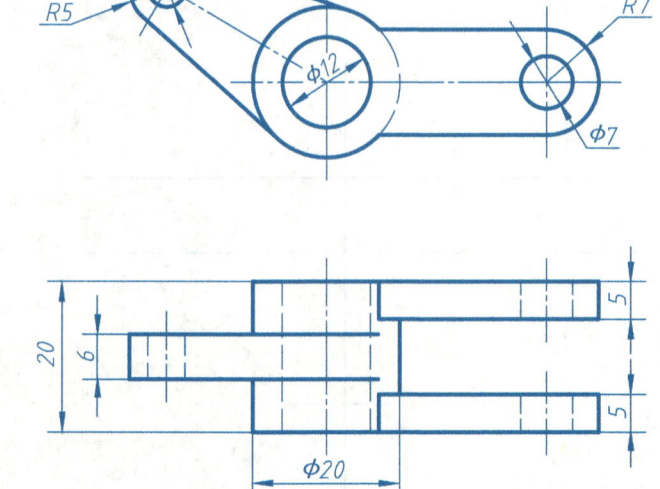

5-3 组合体视图的尺寸标注（续）

3. 找出图中错误的尺寸并打"×"。
(1)
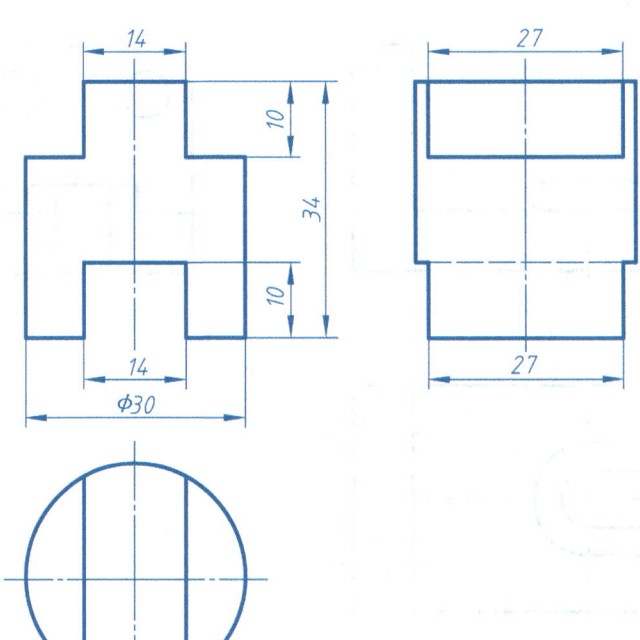

(2)
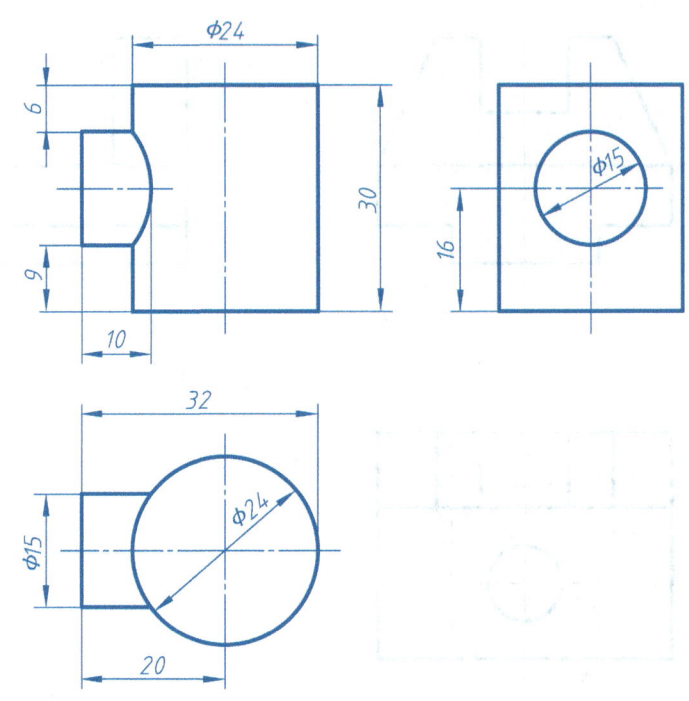

4. 补充完整组合体的尺寸。
(1)
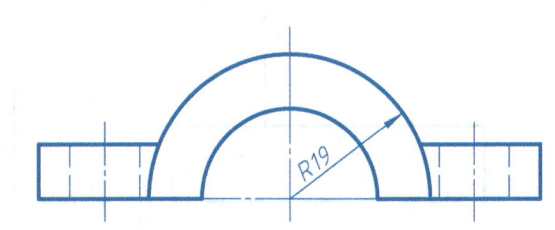
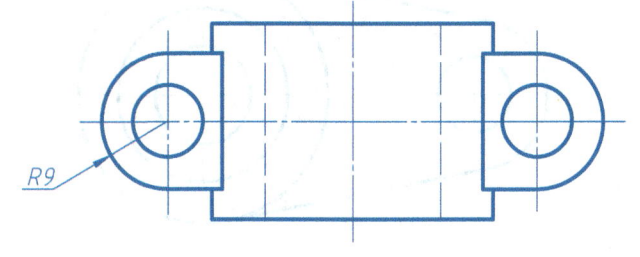

(2)
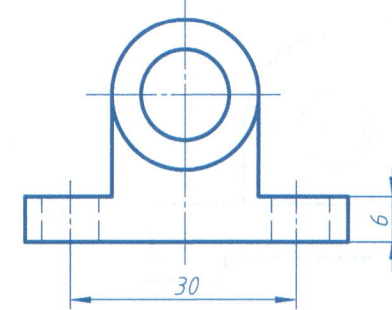
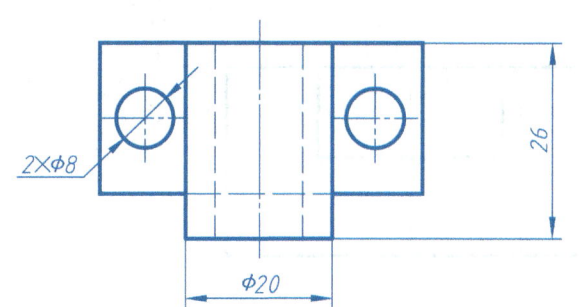

5. 根据所给尺寸基准，找出尺寸标注的错误，在右图中正确标注组合体尺寸。
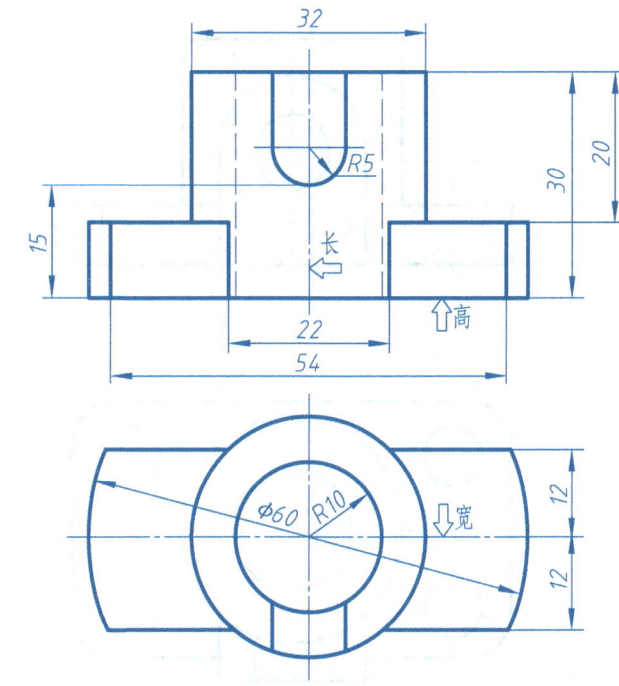
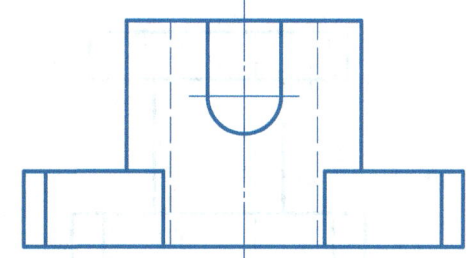
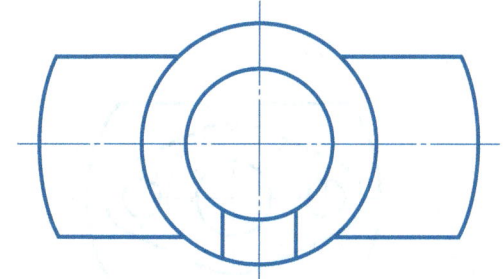

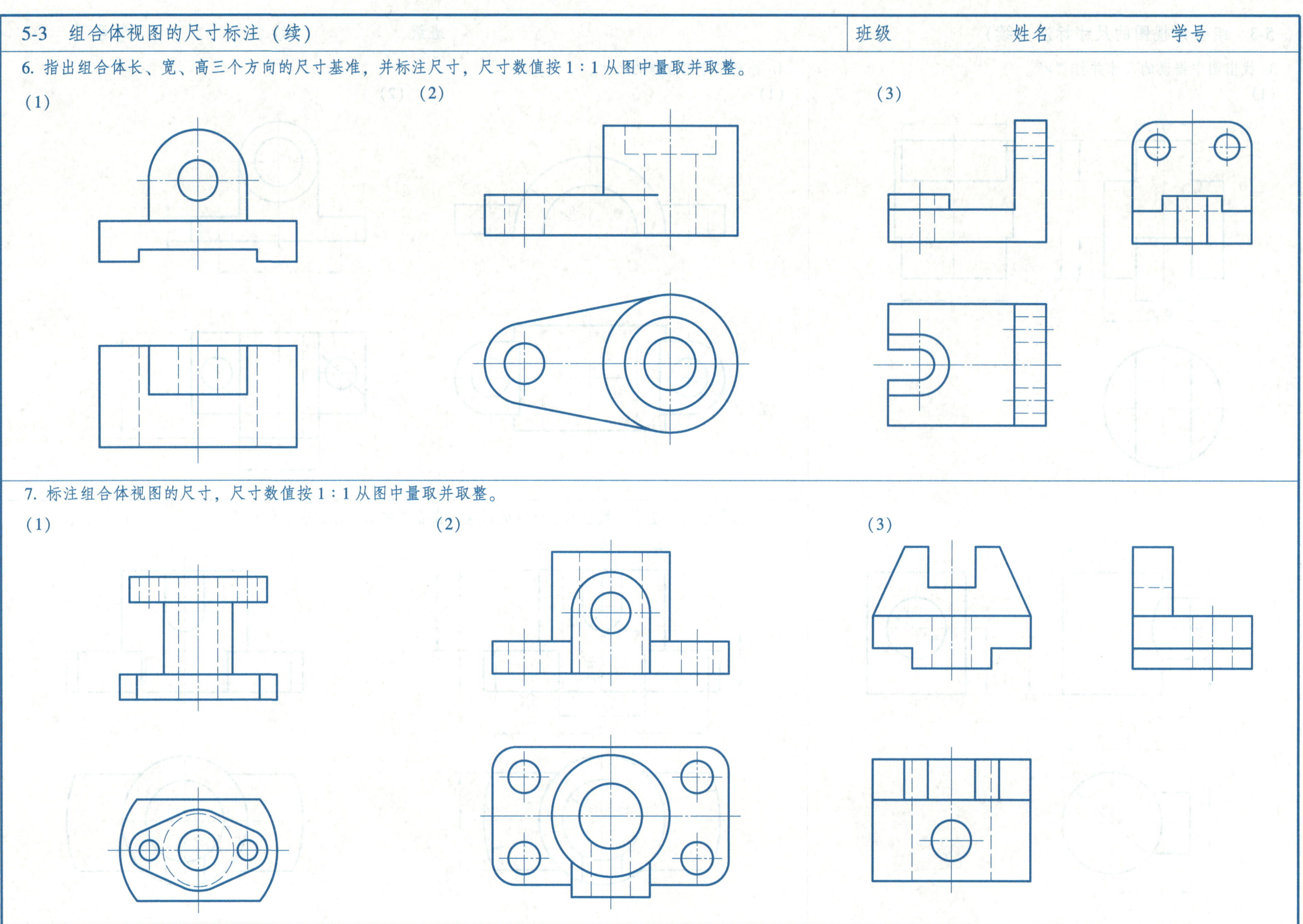

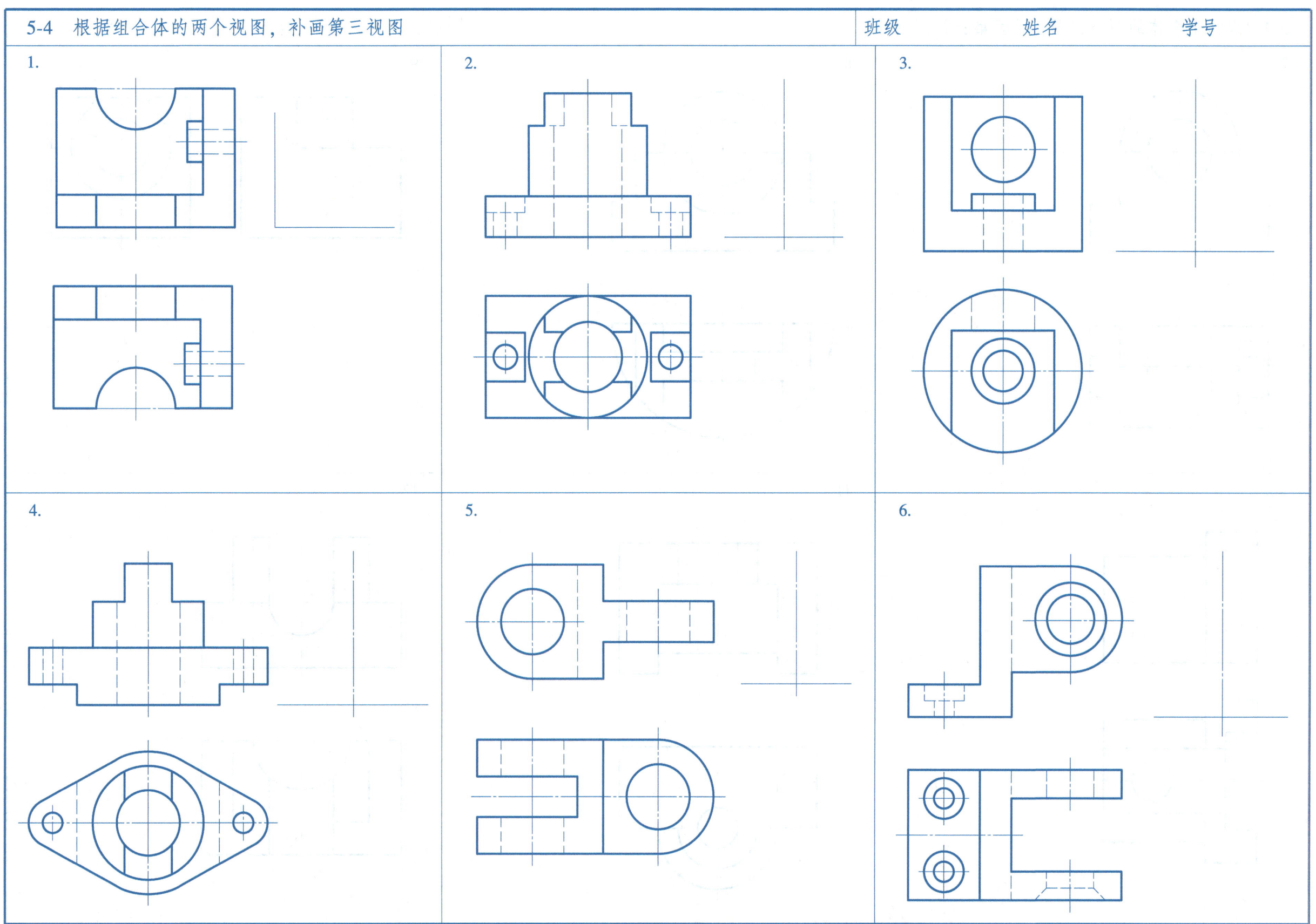

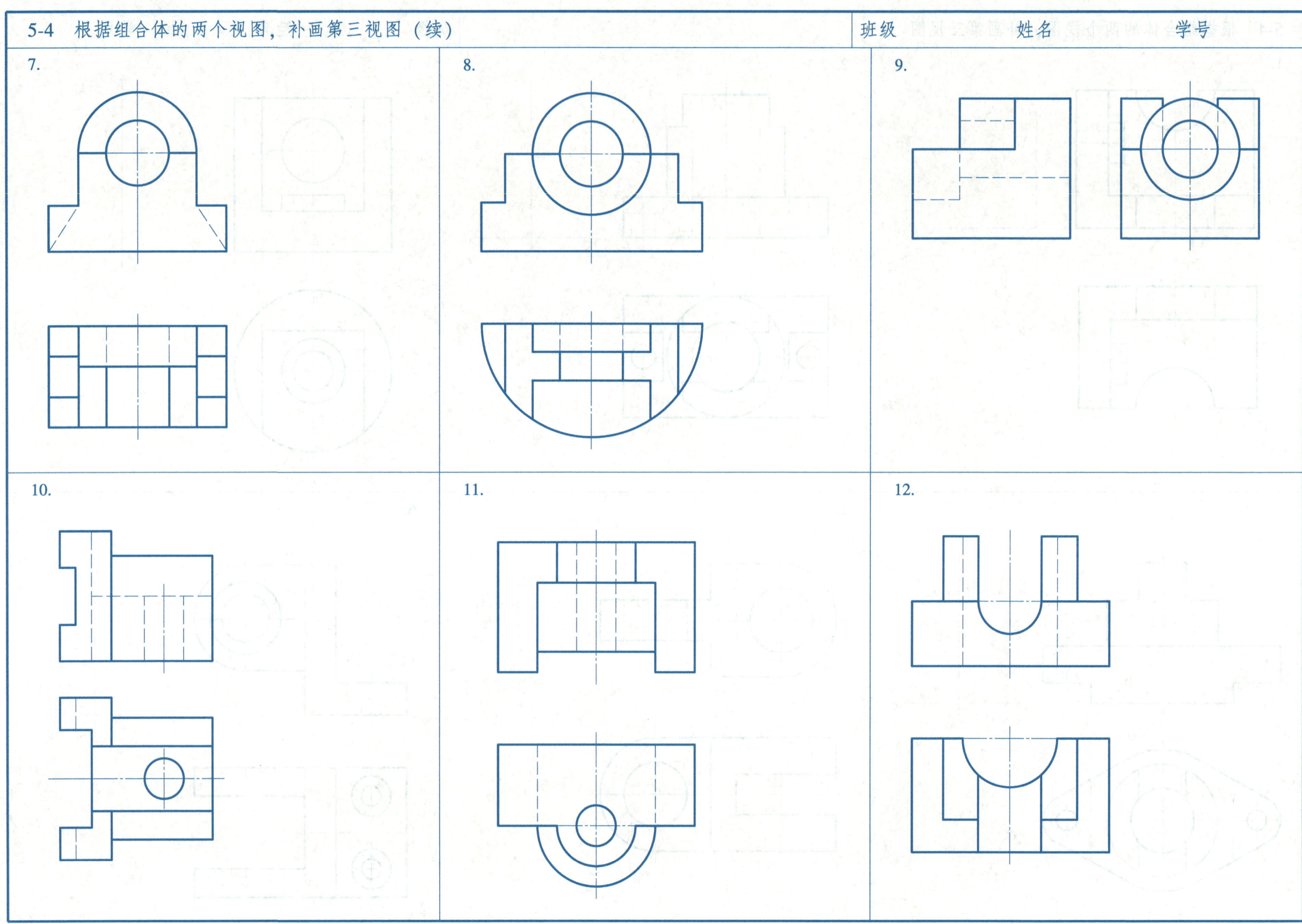

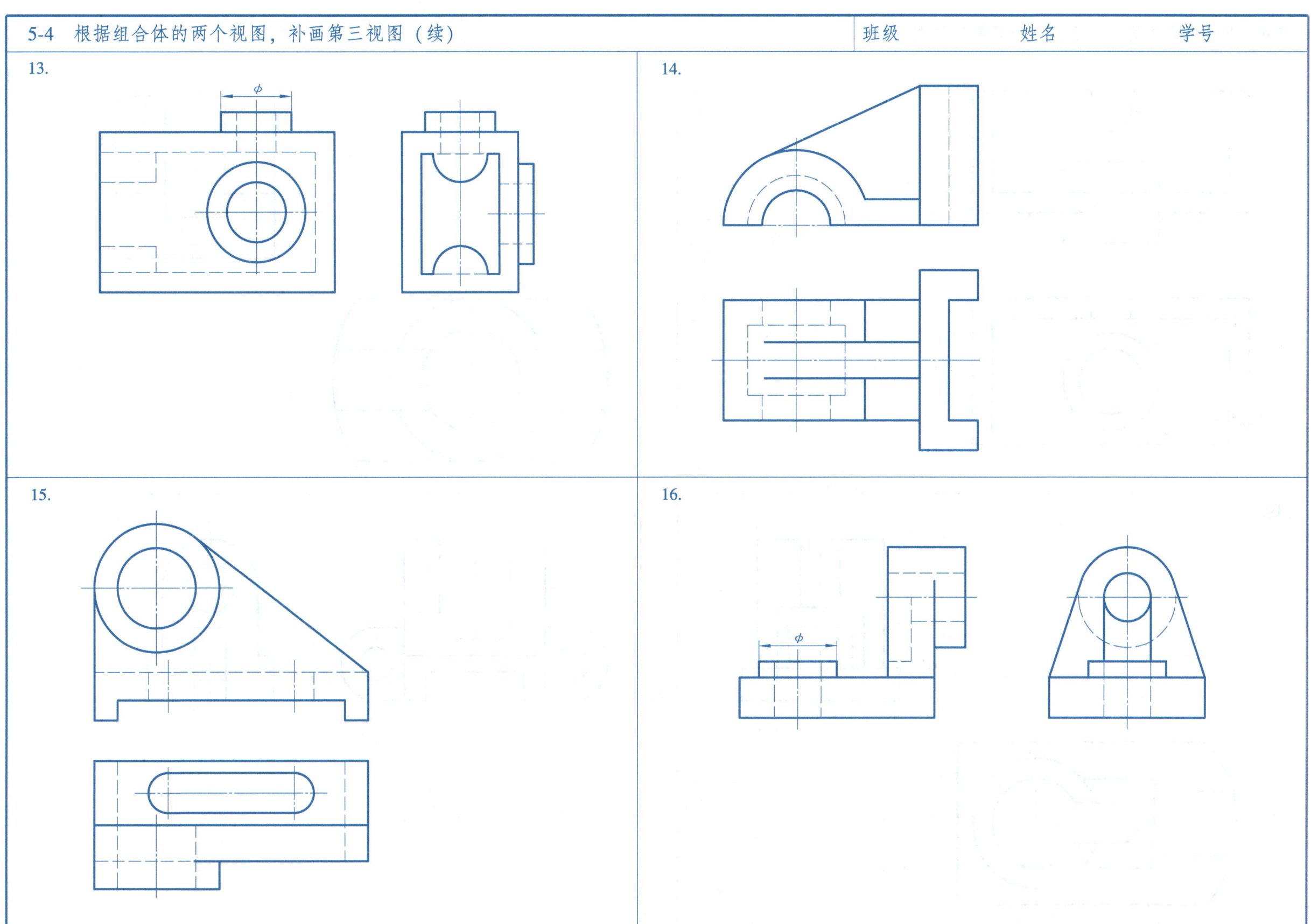

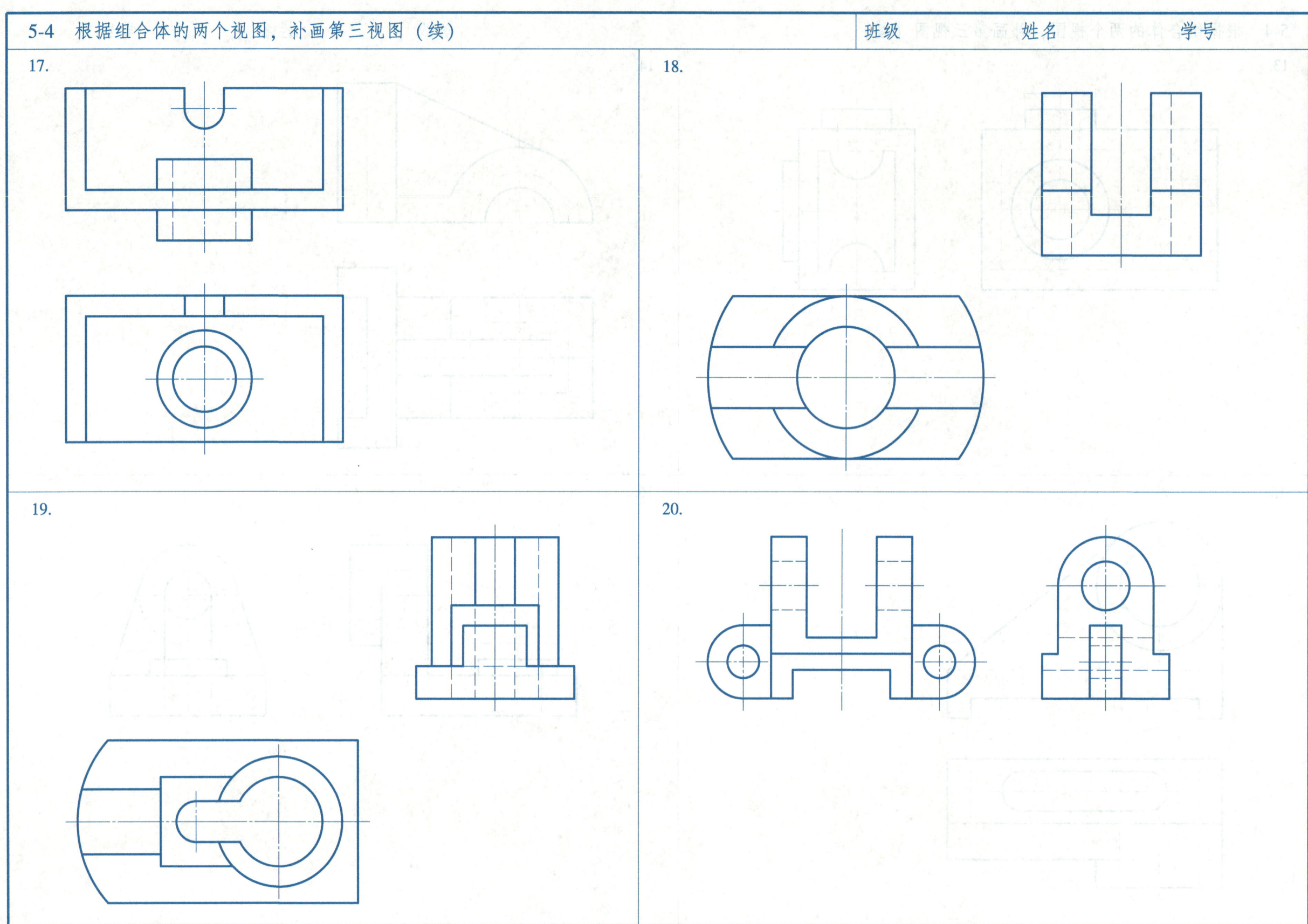

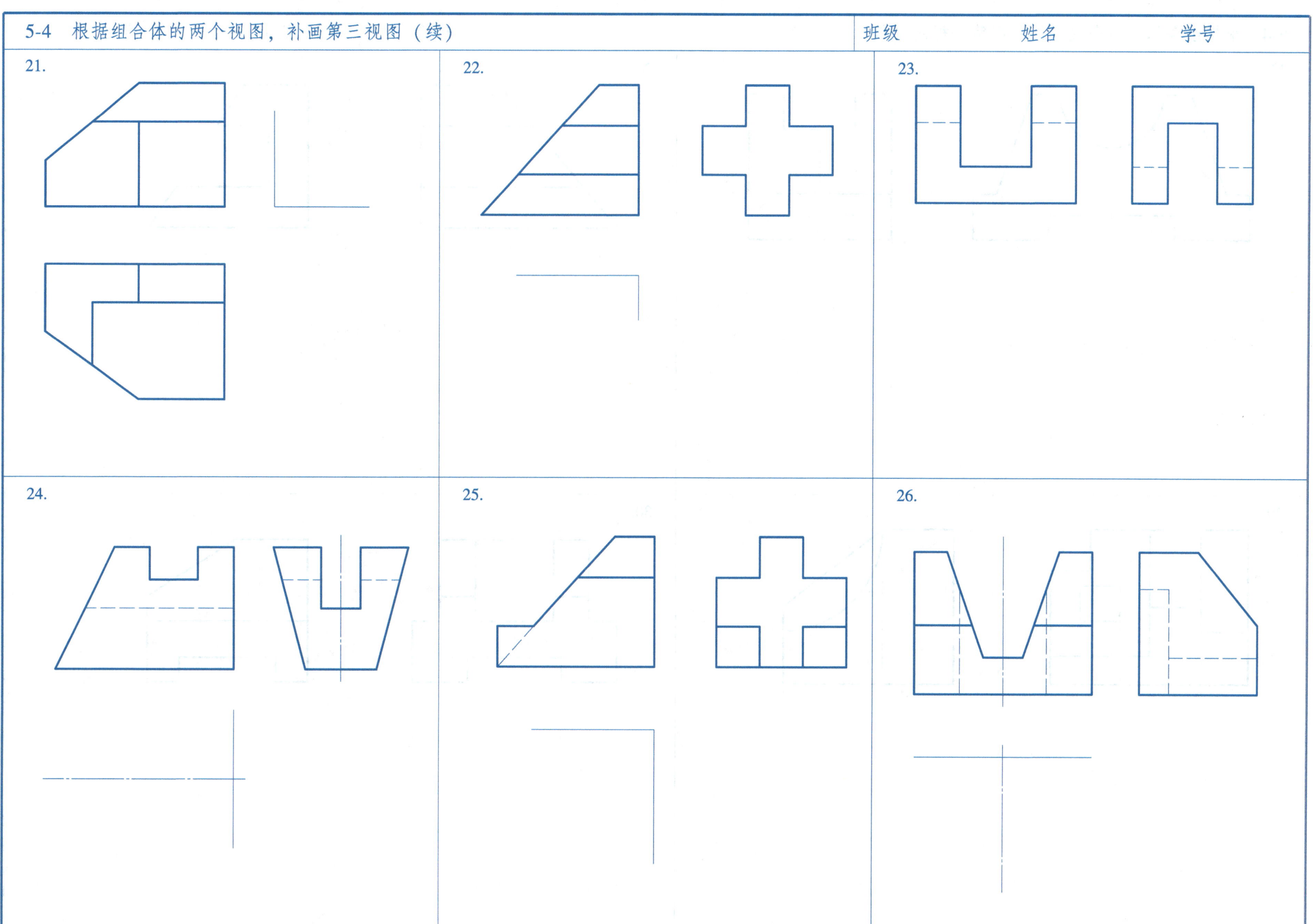

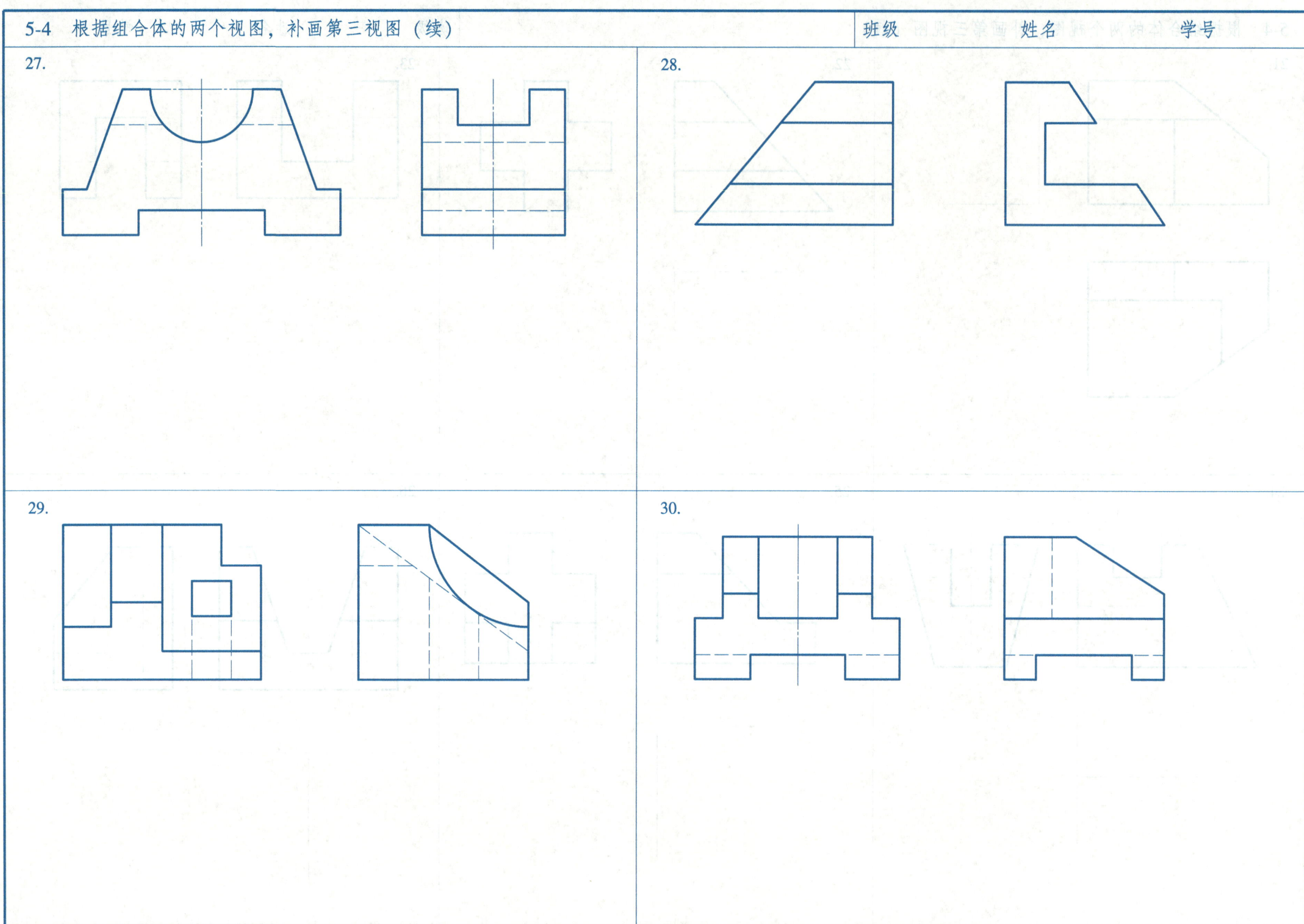

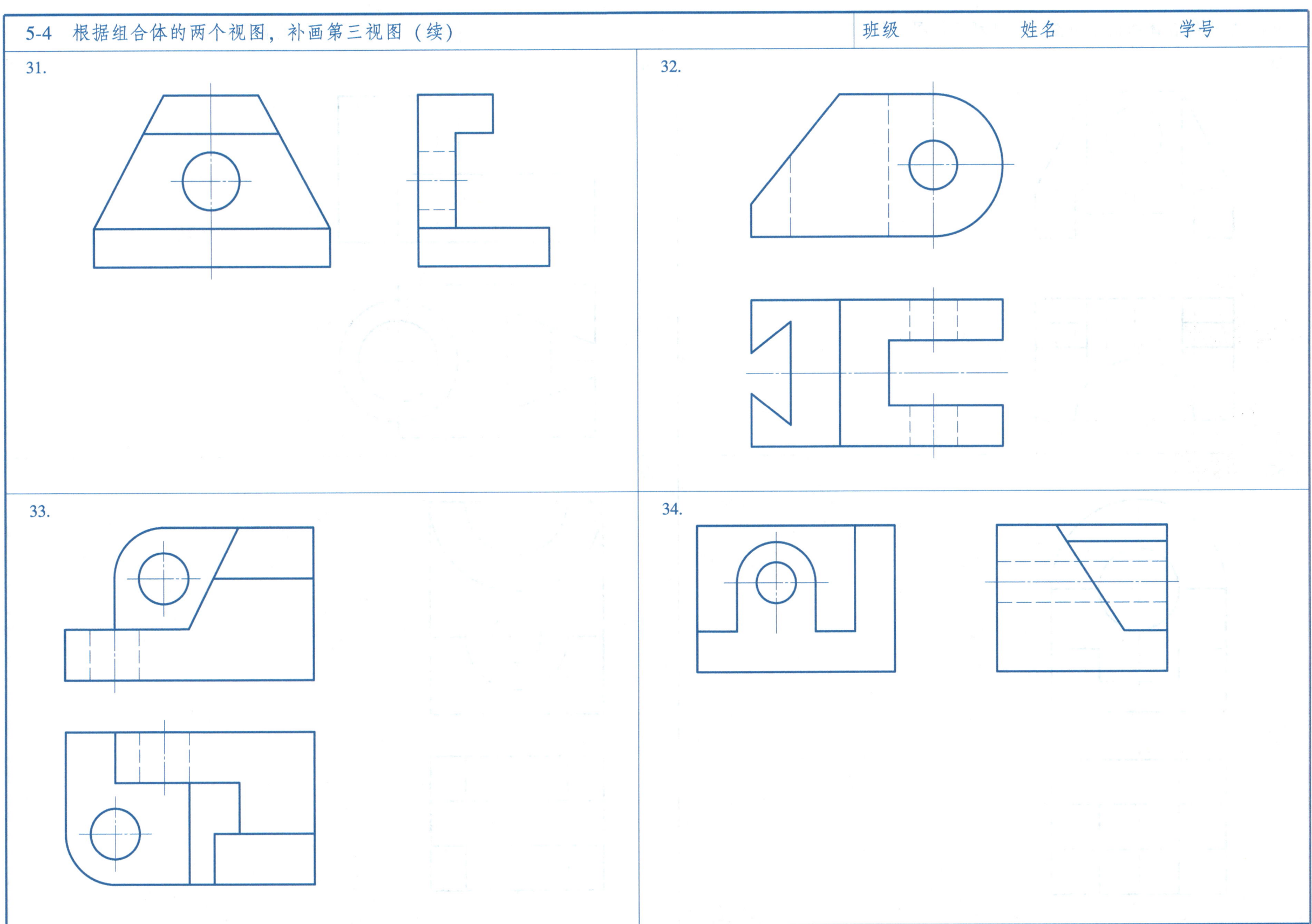

5-4 根据组合体的两个视图，补画第三视图（续）

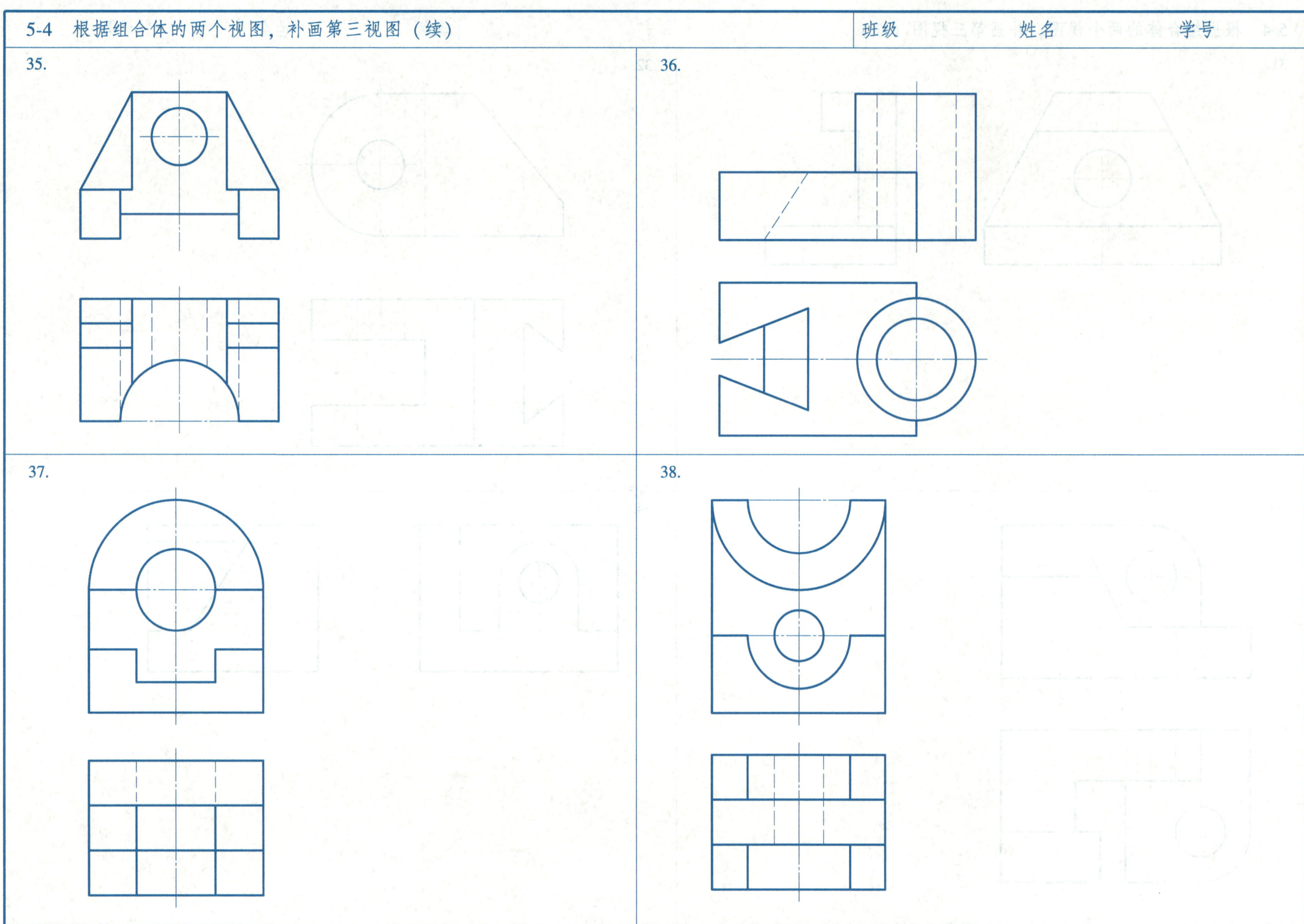

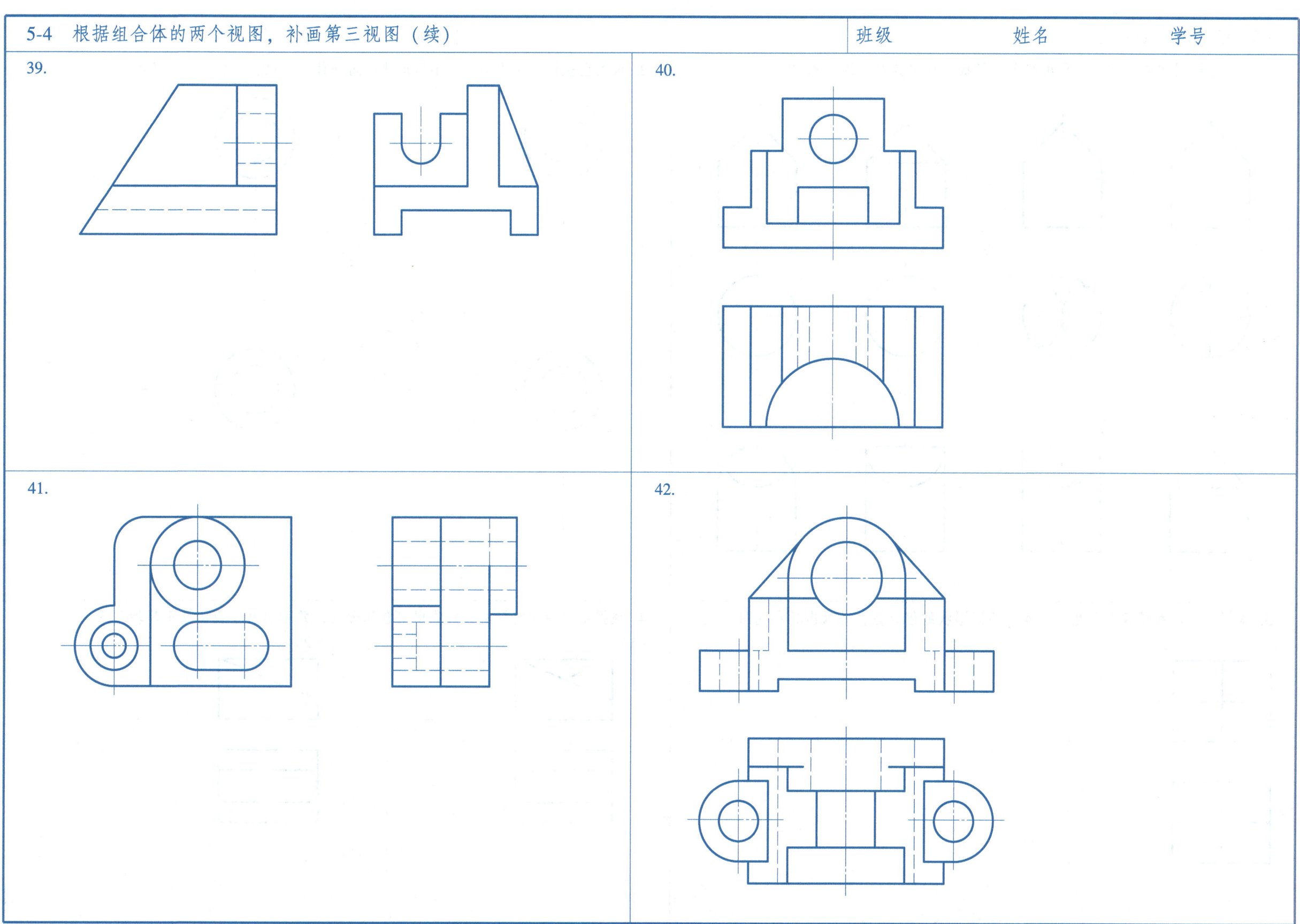

5-5 组合体构形表达

1. 根据主视图和俯视图，想象出组合体形状，找出其对应的左视图。

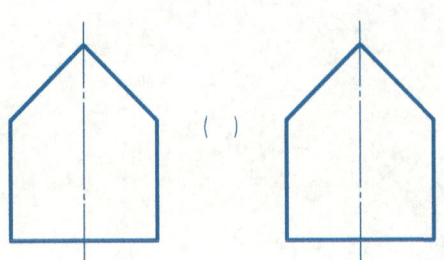 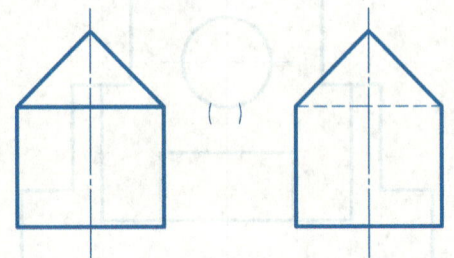

(1)　　(2)　　(3)　　(4)

左视图

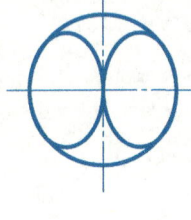  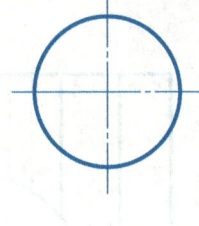

a)　　b)　　c)　　d)

2. 根据主视图，想象出4个不同形状的组合体，并画出其俯视图和左视图。

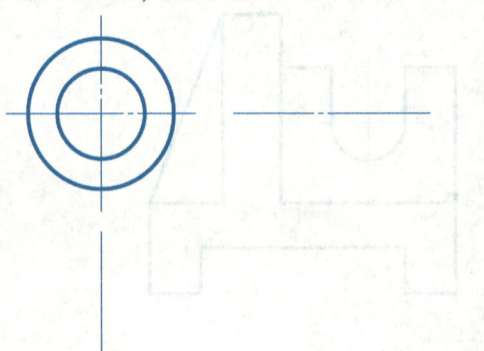 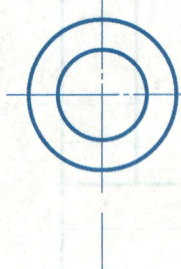

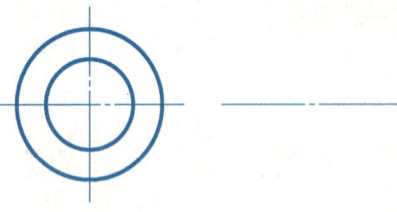 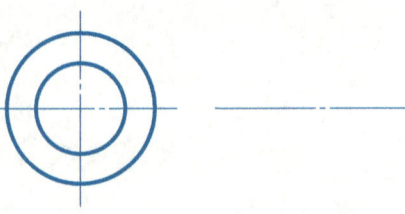

3. 根据主视图和俯视图，想象出4个不同形状的组合体，并画出其左视图。

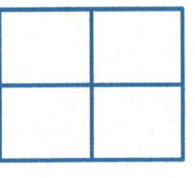

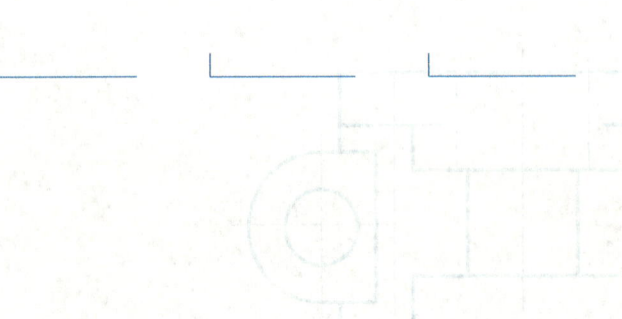

4. 根据主视图和俯视图，想象出组合体形状，并画出其左视图及正等轴测图。

(1)　　　　　　　　　(2)

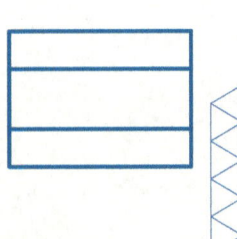 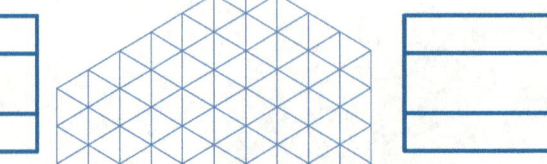  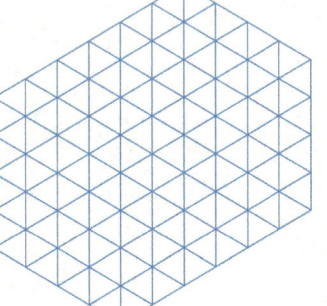

5-6 组合体三视图绘图训练

绘图技能训练——组合体三视图

一、作业内容

根据组合体的轴测图（任选其一）画出其三视图，并标注尺寸。

二、作业目的及要求

1. 目的：运用形体分析法和线面分析法，由组合体轴测图画出其三视图并标注尺寸。
2. 要求：视图表达及尺寸标注正确、完整、清晰；图面整洁、布局合理；图线和字体符合国标规定。

三、图幅、比例和图名

1. 图幅：A3 图纸横放。
2. 比例：自选。
3. 图名：组合体。

四、绘图步骤及注意事项

1. 对组合体进行形体分析，选择主视图的投影方向，并确定其他视图。
2. 选择基准，按轴测图所注尺寸合理布置三视图，画出各视图基准线。
3. 画出组合体三视图底稿。
4. 不可完全照抄轴测图上的尺寸标注样式，应重新合理布置视图上的尺寸，避免尺寸遗漏或重复。
5. 描深图形。

1.

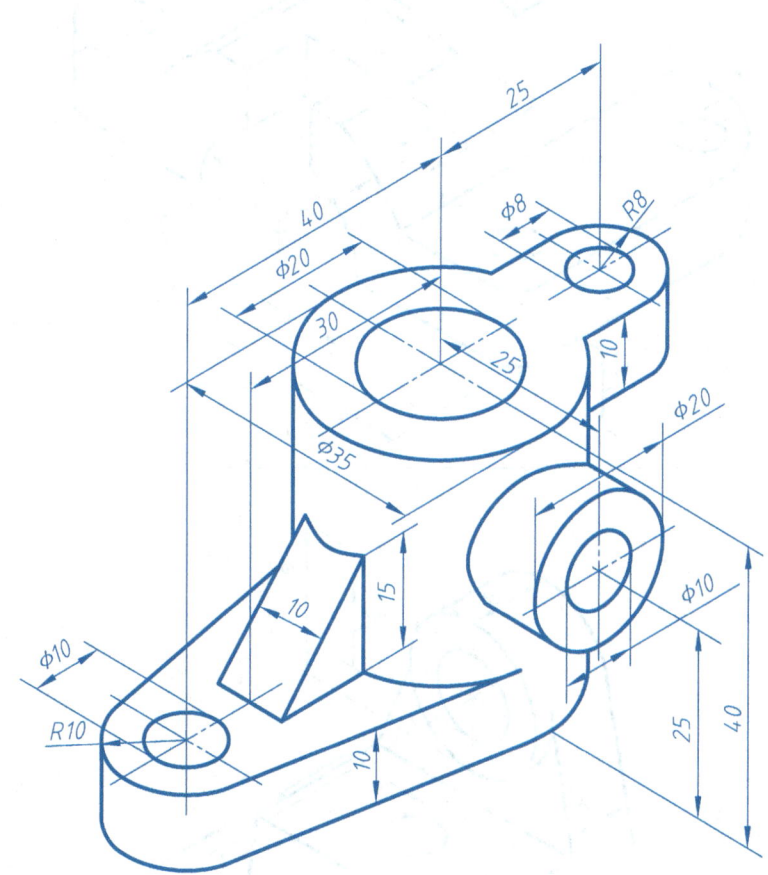

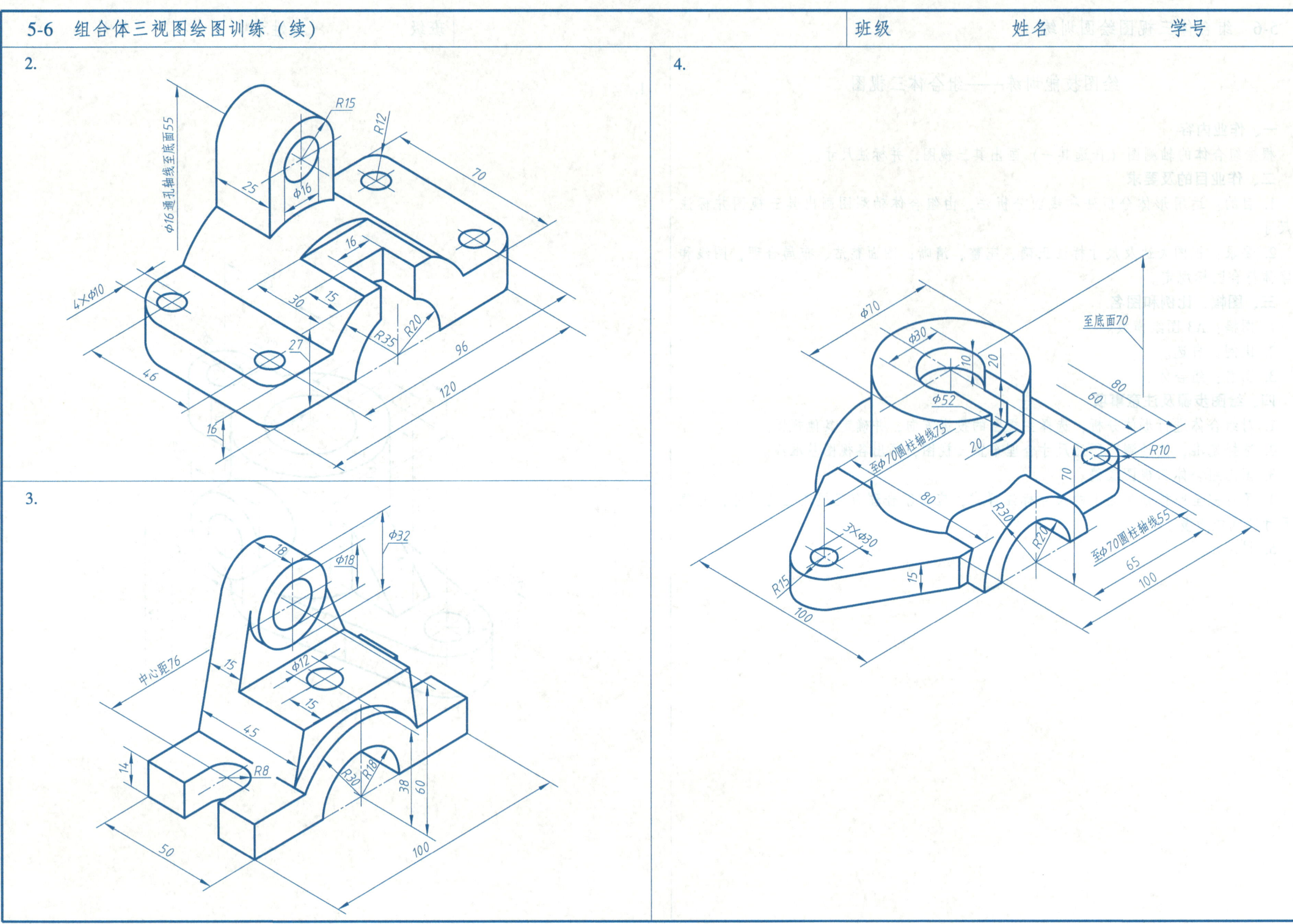

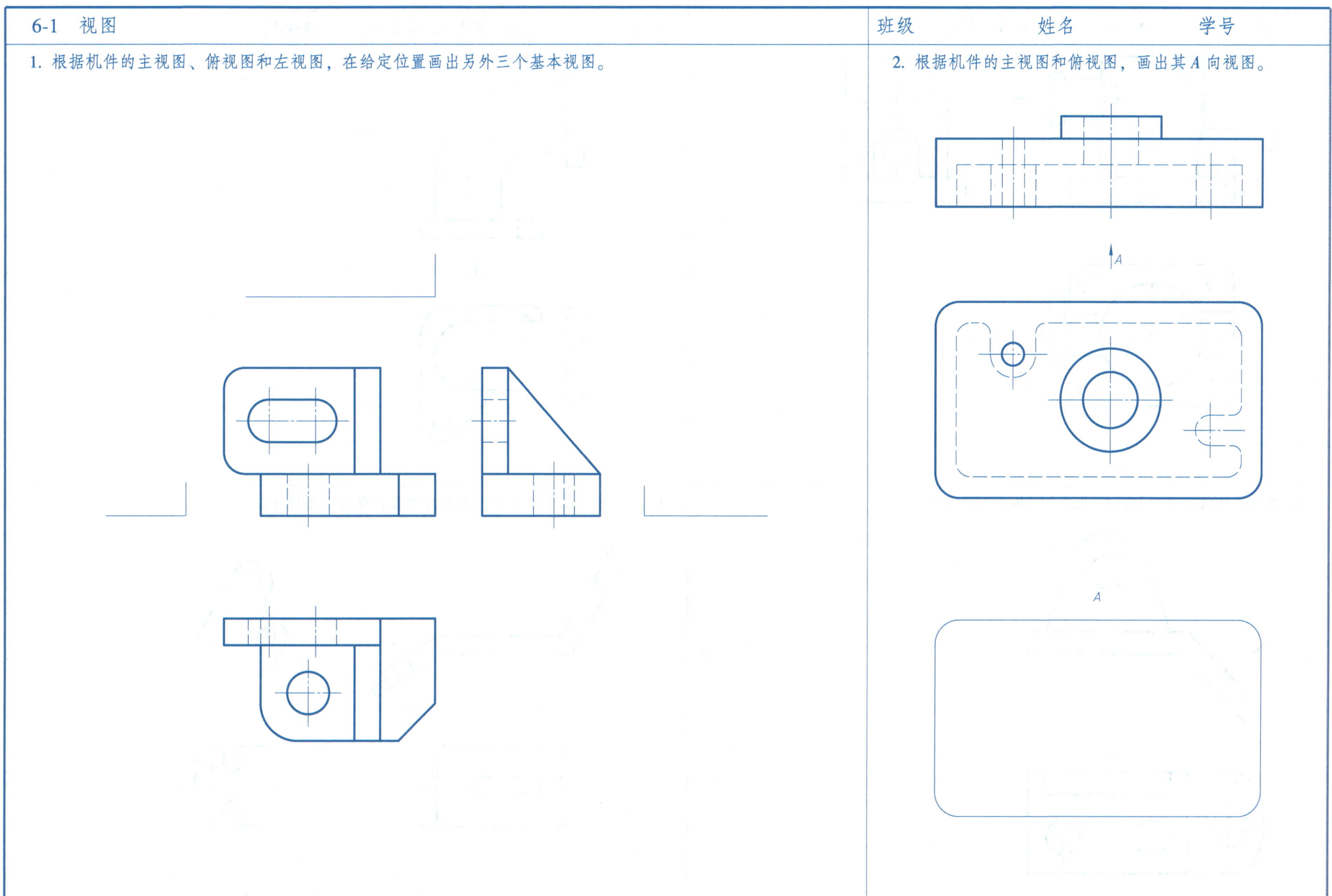

6-1 视图（续） 班级　　　姓名　　　学号

3. 根据机件的三个视图，画出其 A 向和 B 向局部视图。

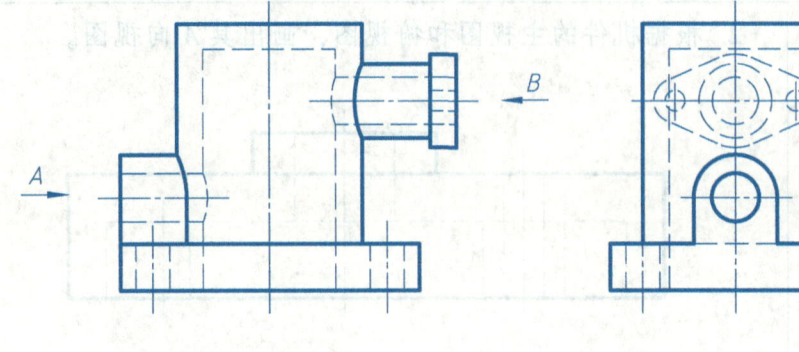
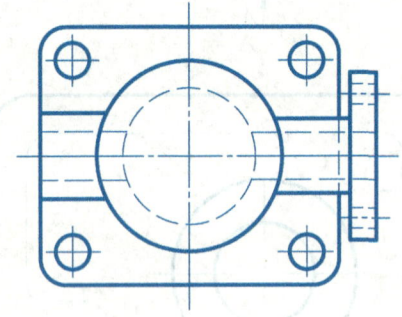

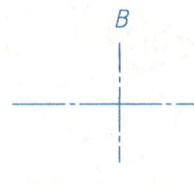

4. 根据机件的主视图和俯视图，画出其 A 向局部视图。

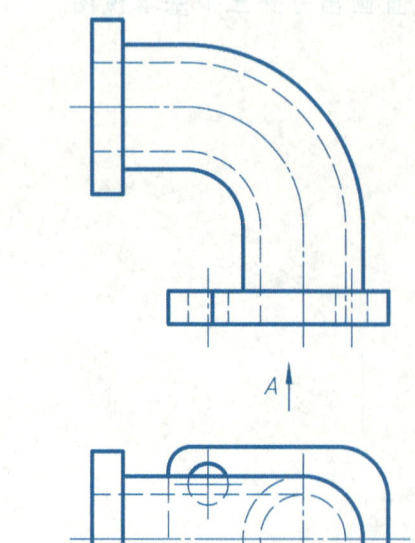
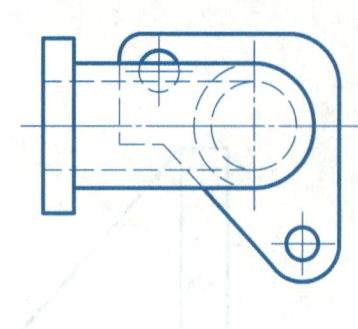

5. 根据机件的主视图和俯视图，画出其 A 向斜视图。

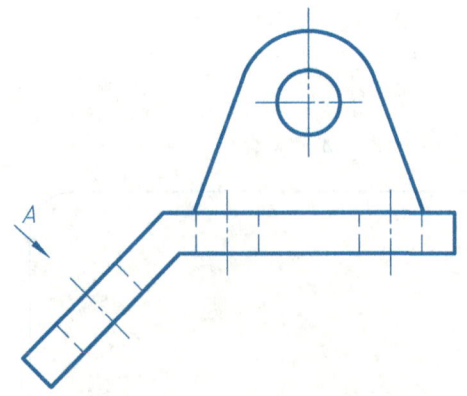
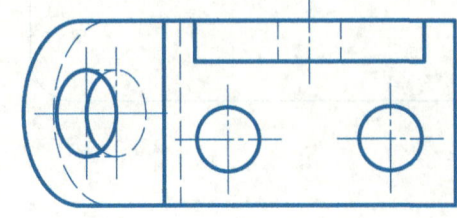

6. 读懂机件的表达方法，在相应位置补全各视图的标注。

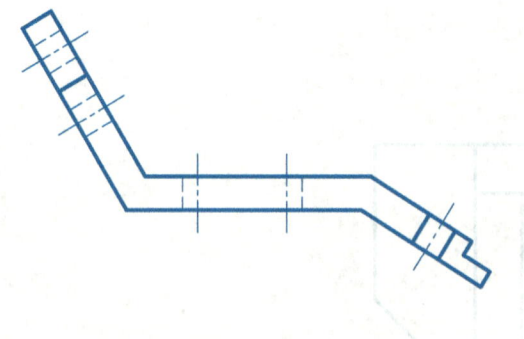
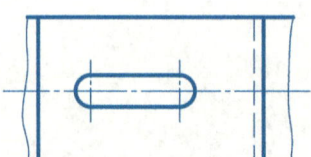
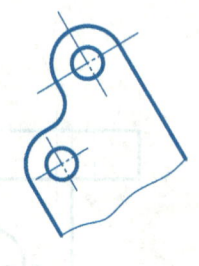
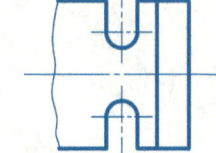

6-2 剖视图的概念

1. 补全主视图中所缺的图线。

(1) 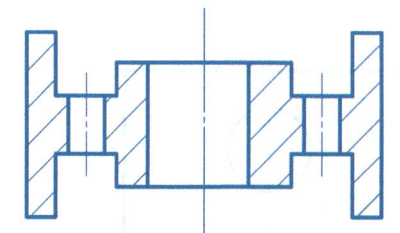 (2)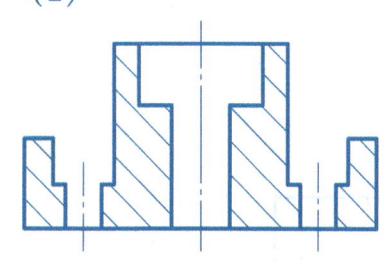

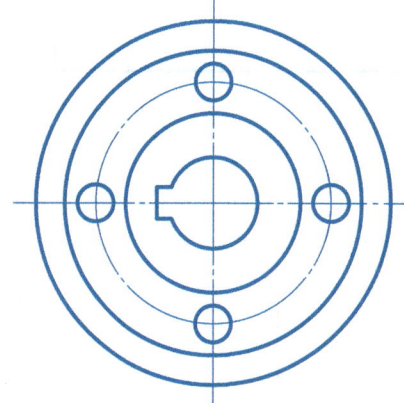 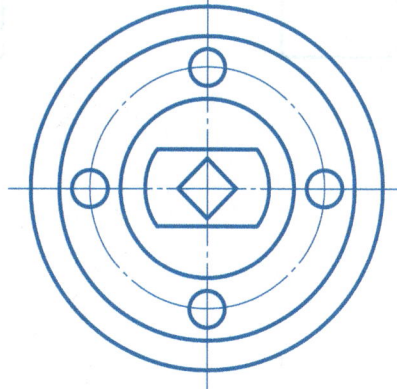

(3) (4)

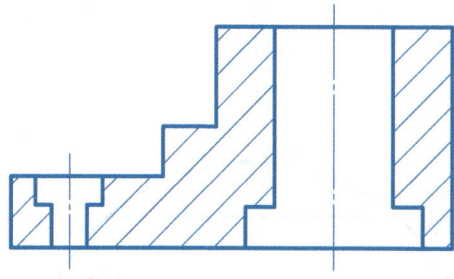 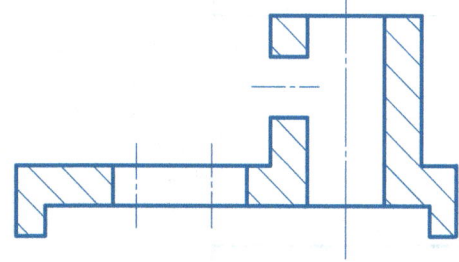

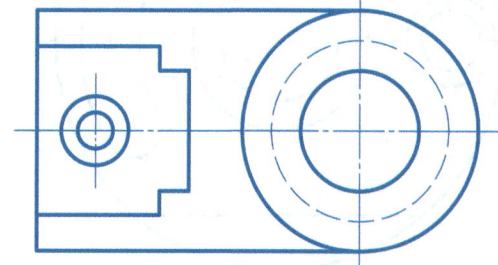 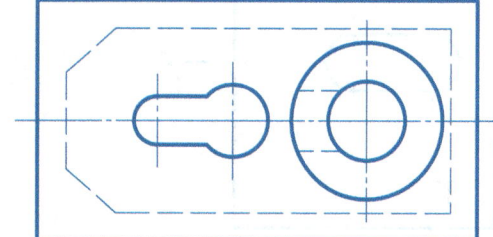

2. 根据给出的主视图和俯视图，选择正确的剖视图。

(1) 左视图正确的是（ ）。

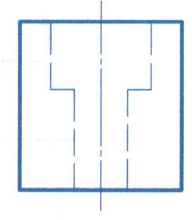 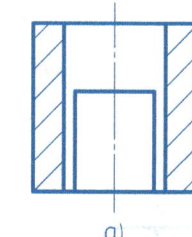 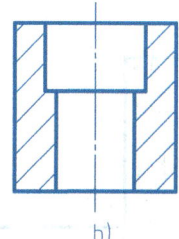 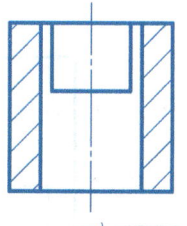
　　a)　　　　b)　　　　c)

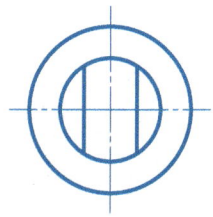

(2) 主视图正确的是（ ）。

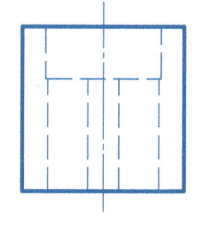 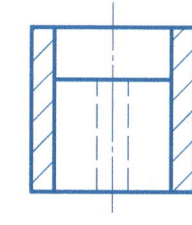 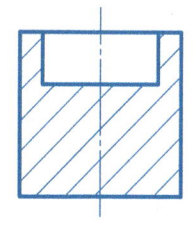 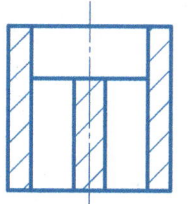

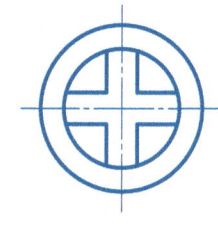 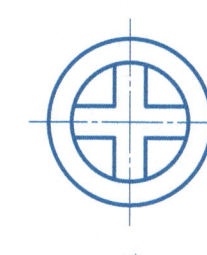 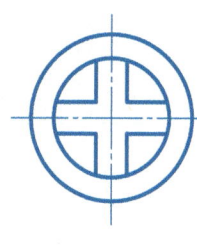 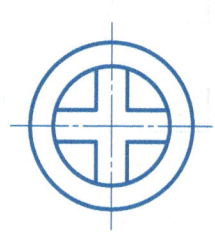
　　　　　a)　　　　b)　　　　c)

(3) 主视图正确的是（ ）。

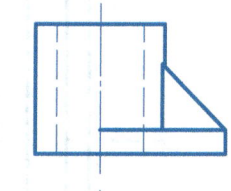 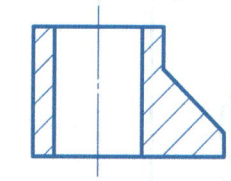 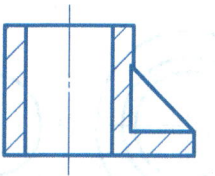 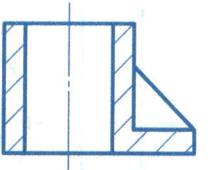

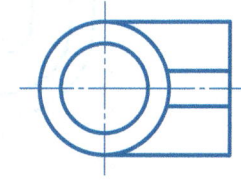 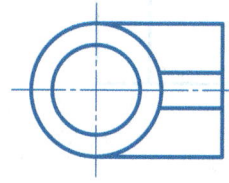 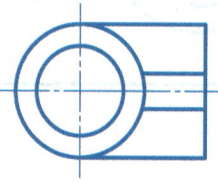 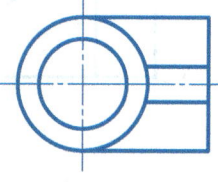
　　　　　a)　　　　b)　　　　c)

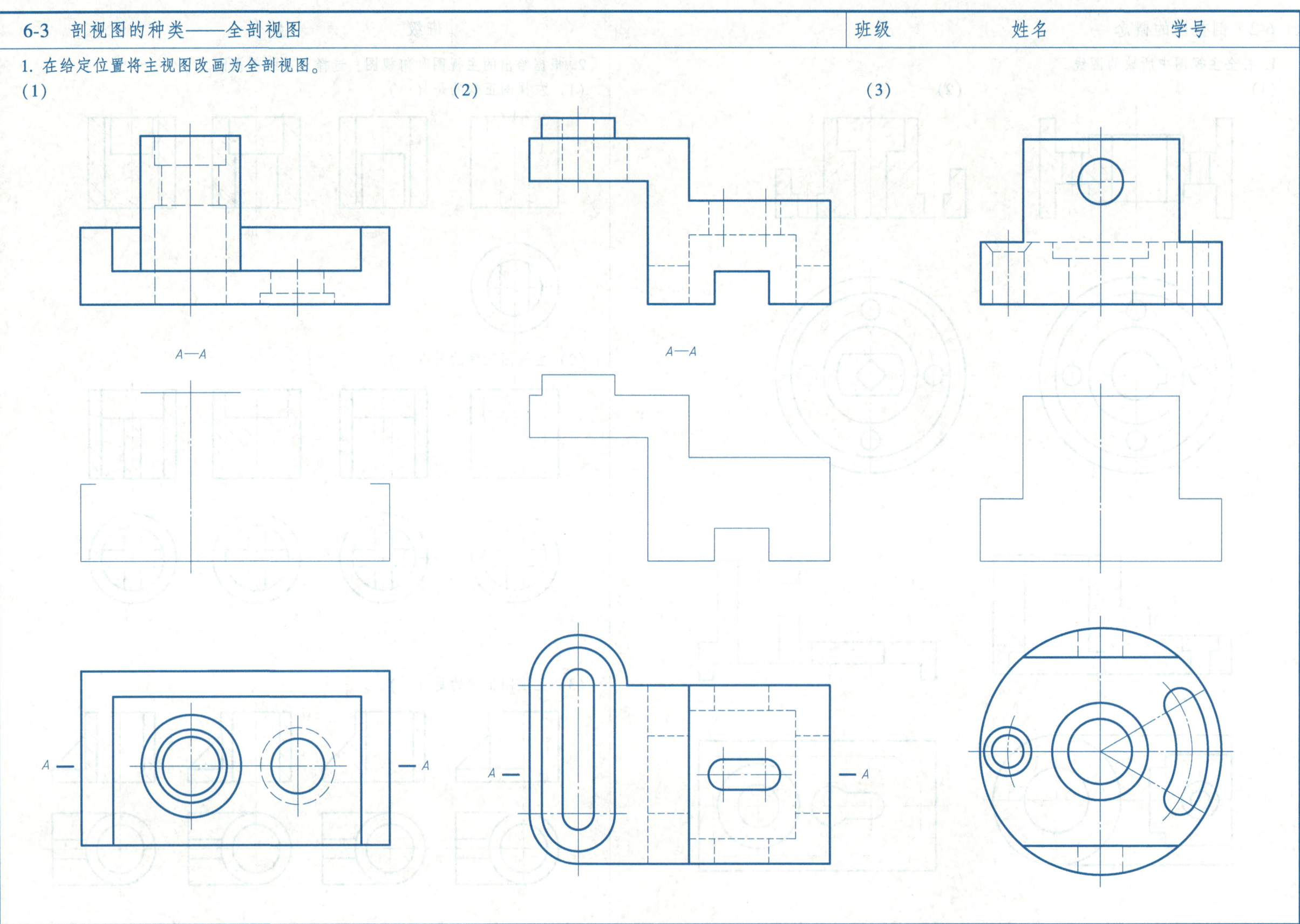

6-3 剖视图的种类——全剖视图（续） 班级　　　姓名　　　学号

2. 根据机件的主视图和俯视图，在给定位置画出 A—A 和 B—B 全剖视图。

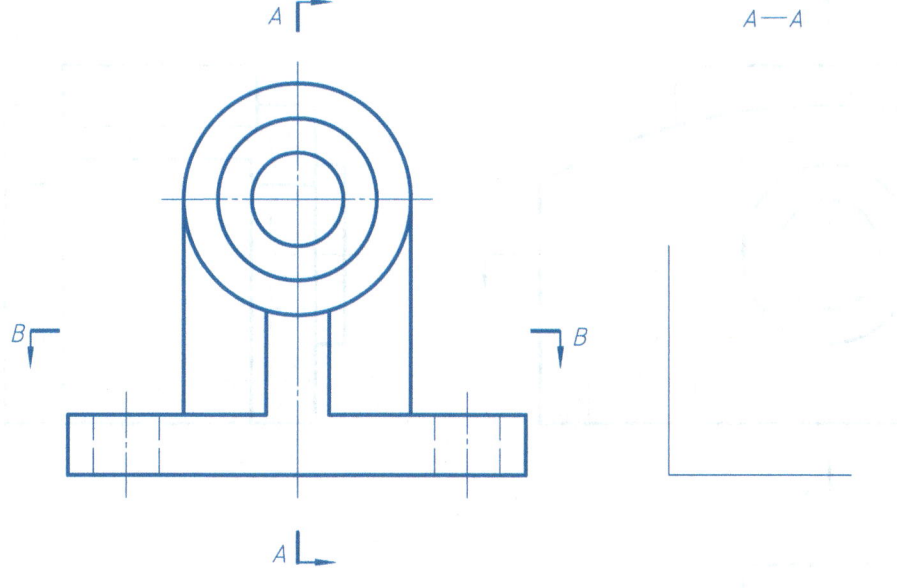
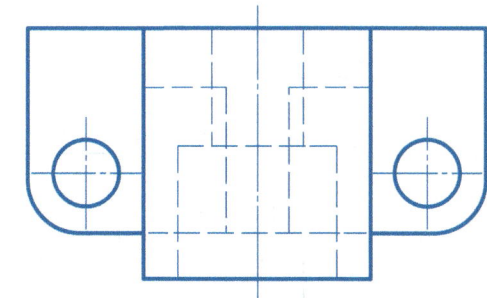
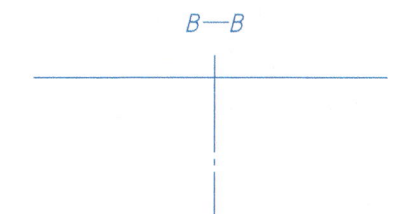

3. 根据所给机件的视图，在给定位置画出 C—C 全剖视图。

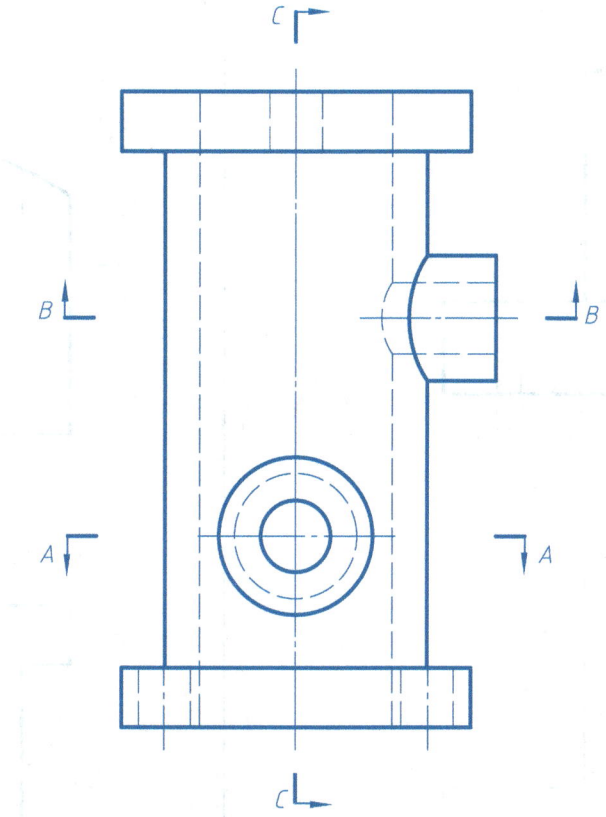

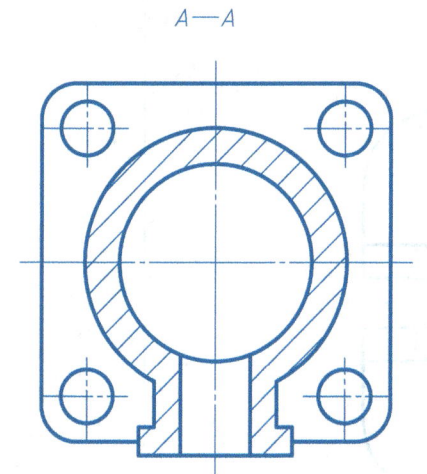
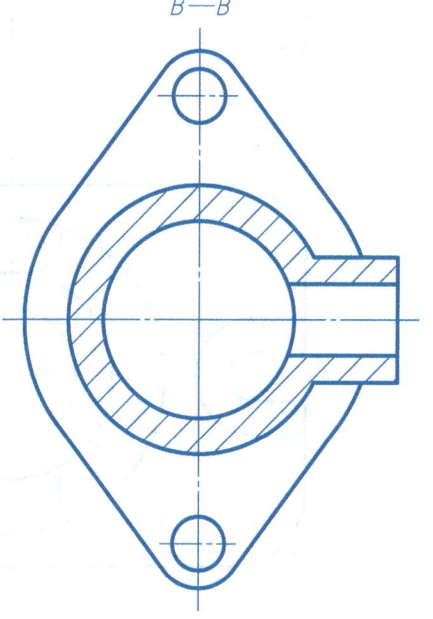

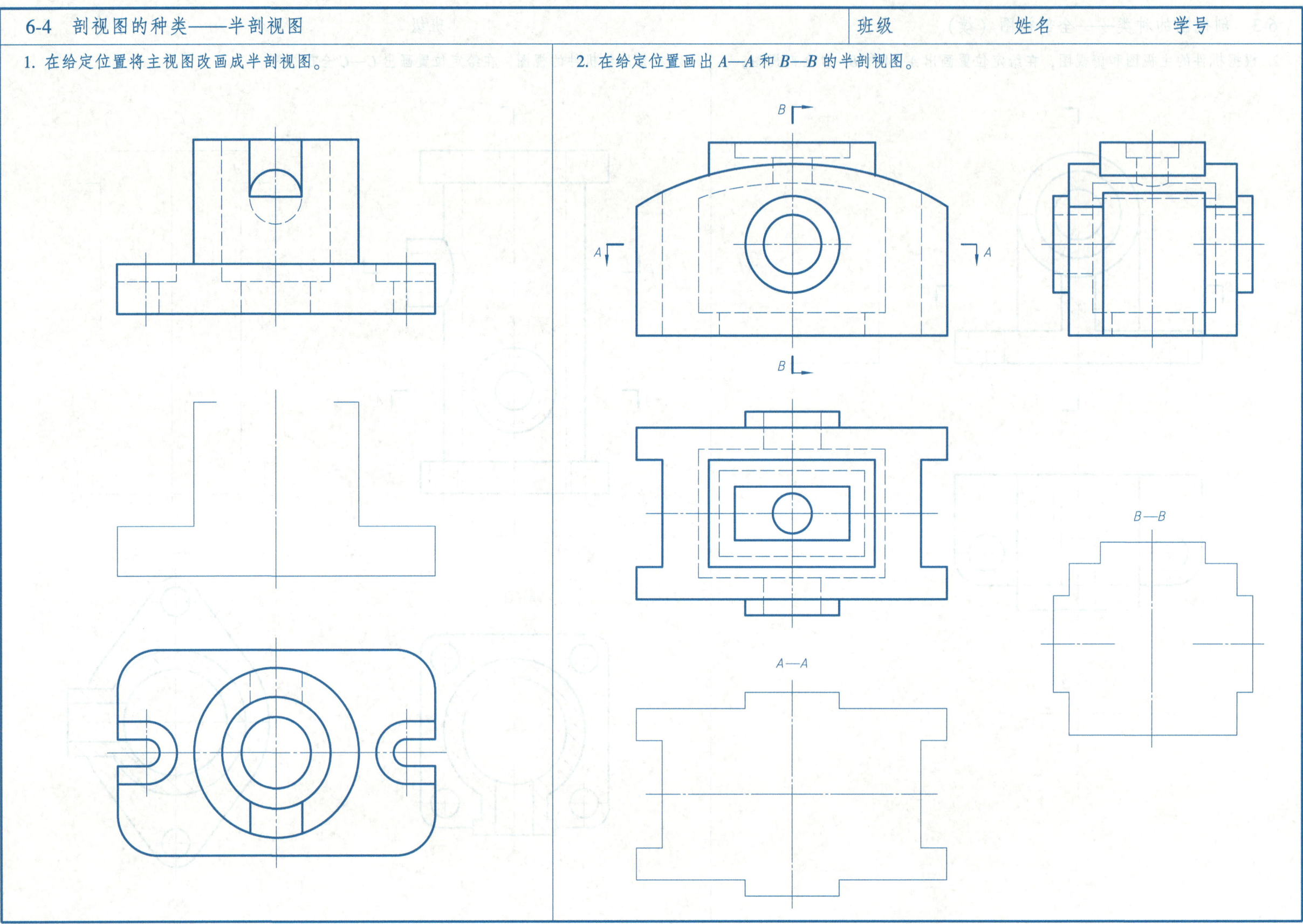

6-4 剖视图的种类——半剖视图（续）

3. 在给定位置将主视图改画成半剖视图，并画出半剖的左视图。

(1)

(2)

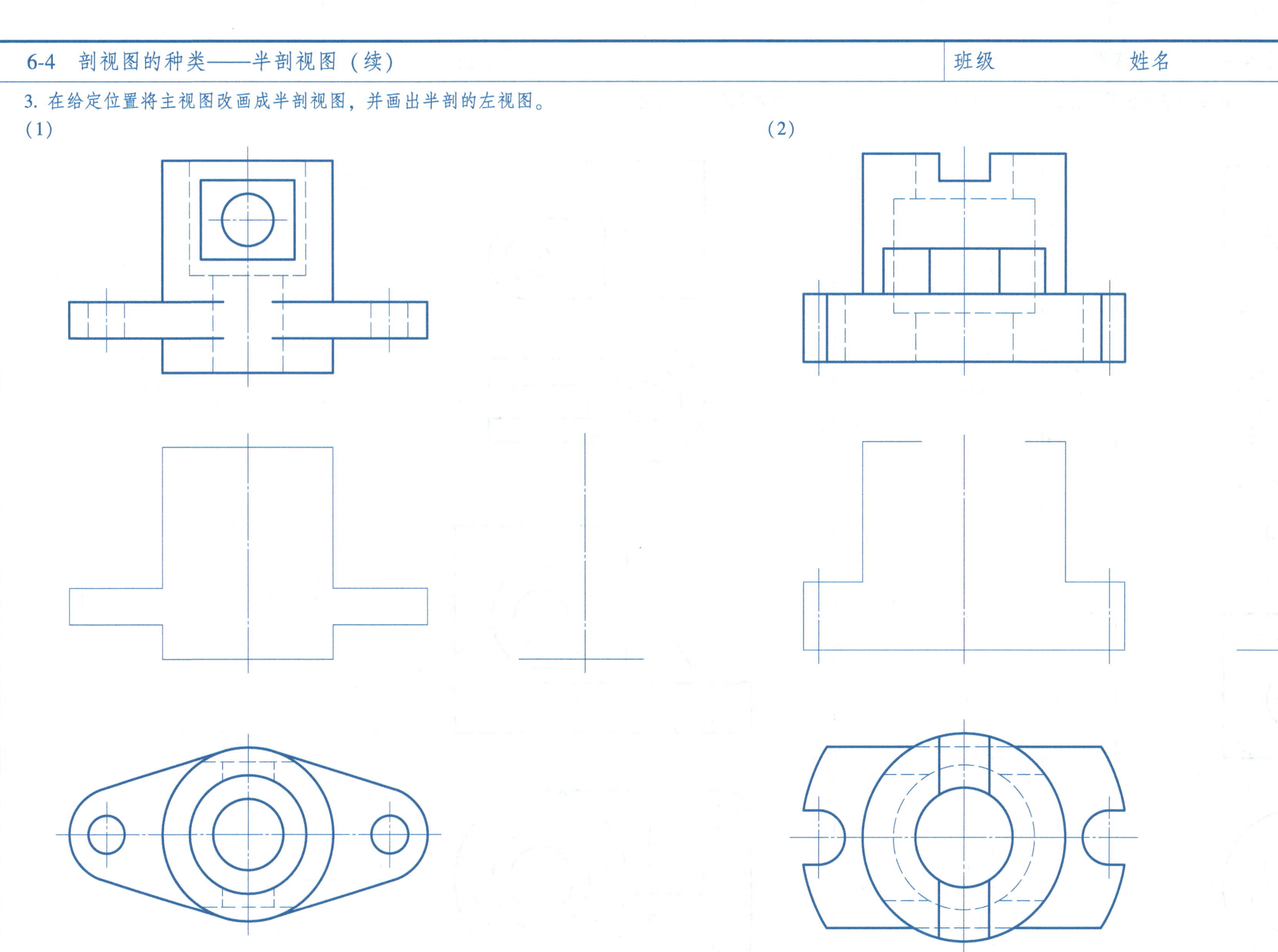

6-5 剖视图的种类——局部剖视图　　　班级　　姓名　　学号

1. 分析视图中的错误，在右侧给定位置画出正确的局部剖视图。

(1)
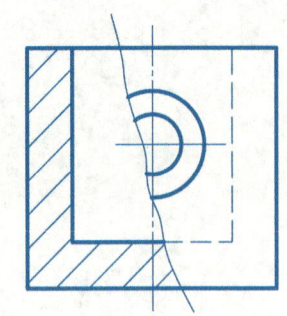
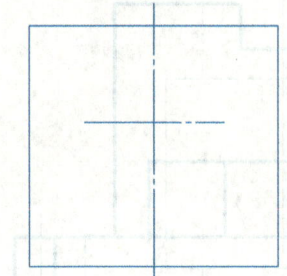

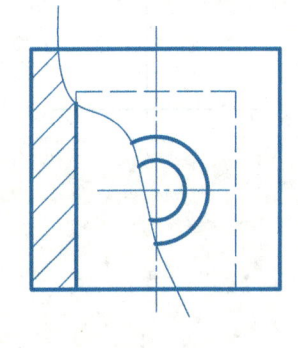
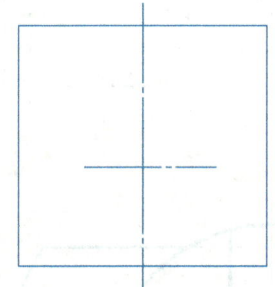

(2)
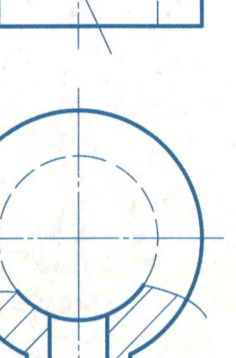
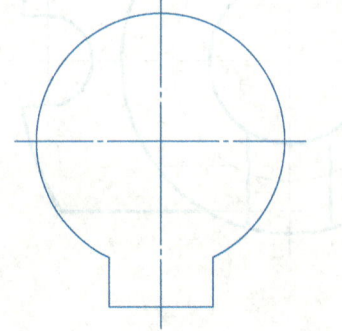

2. 在右侧给定位置将主视图和俯视图改画为局部剖视图。

(1)
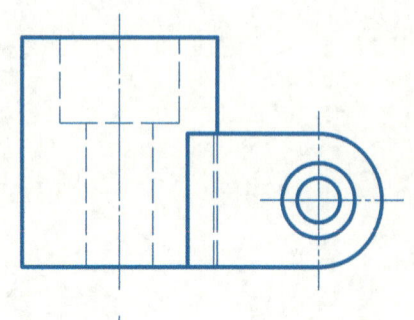
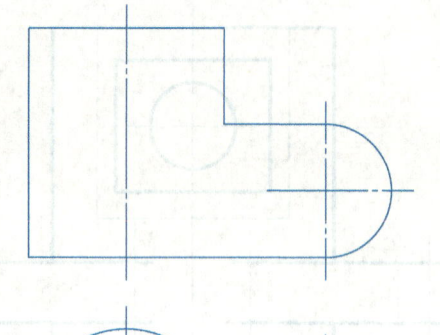

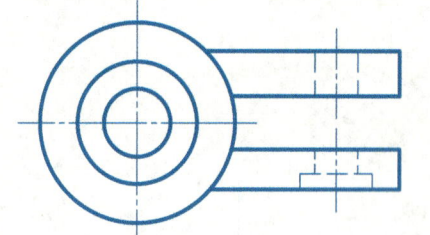
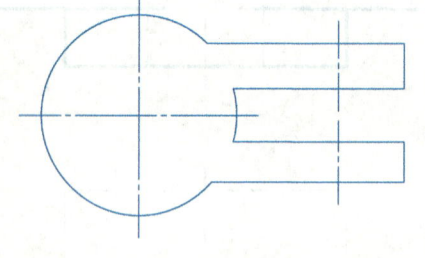

(2)
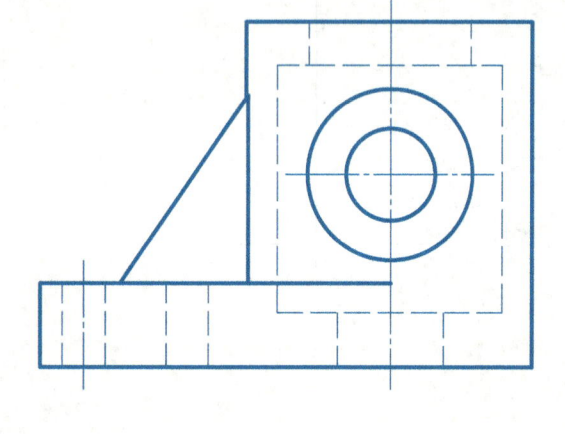
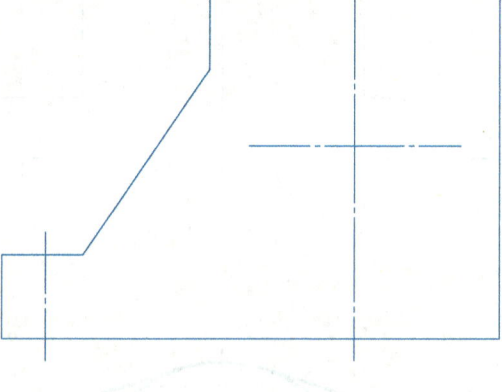

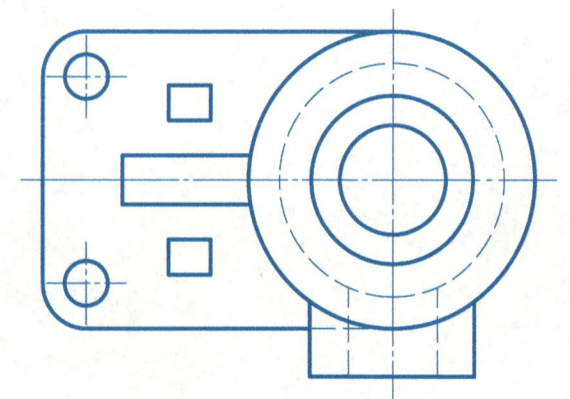
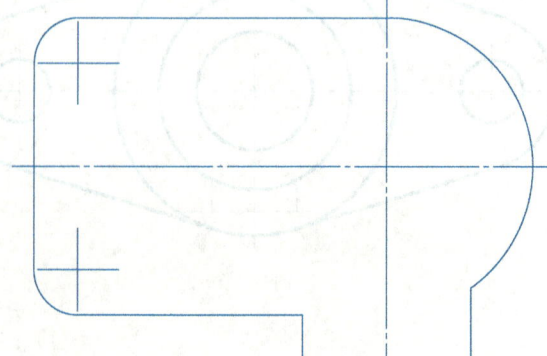

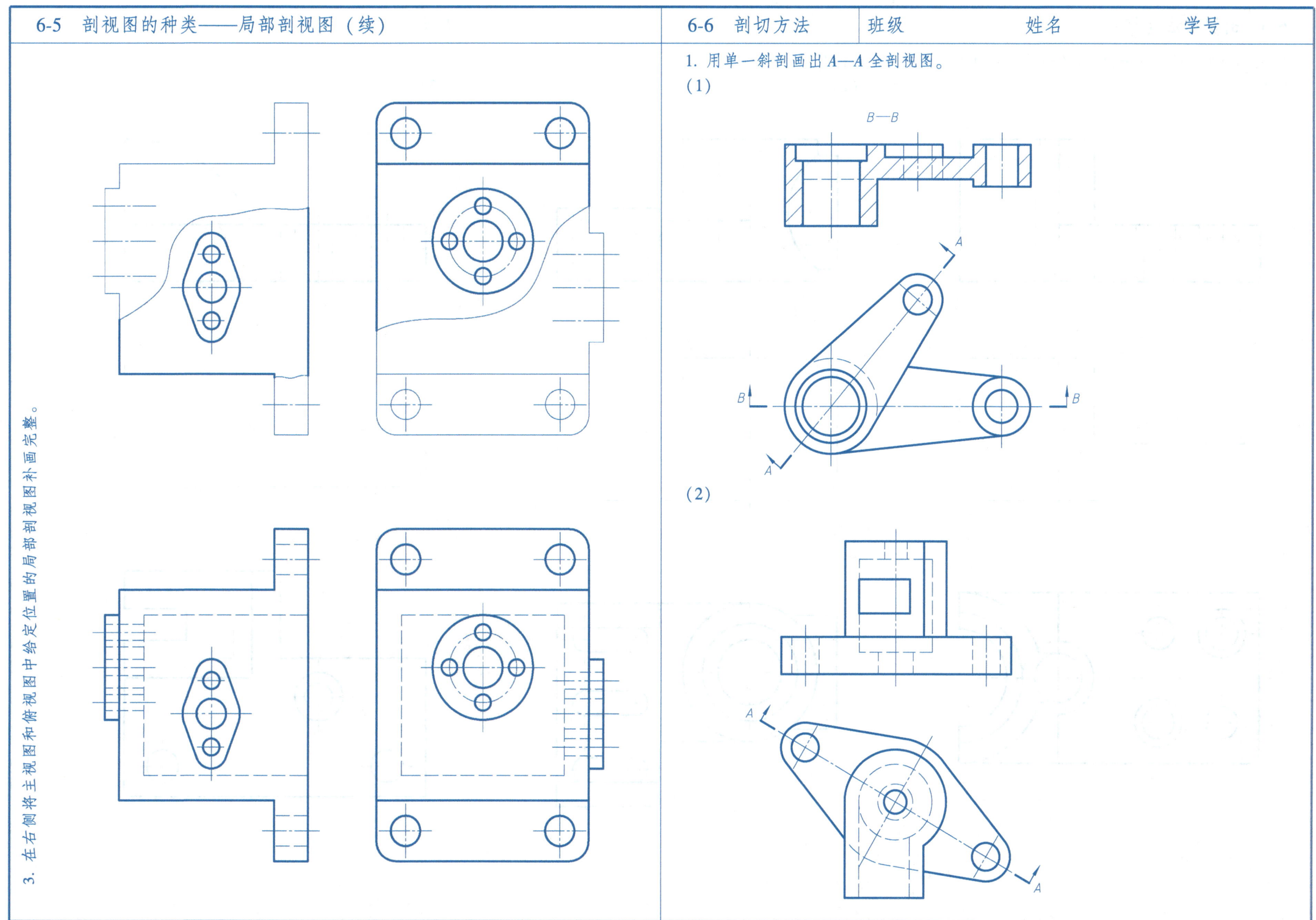

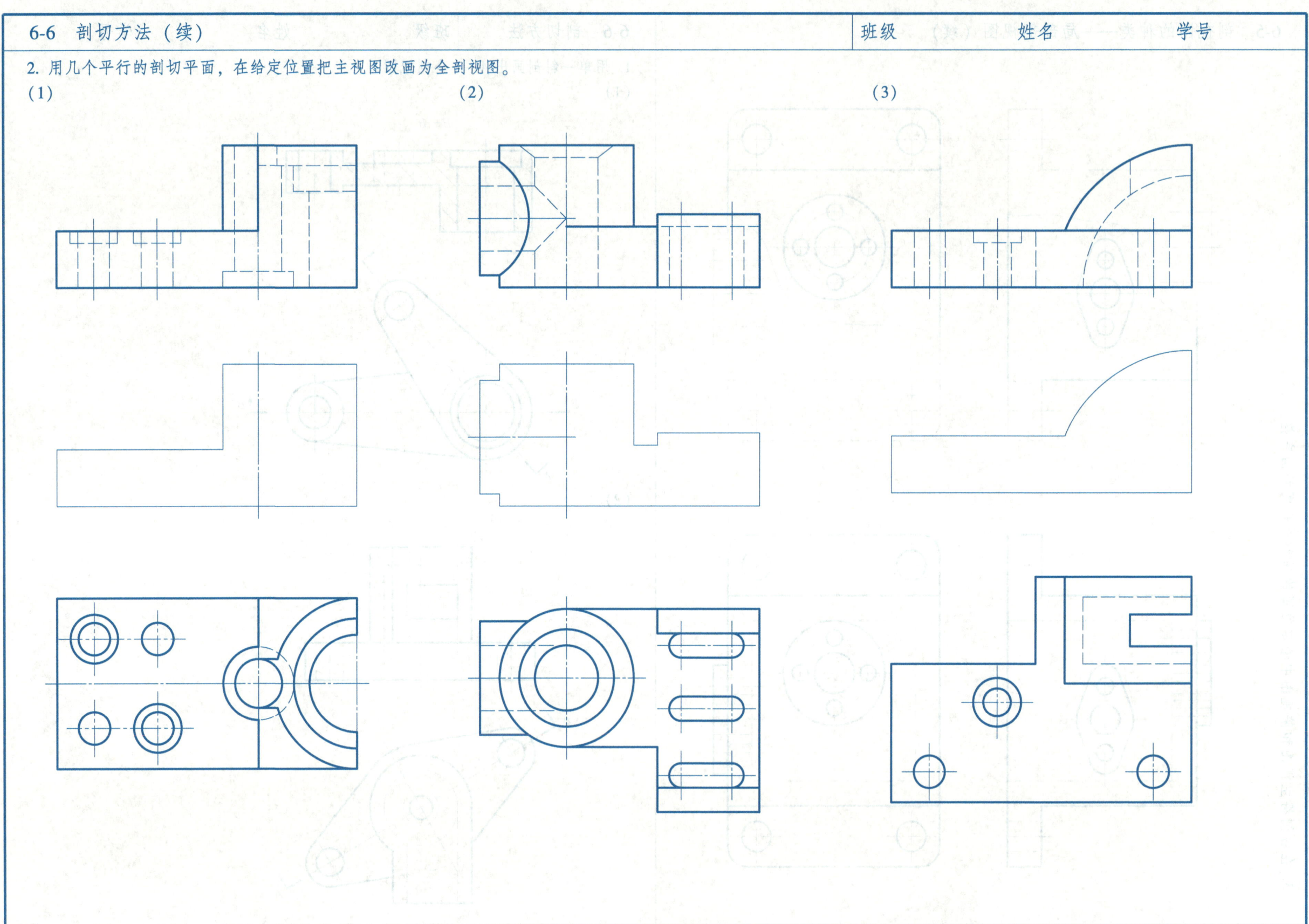

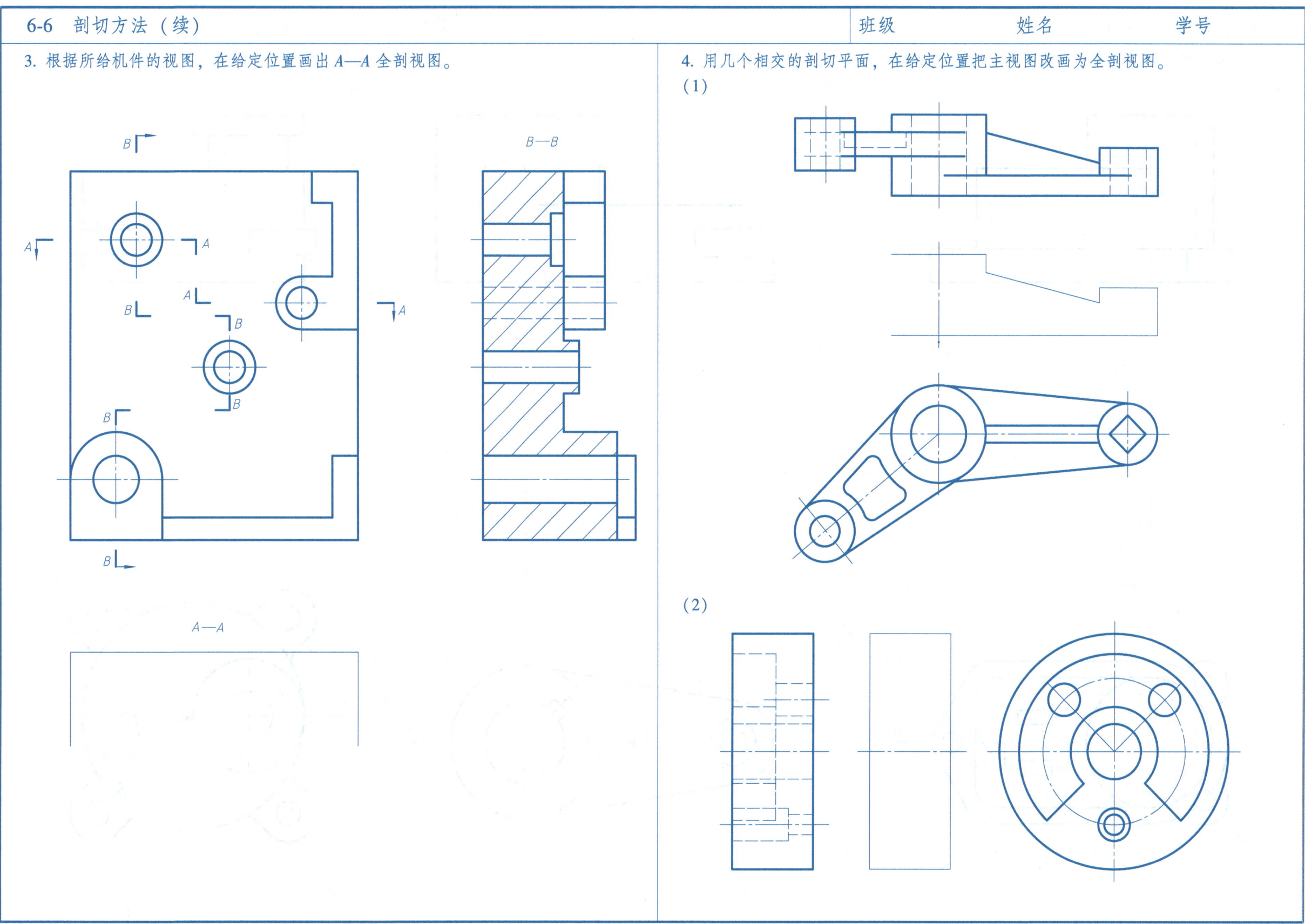

6-6 剖切方法（续）

5. 按指定的剖切方法，在给定位置画出 A—A 全剖视图。

(1)　　　(2)　　　(3)

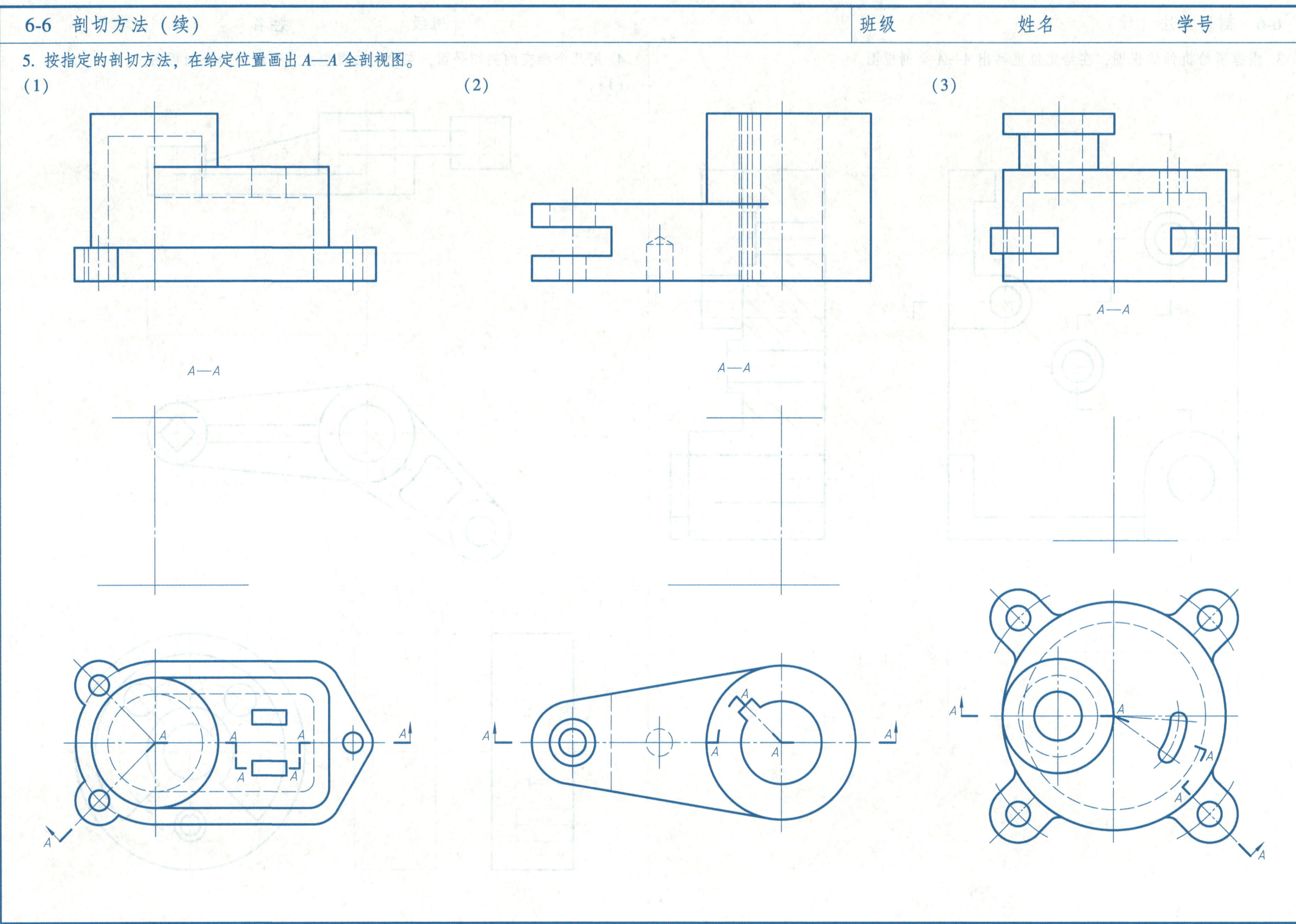

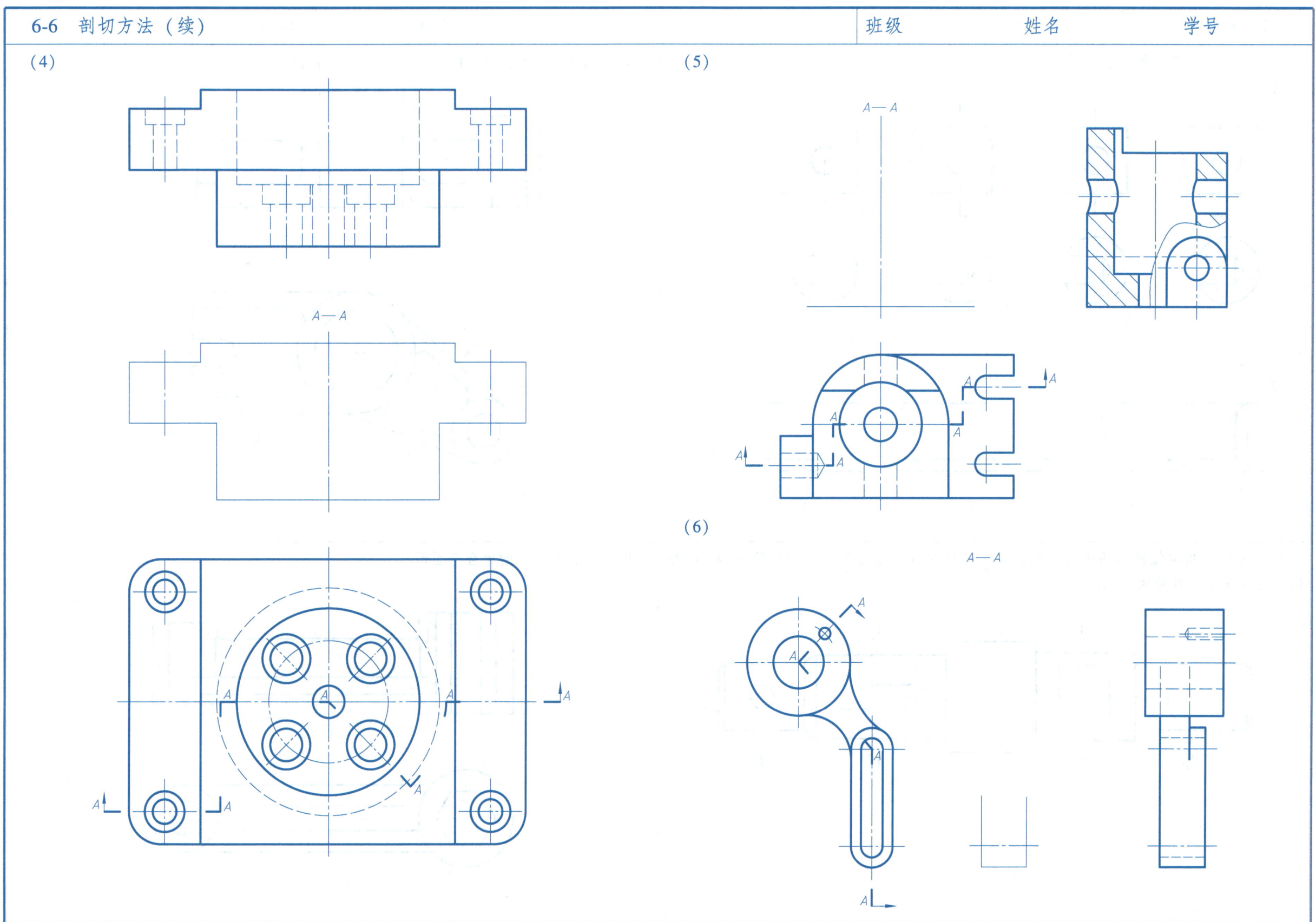

6-7 断面图

1. 选择正确的断面图，在下面打√。

(1)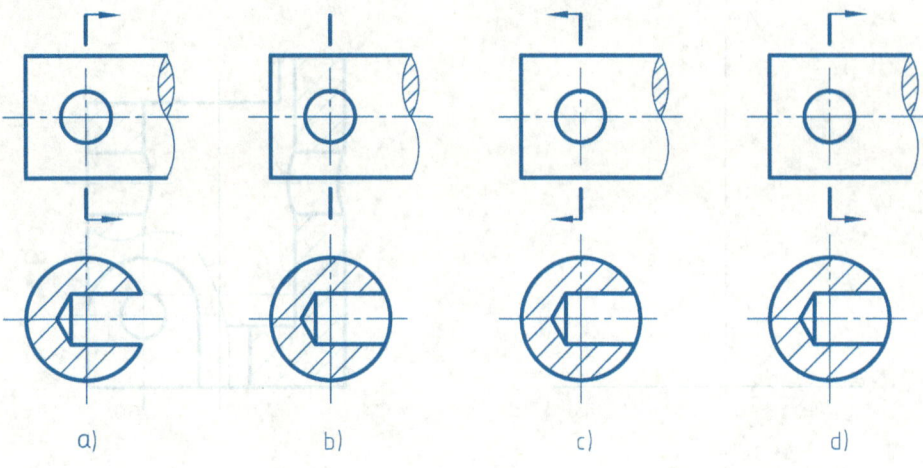
a)　　b)　　c)　　d)

(2)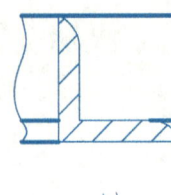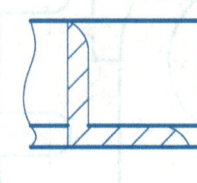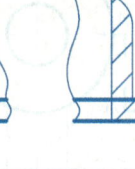
a)　　b)　　c)　　d)

2. 画出轴上指定位置的移出断面图，并正确标注（B 处为前后对称的两平面，C 处键槽深 3.5mm，D 处为通孔）。

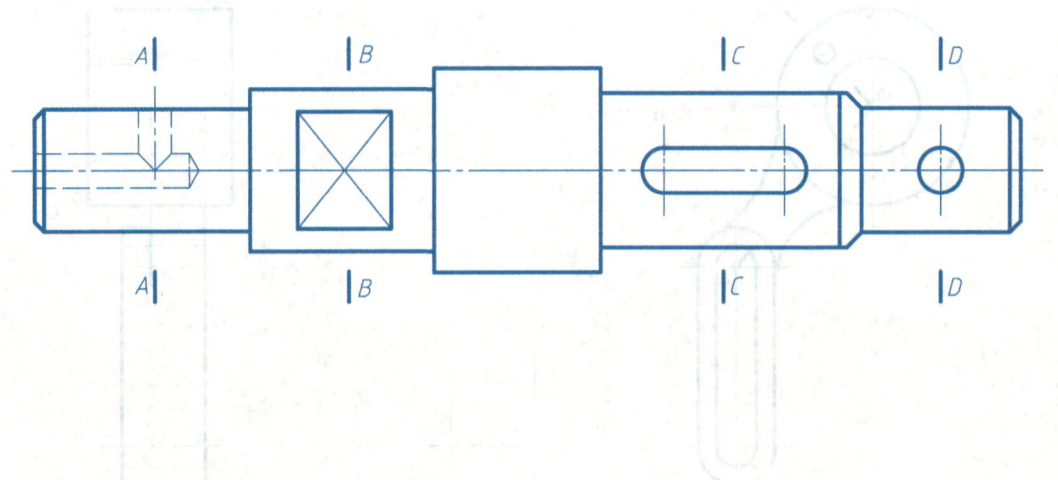

3. 在给定位置画出 A—A 和 B—B 的移出断面图。

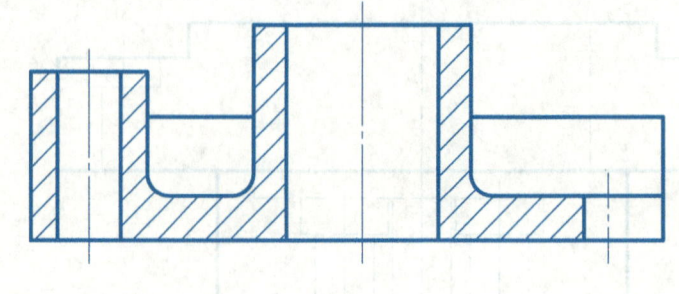

B—B　　　　　　　　　　　　　A—A

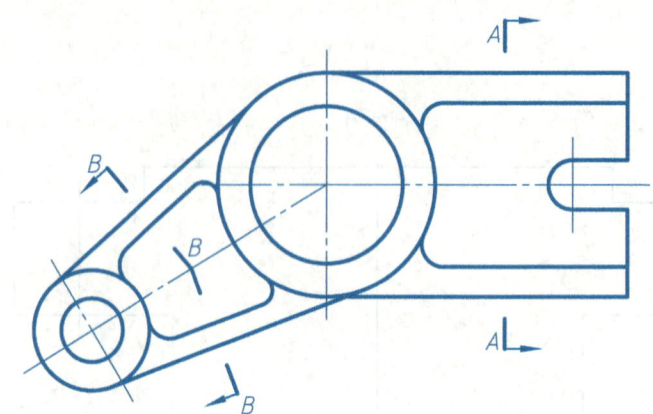

4. 画出指定位置的重合断面图。

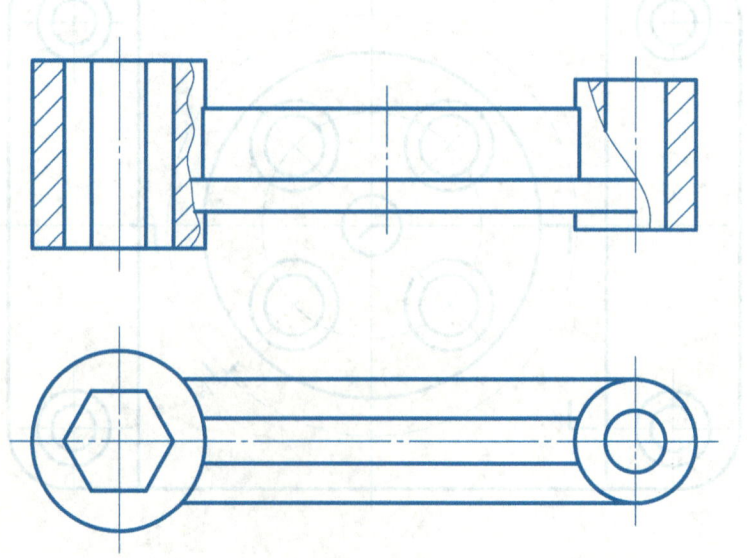

6-8 局部放大图和简化画法

1. 下图比例为 1∶1，按 5∶1 的比例绘制指定部位的局部放大图，并标记。

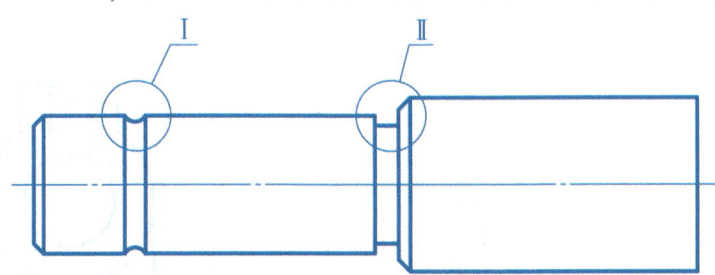

2. 用简化画法在给定位置将主视图改画为全剖视图。

(1)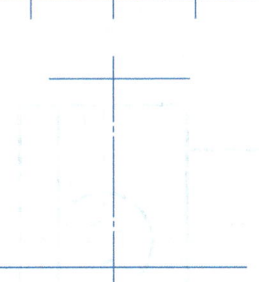

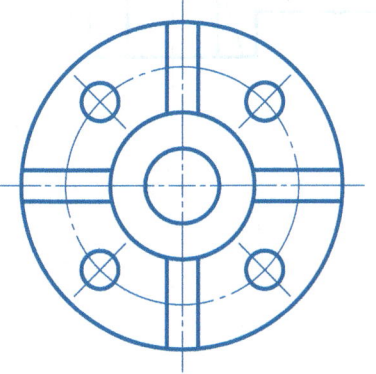

(2)

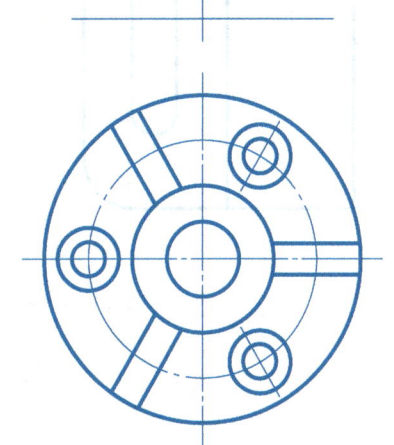

6-9 表达方法综合练习　班级　　姓名　　学号

1. 读懂机件的表达方法，把各视图的标注补充完整。

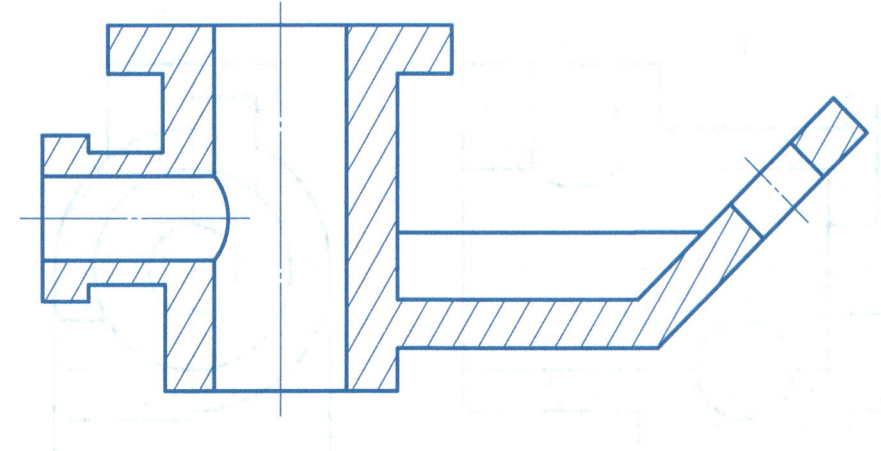

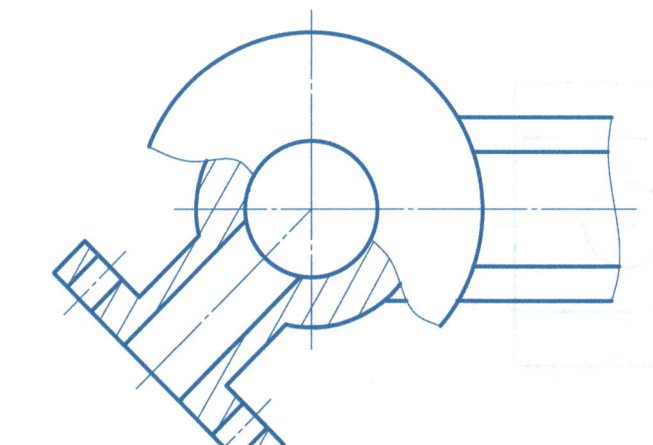 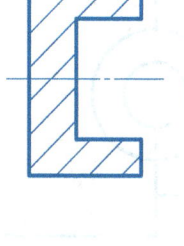

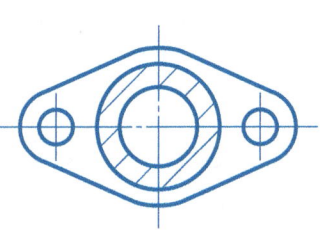 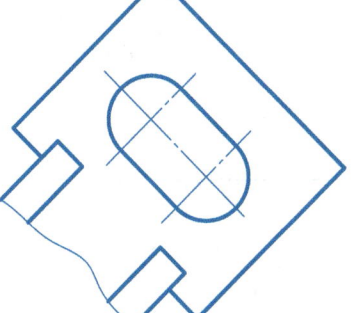

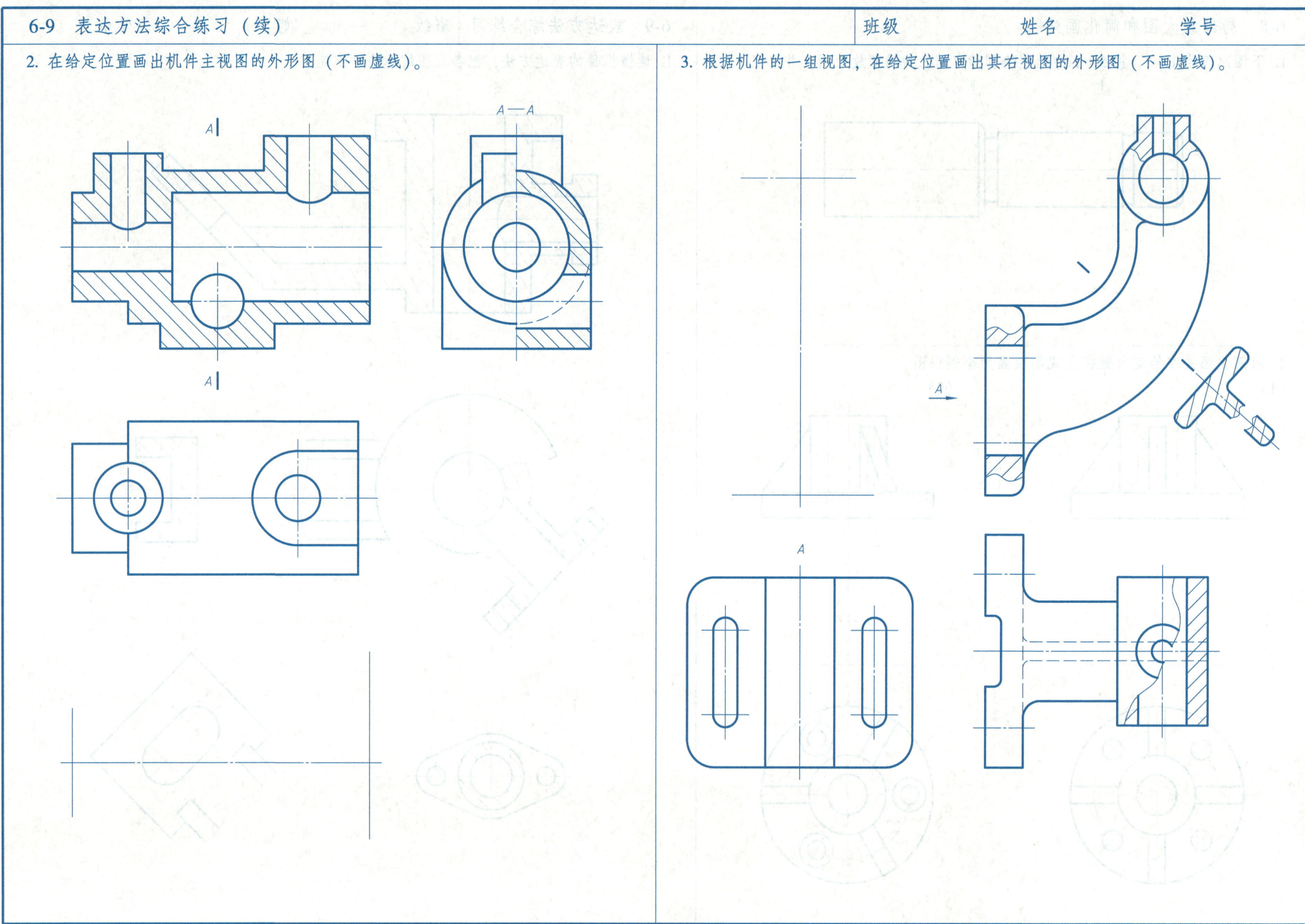

6-9 表达方法综合练习（续）

4. 根据机件的一组剖视图，在给定位置画出其主视图、俯视图和左视图的外形图（不画虚线）。

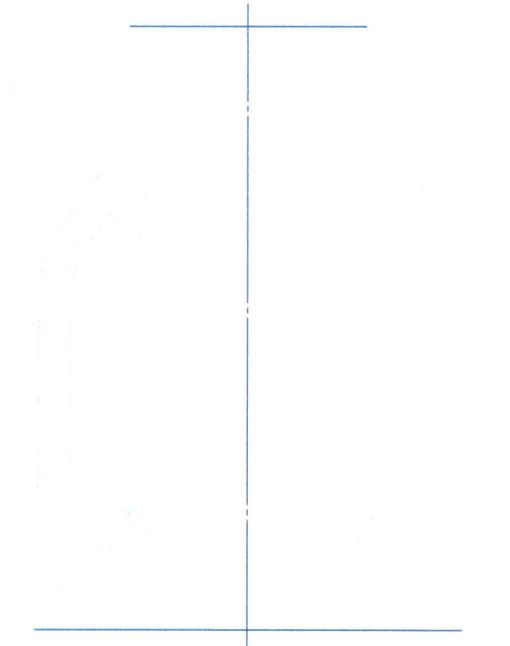
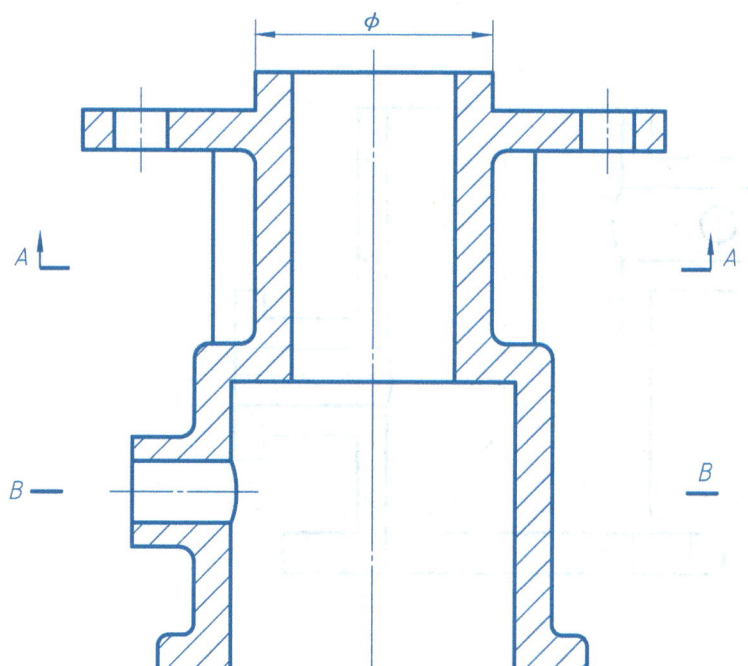

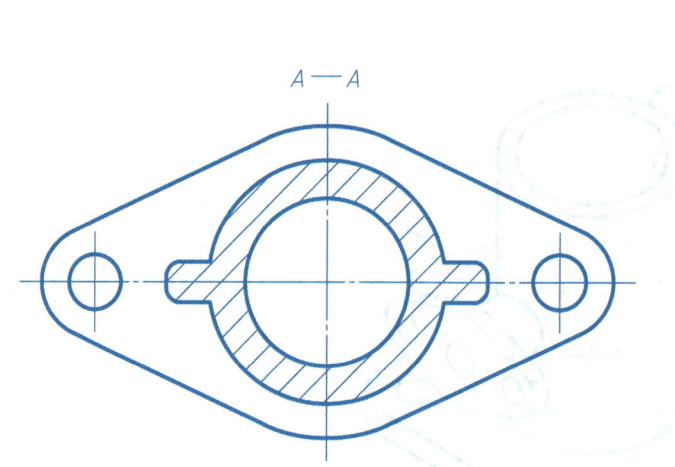
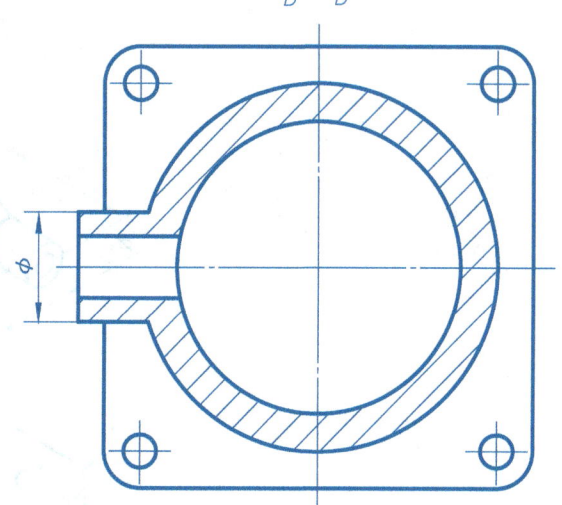

6-9 表达方法综合练习（续）

5. 参照轴测图，补充完整表达方案，将机件表达清楚。

(1)　　　　　　　　　　　　　　　　　　　(2)

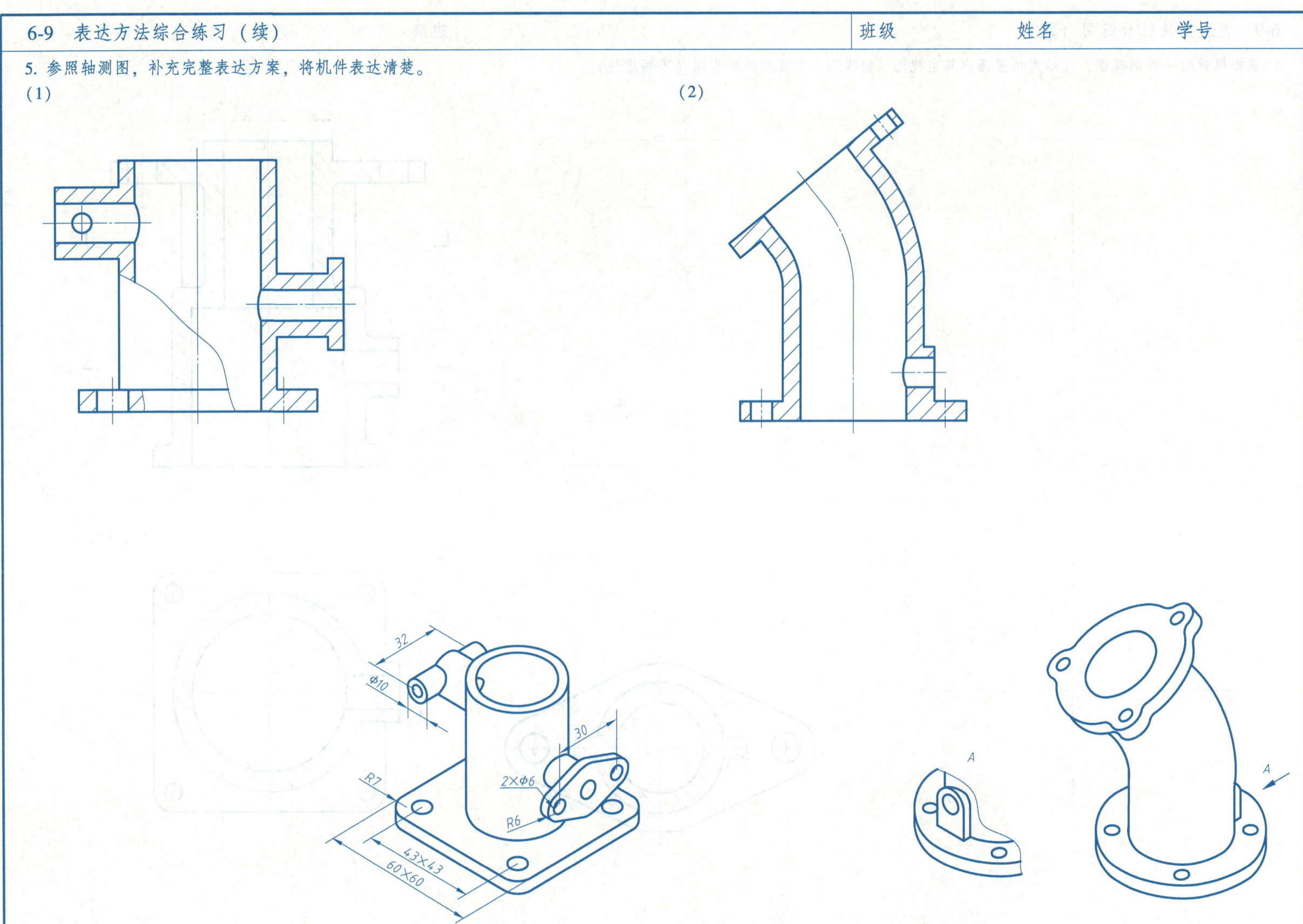

6-10 机件表达方法绘图训练

绘图技能训练——表达方法综合练习

一、作业内容

从给出的三题中任选一题，选用合理的表达方案，重新表达机件，并标注尺寸。

二、作业目的及要求

1. 目的：培养学生独立思考问题和解决问题的能力。
2. 要求：运用所学机件的各种表达方法重新表达机件，做到表达方案简洁、合理、标注尺寸正确、完整、清晰。

三、图幅、比例和图名

1. 图幅：A3 图纸横放。
2. 比例：自选。
3. 图名：根据所选机件而定。

四、绘图步骤及注意事项

1. 看懂视图，想出机件的空间形状，确定表达方案（包括确定视图数量和各视图的剖切种类及剖切方法）。
2. 先绘出各个视图的基准线，再依次画出各个视图，对视图进行必要的标注，画出剖面线。
3. 检查无误后，加深图线，完成全图。
4. 标注尺寸，填写标题栏（机件材料：HT200）。

1. 支架

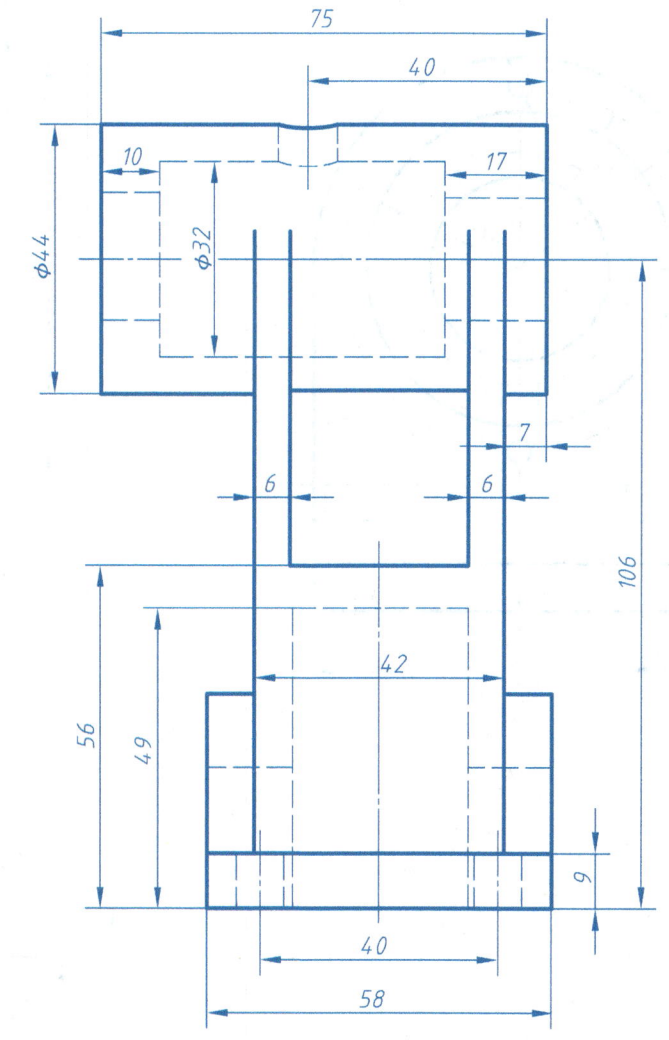
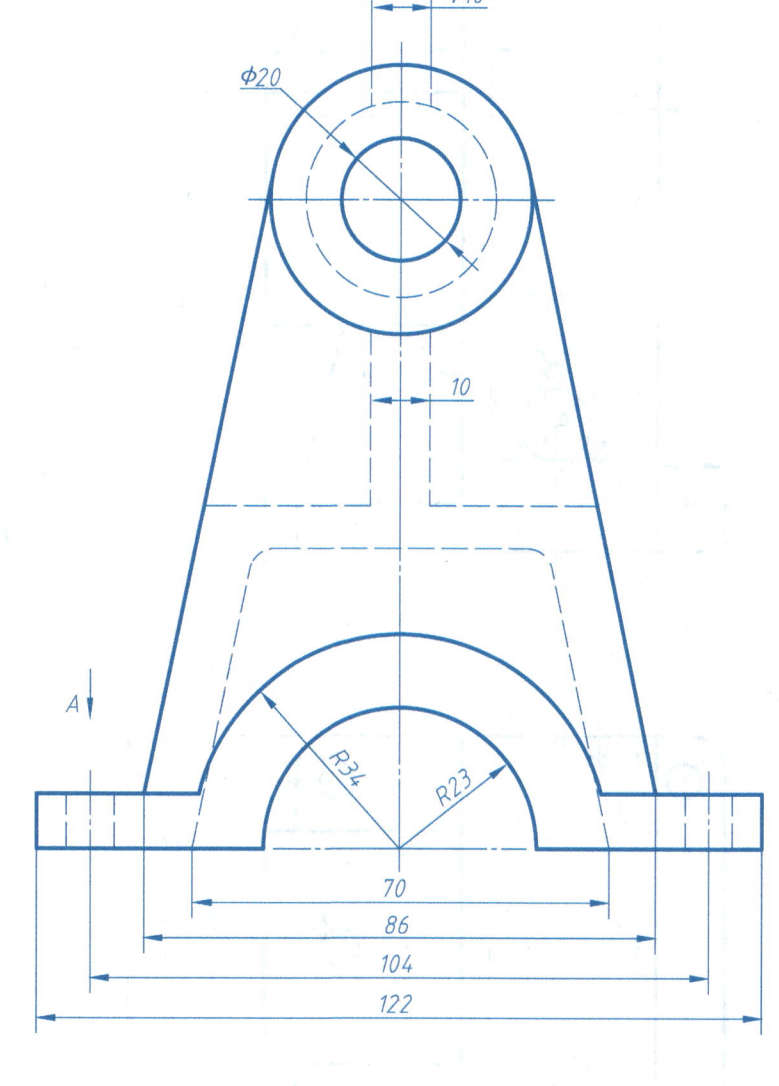
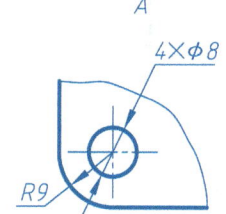

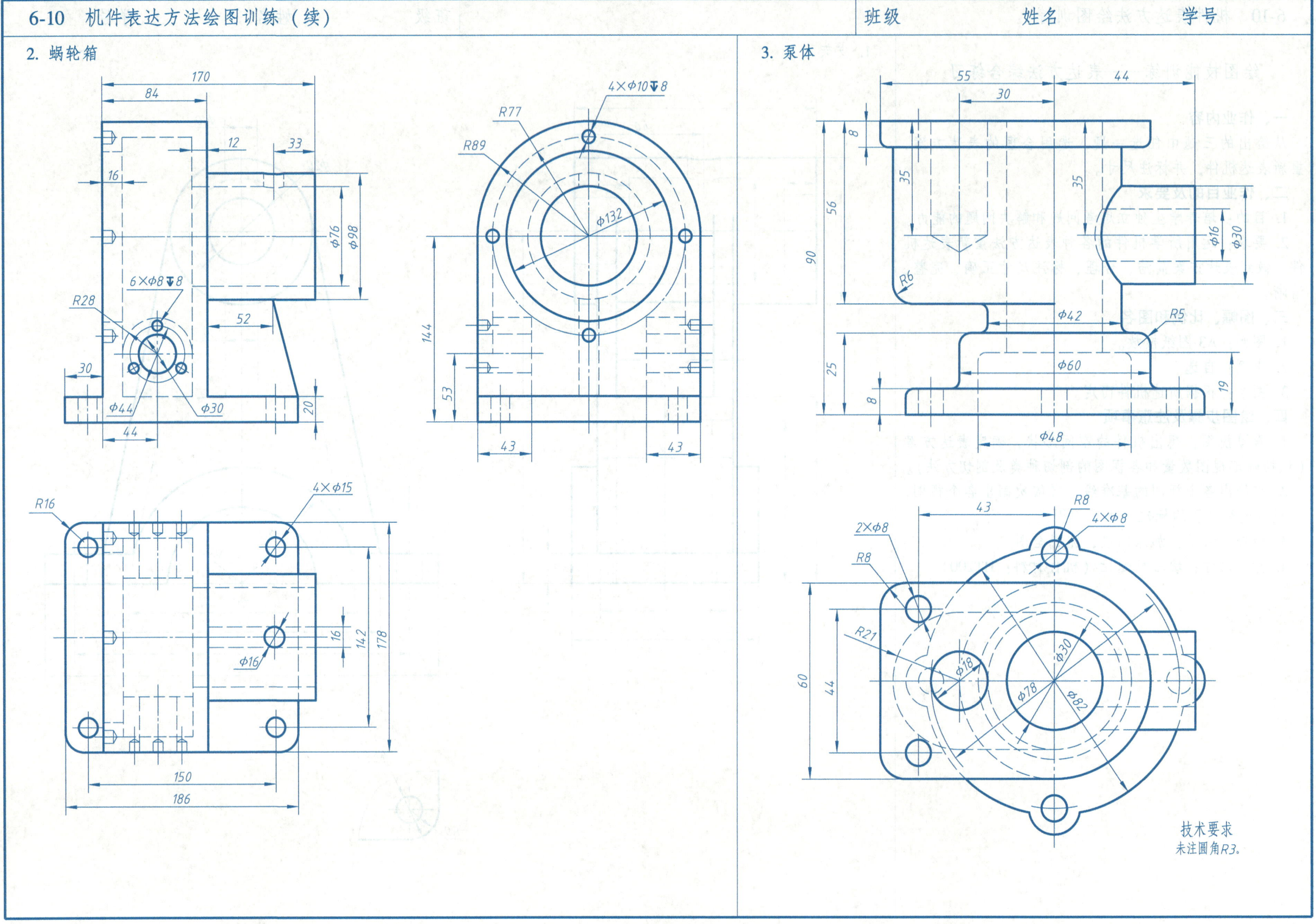

第七章 标准件和常用件

7-1 螺纹	班级　　　　姓名　　　　学号

1. 按照规定画法，根据要求在指定位置绘制螺纹的主、左视图。

(1) 外螺纹。圆柱杆件直径 φ30mm，长度 60mm，杆左端作为螺纹起始端，表面加工普通螺纹，螺纹大径 30mm，螺纹长度 45mm。

(2) 内螺纹。通孔，螺纹大径 30mm，主视图全剖表达。

(3) 内螺纹。左端面钻不通孔，孔深 50mm，螺纹大径 30mm，螺孔深 40mm。主视图全剖表达。

(4) 将 (1) 和 (3) 题中的内外螺纹旋合，旋合长度 30mm，完成旋合后的螺纹连接剖视图及 A—A 断面图。

| 7-1 螺纹（续） | 班级 | 姓名 | 学号 |

2. 找出下列图中螺纹画法错误之处，按照规定画法，将正确的图画在下面。

(1) (2) 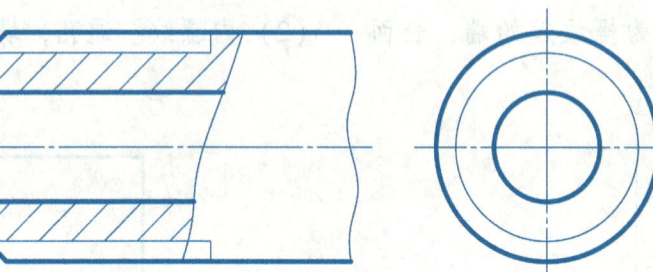 (3)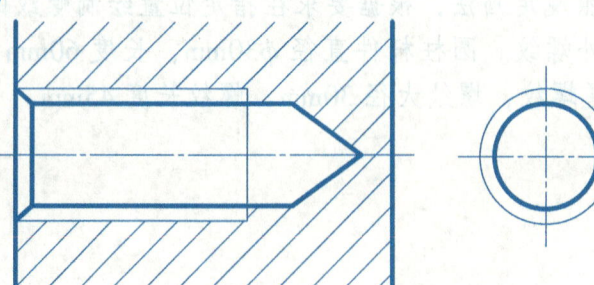

3. 找出下列图中螺纹连接画法错误之处，按照规定画法，将正确的图画在下面。

(1) 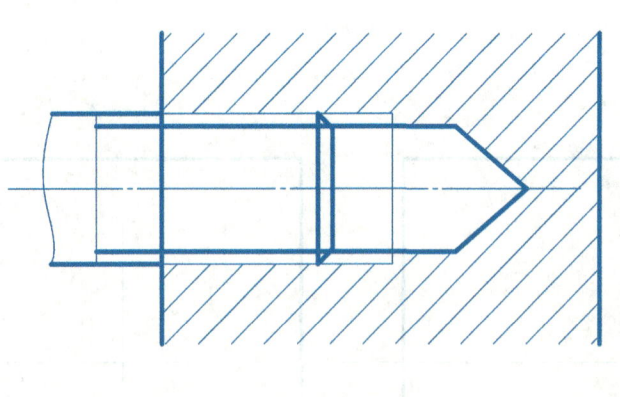 (2) 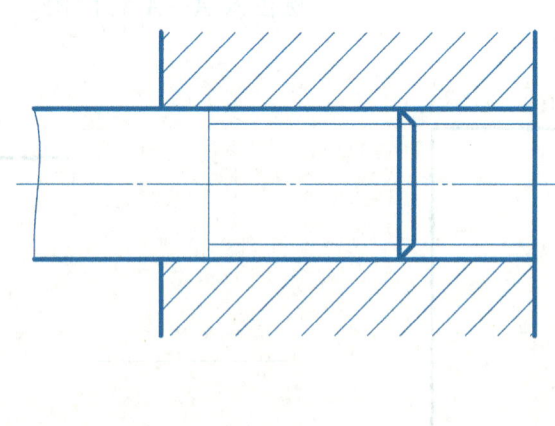 (3)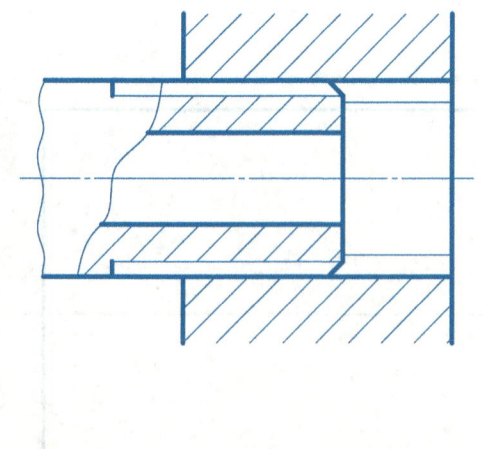

7-1 螺纹（续）

班级　　　姓名　　　学号

4. 解释下列螺纹标记的含义。

螺纹标记	螺纹种类	内/外螺纹	公称直径	螺距	导程	线数	旋向	公差带代号	旋合长度
M16-5H-L									
M20×2-5g6g-LH									
Tr32×6-6h									
Tr32×12(P6)LH-7H									
B40×14(P7)-8e-L									

螺纹标记	螺纹种类	尺寸代号	旋向
G1½A			
Rp1LH			
Rc¾			

5. 根据给定的螺纹要素，把螺纹标记标注于图中。

（1）细牙普通螺纹：大径 24mm，螺距 1.5mm，中径、顶径公差带代号分别为 5g 和 6g，右旋。

（2）粗牙普通螺纹：大径 20mm，螺距 2.5mm，中径、顶径公差带代号分别为 7g 和 6g，左旋。

（3）普通螺纹：大径 20mm，螺距 1.5mm，中径、顶径公差带代号均为 5H，右旋。

（4）梯形螺纹：大径 16mm，导程 8mm，双线，左旋，中径公差带代号 7H。

（5）55°非螺纹密封管螺纹：尺寸代号为 1/2，公差等级 A。

（6）55°密封圆锥管螺纹：尺寸代号为 1/2。

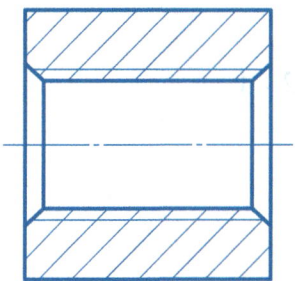 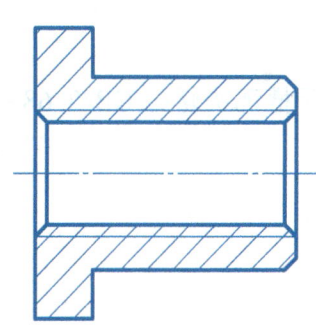 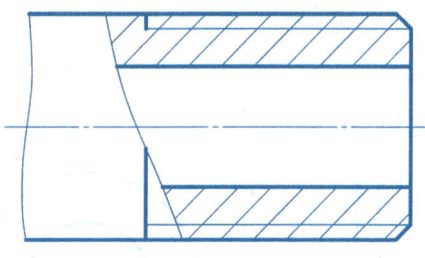 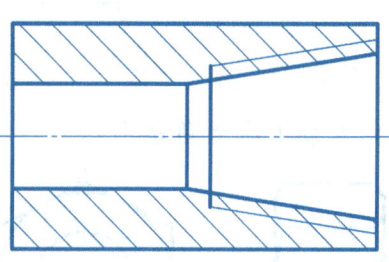

7-2 螺纹紧固件

1. 根据所注规格尺寸，查表写出各螺纹紧固件的规定标记。

(1) 六角头螺栓

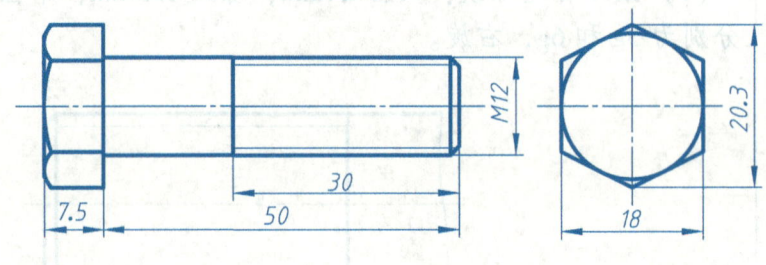

标记：_____

(2) 双头螺柱

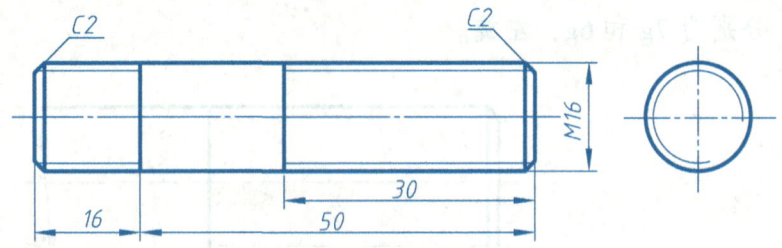

标记：_____

(3) 开槽沉头螺钉

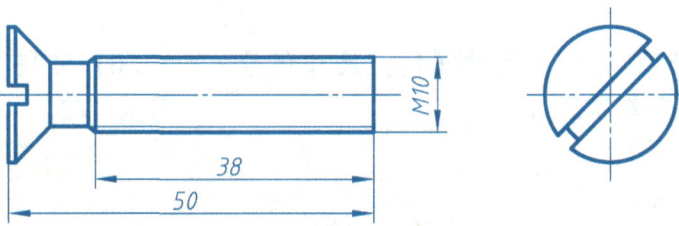

标记：_____

(4) A级1型六角螺母 (5) 平垫圈

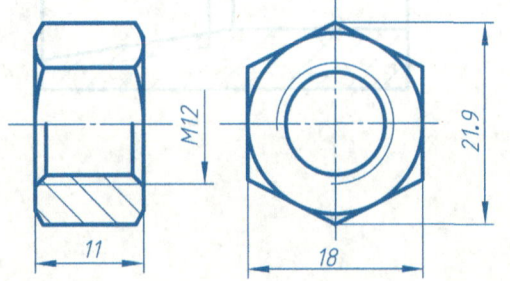 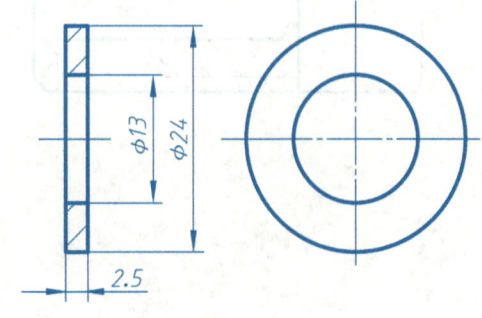

标记：_____ 标记：_____

2. 采用比例画法，按照给定比例绘制下列螺纹紧固件。
(1) 螺栓 GB/T 5780—2016 M16×65，比例 1∶1。

(2) 螺母 GB/T 6170—2015 M16，比例 1∶1。

(3) 开槽沉头螺钉 GB/T 68—2016 M10×25，比例 2∶1。

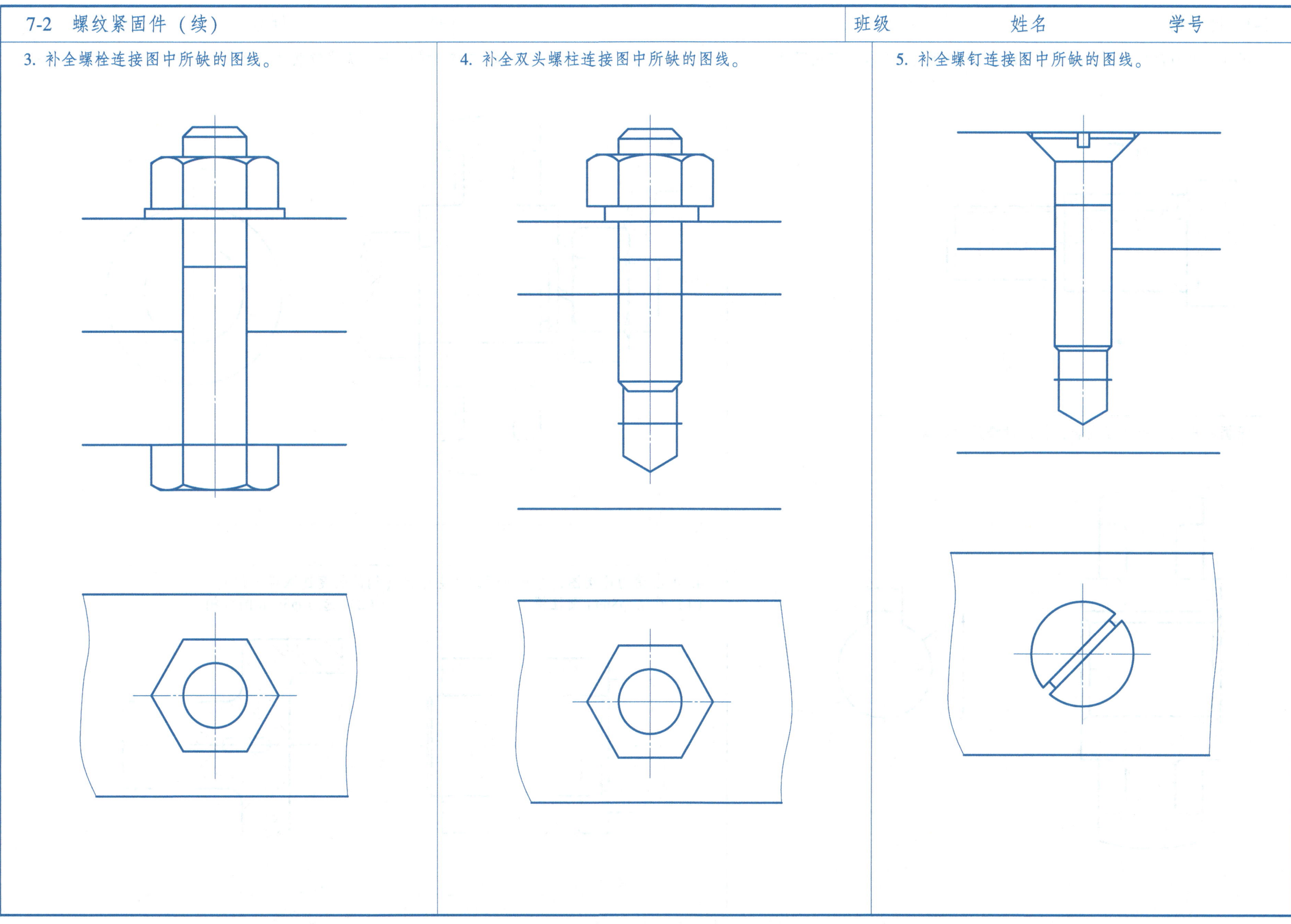

7-3 键和销

1. 根据给出的轴径查表，画出 A—A 移出断面图，并注全键槽的尺寸。

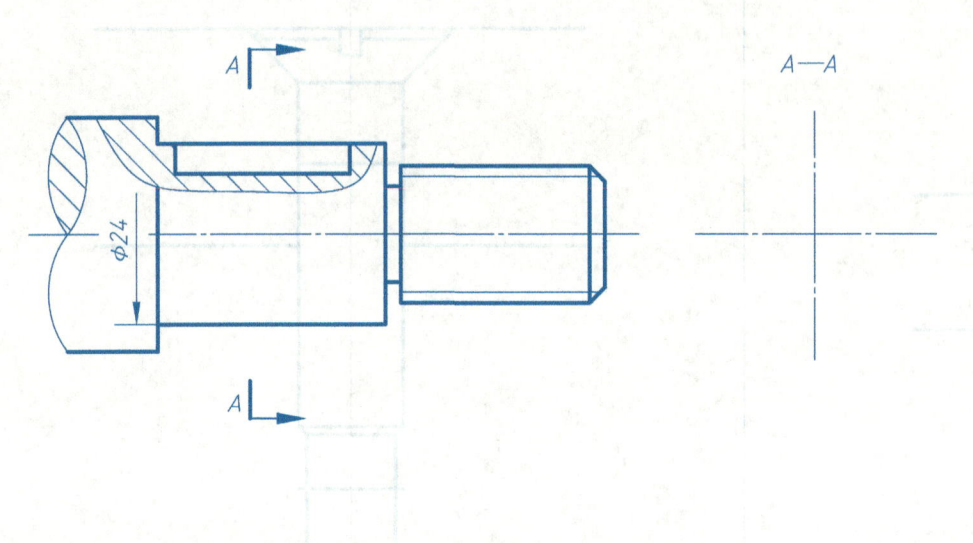

2. 根据给出的带轮孔径查表，标注键槽尺寸数值。

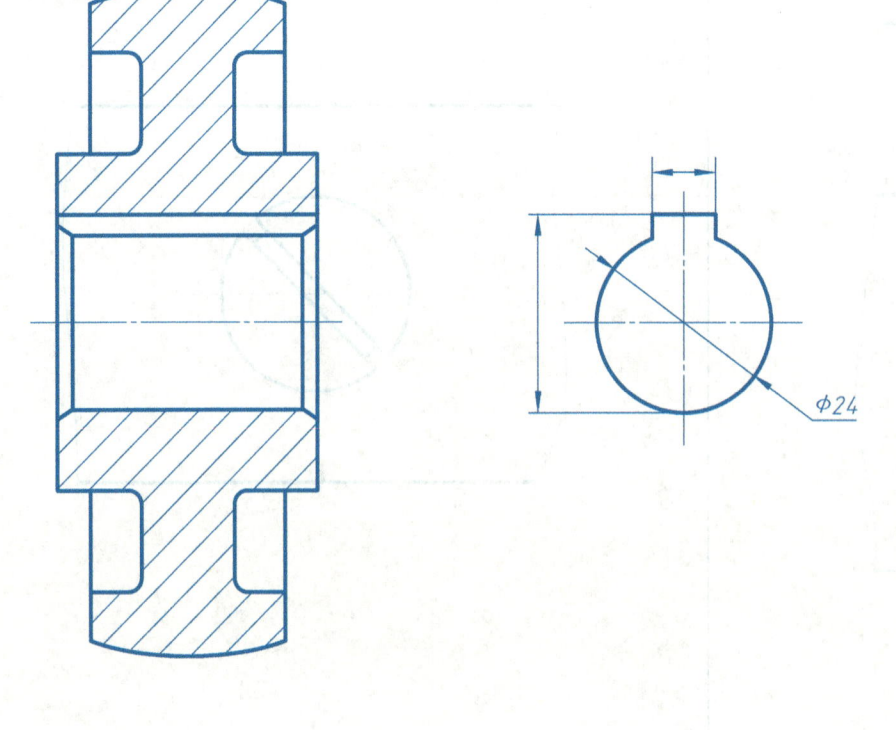

3. 用圆头普通平键把 1、2 题中带轮和轴连接，完成键联结图及 A—A 断面图，并写出键的规定标记。

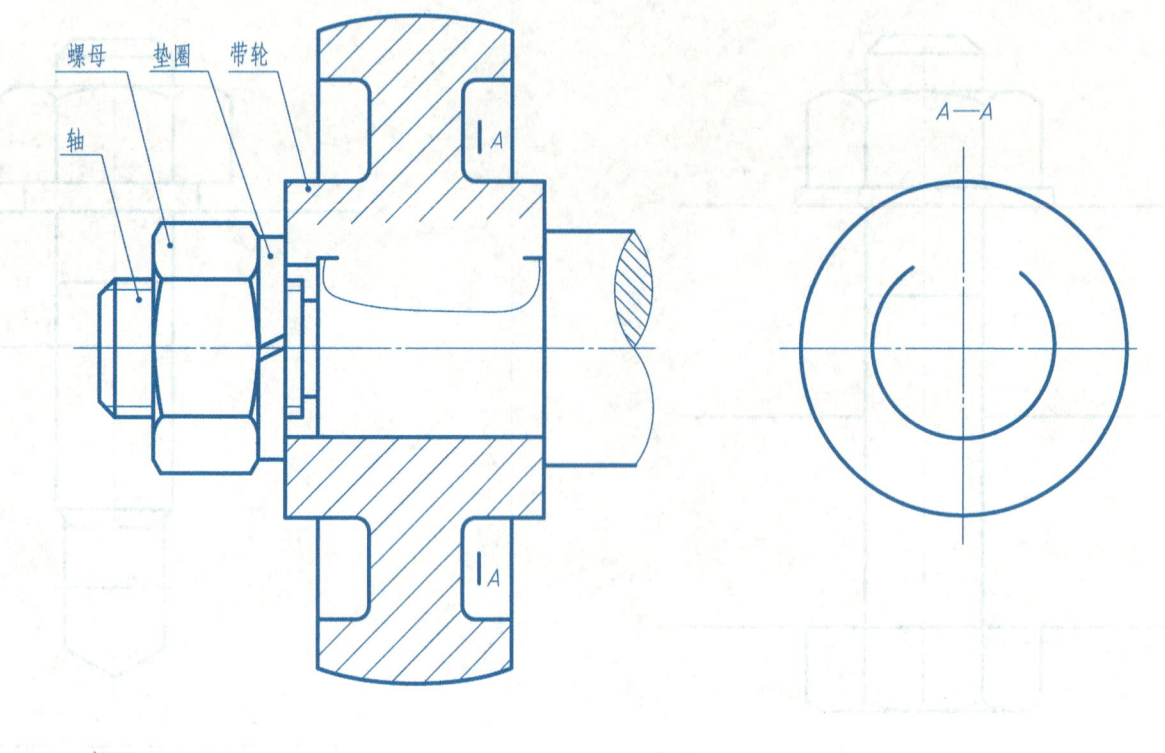

标记：_____

4. 画出销的连接图，并写出销的规定标记（销的长度选取标准值）。
（1）选用 φ8mm 圆柱销。　　　（2）选用 φ5mm 圆锥销

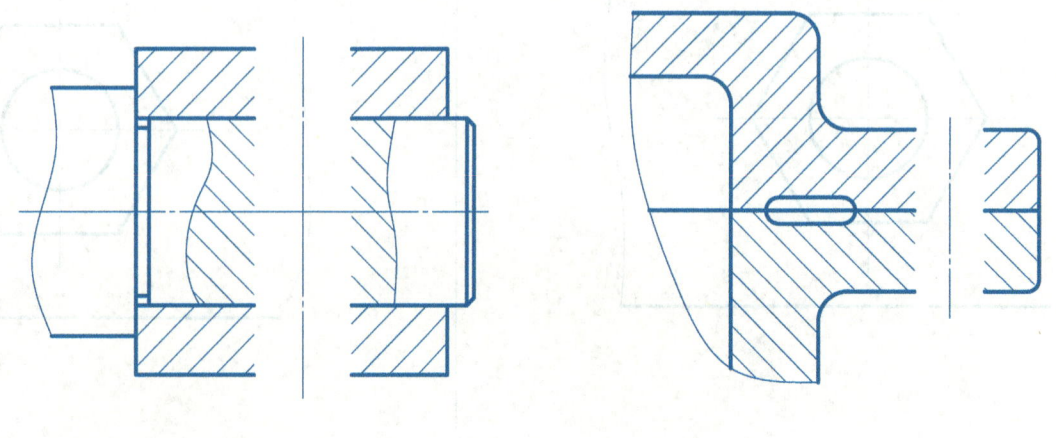

标记：_____　　　　　　　标记：_____

| 7-3 键和销（续） | 7-4 轴承 | 班级 | 姓名 | 学号 |

5. 已知矩形外花键大径 26mm，公差带代号 h8，小径 23mm，公差带代号 f7，齿宽 6mm，公差带代号 h10，齿数 6 个，工作长度 40mm，在给定轴的右端绘制花键，并完成 A—A 断面图。

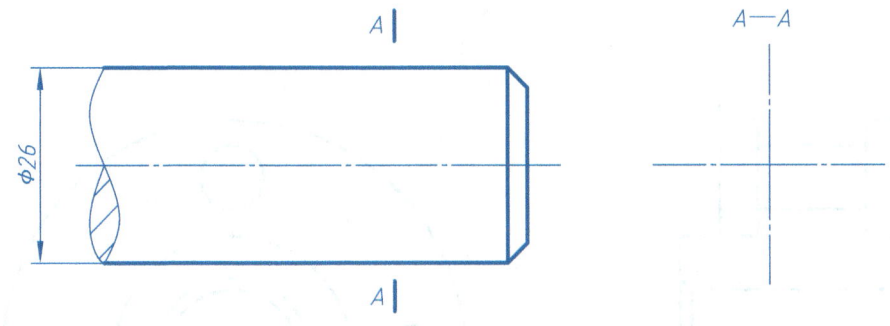

6. 已知矩形内花键大径 26mm，公差带代号 H11，小径 23mm，公差带代号 H7，齿宽 6mm，公差带代号 H10，齿数为 6 个（GB/T 1144—2001），标记其代号。

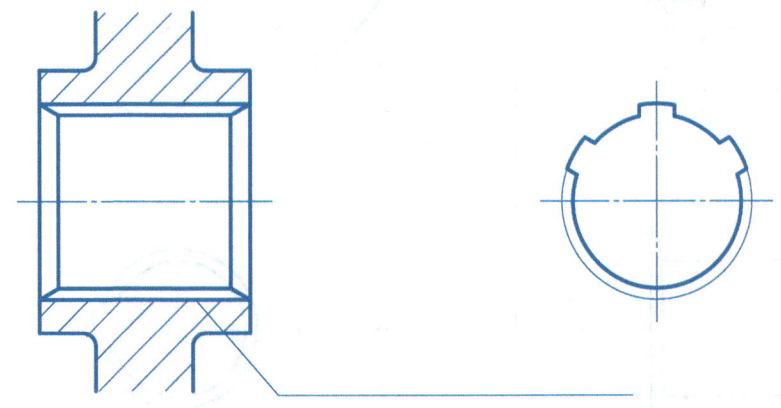

7. 画出以上两题中内外花键的联结图，并对配合的花键进行标注。

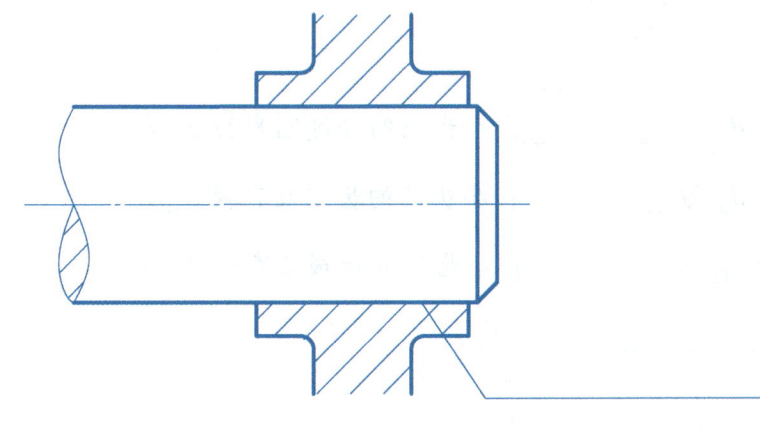

1. 根据滚动轴承的代号标记，查表确定有关尺寸，并用规定画法，按 1∶1 比例，画出滚动轴承的另一半详图。

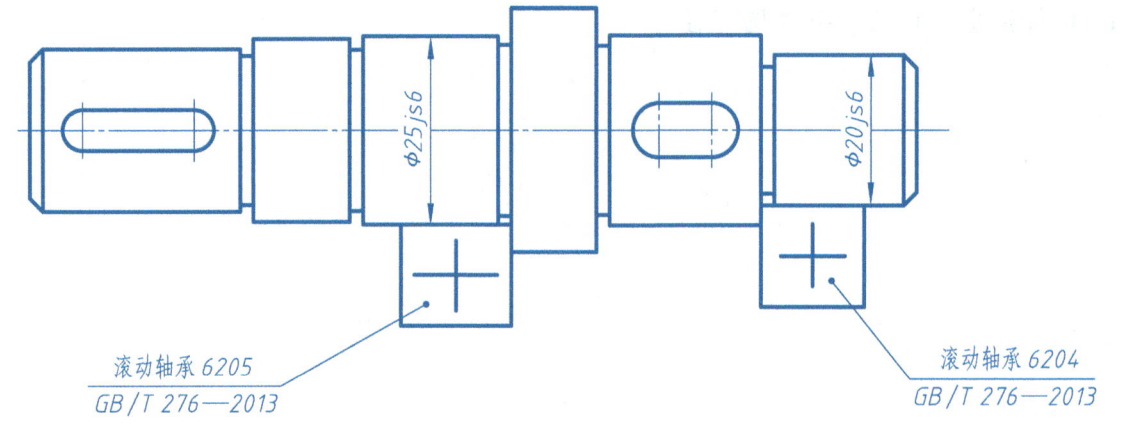

2. 根据轴和孔的直径，查表选出合适的深沟球轴承（GB/T 276—2013），并在对应的位置按照规定画法画出。

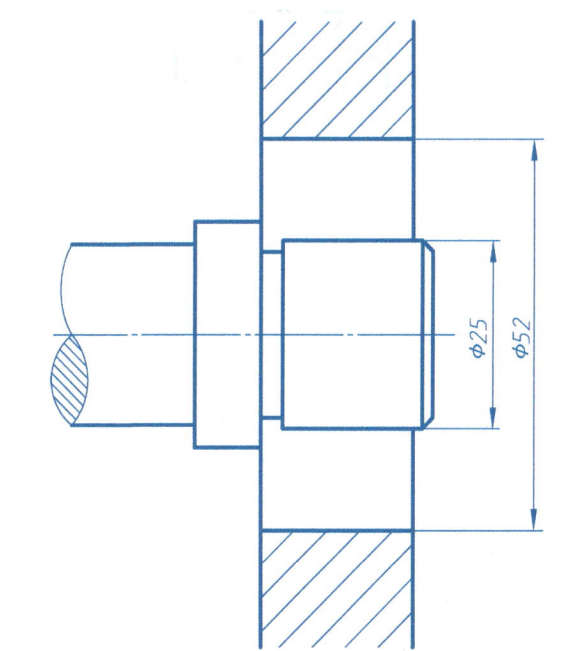

滚动轴承代号：_____

轴承内圈直径 d：_____

轴承外圈直径 D：_____

轴承宽度 B：_____

7-5 齿轮

1. 已知直齿圆柱齿轮模数 $m=3$mm，齿数 $z=20$。要求：
(1) 计算齿轮的分度圆、齿顶圆、齿根圆直径以及齿顶高和齿根高（写出计算公式）。
(2) 用规定画法完成齿轮两视图。
(3) 标注出齿顶圆、分度圆直径。

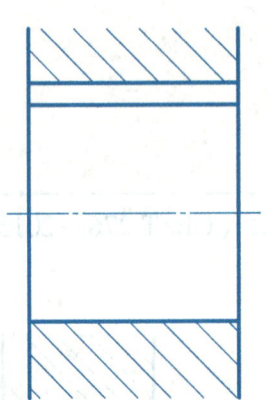 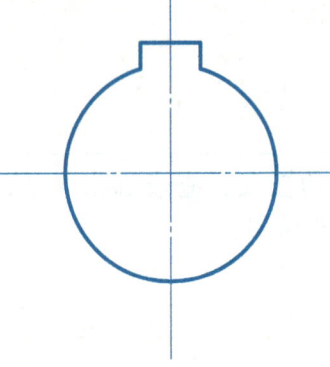

2. 已知一对直齿圆柱齿轮啮合，其中大齿轮 $m=3$mm，$z_2=26$，两齿轮中心距为 60mm，计算大、小齿轮的主要尺寸并填空，完成两个齿轮的啮合图。

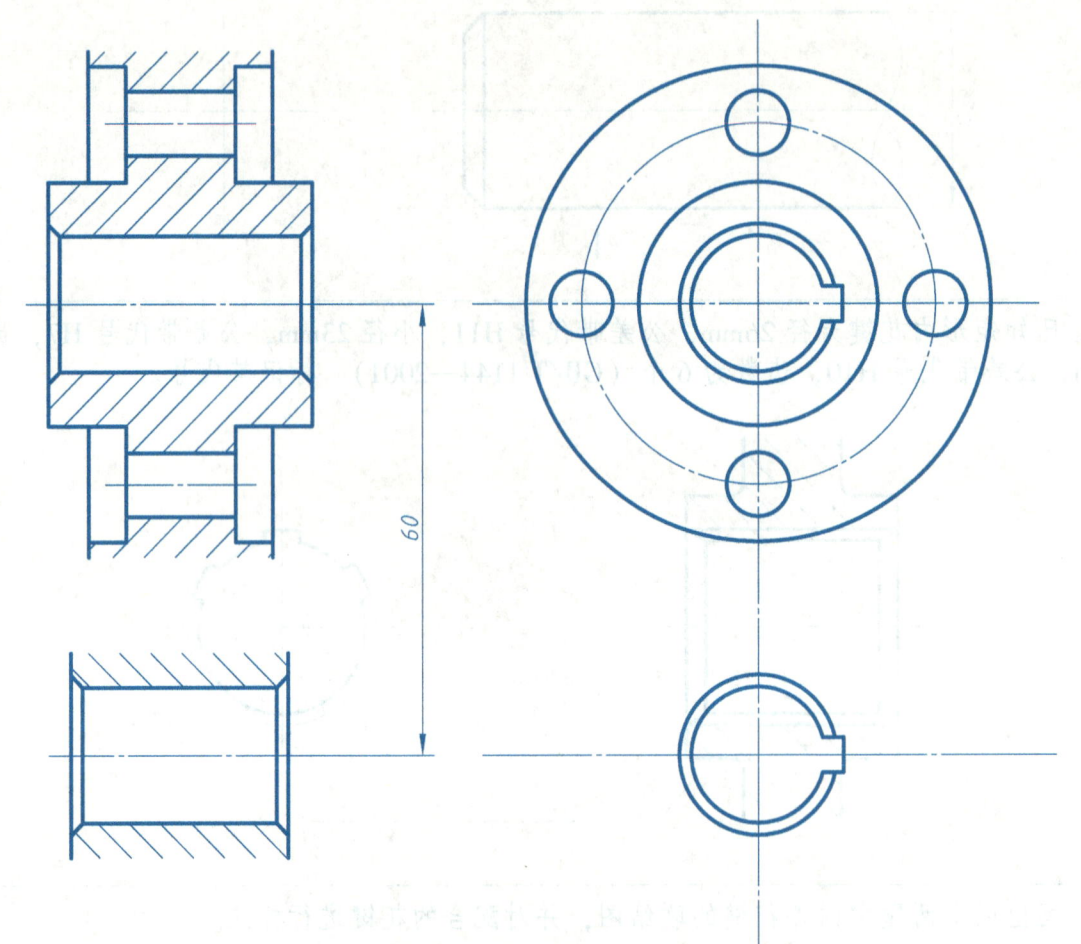

大齿轮的分度圆直径 d_2 为 _____ ；小齿轮的分度圆直径 d_1 为 _____ ；

大齿轮的齿顶圆直径 d_{a2} 为 _____ ；小齿轮的齿顶圆直径 d_{a1} 为 _____ ；

大齿轮的齿根圆直径 d_{f2} 为 _____ ；小齿轮的齿根圆直径 d_{f1} 为 _____ ；

小齿轮的齿数 z_1 为 _____ 。

7-5 齿轮（续）

3. 已知直齿锥齿轮 $m = 3$mm，$z = 23$，$\delta = 45°$，根据公式计算齿轮的分度圆、齿顶圆、齿根圆直径，并按规定画法补全齿轮的两个视图。

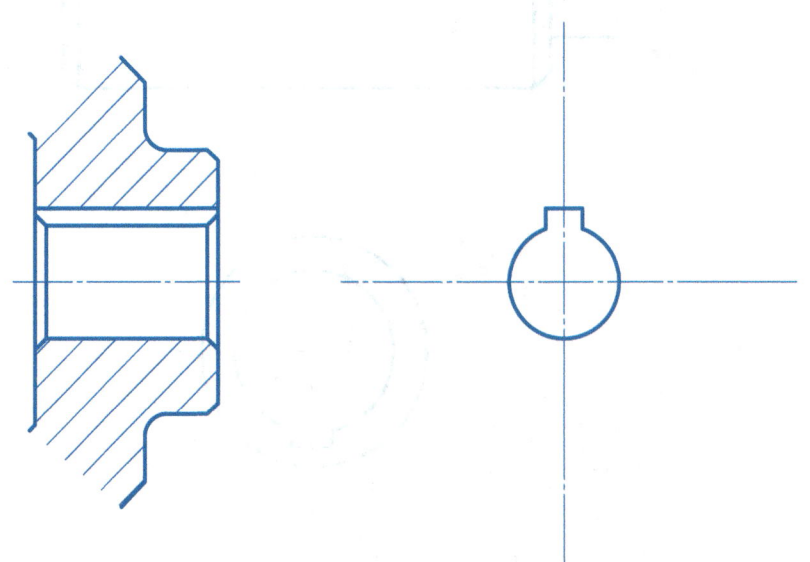

4. 一对直齿锥齿轮啮合，$m = 3.5$mm，$Z_1 = Z_2 = 18$，试按规定画法画出齿轮啮合图。

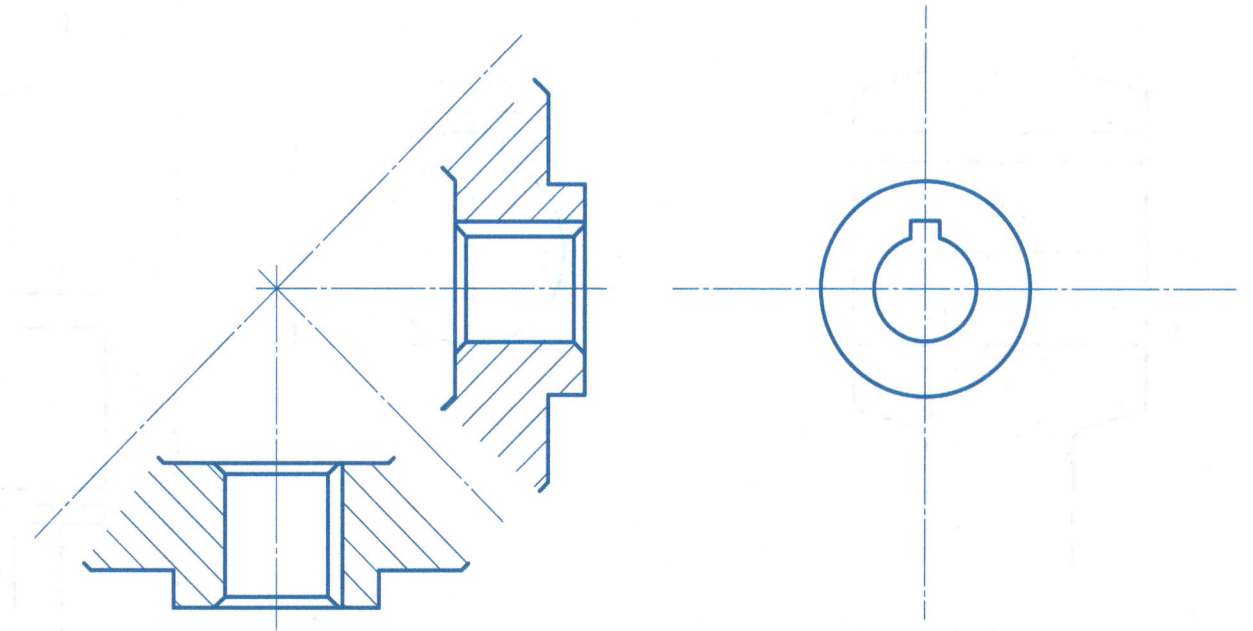

7-6 蜗轮、蜗杆

班级　　　　姓名　　　　学号

1. 蜗轮 $m=2.5$mm、$z_2=30$，与它相配的蜗杆头数 $z_1=2$、$q=11.2$，计算后，按规定画法补全蜗轮两视图，注全尺寸。

2. 已知互相啮合的蜗杆、蜗轮，蜗杆 $m=2.5$mm、头数 $z_1=1$，蜗轮 $z_2=30$，试计算蜗杆、蜗轮各部分尺寸，并完成其啮合图。

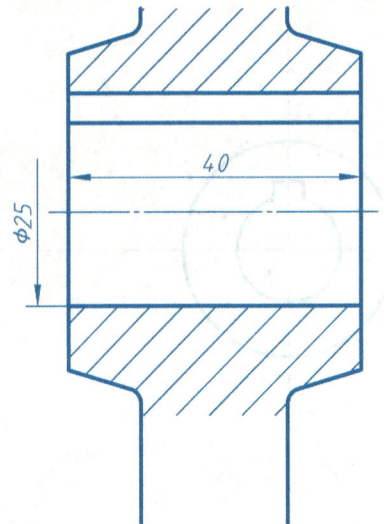
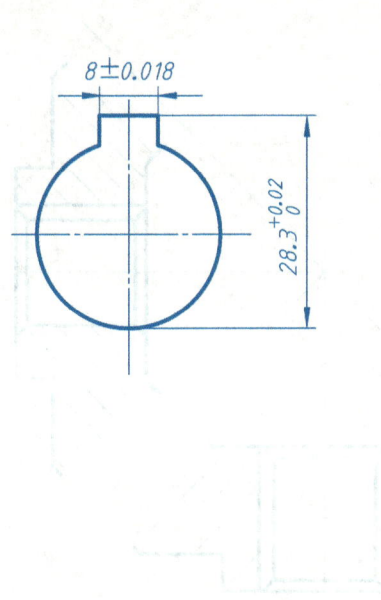
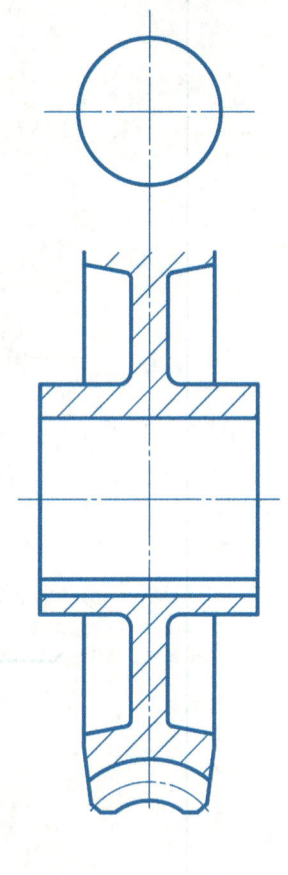
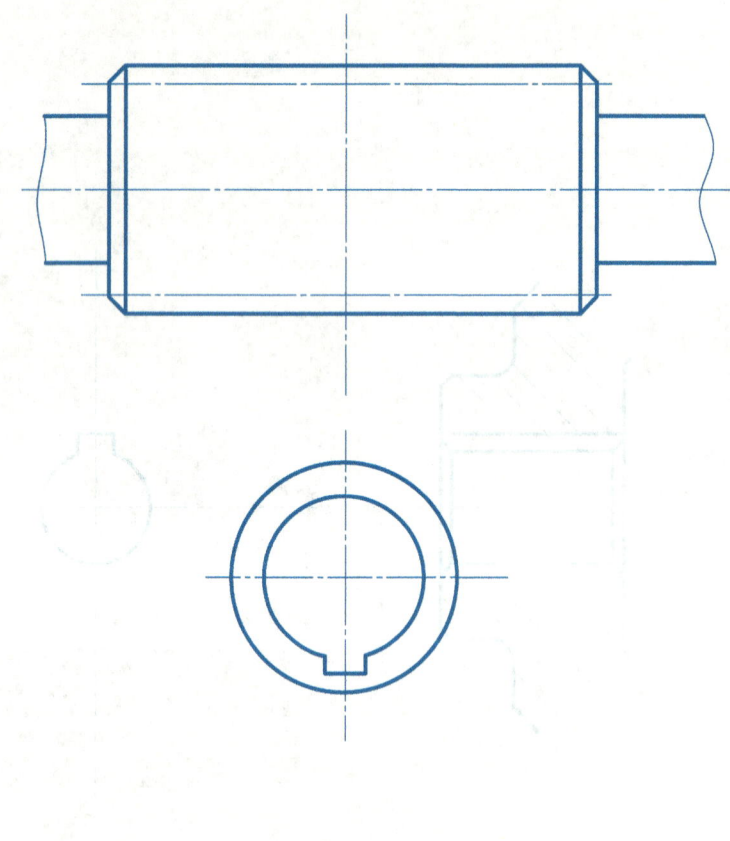

| 7-7 弹簧 | | 7-8 综合练习 | 班级　　　姓名　　　学号 |

已知圆柱螺旋压缩弹簧内径 $D_1 = 36$mm，总圈数 $n_1 = 9.5$，支承圈 $n_2 = 2.5$，节距 $t = 12$mm，簧丝直径 $d = 6$mm，右旋，求弹簧的自由高度 H_0 和簧丝展开长度 L，并绘制其剖视图。

分析图中的错误画法，并将正确的图画在下面。

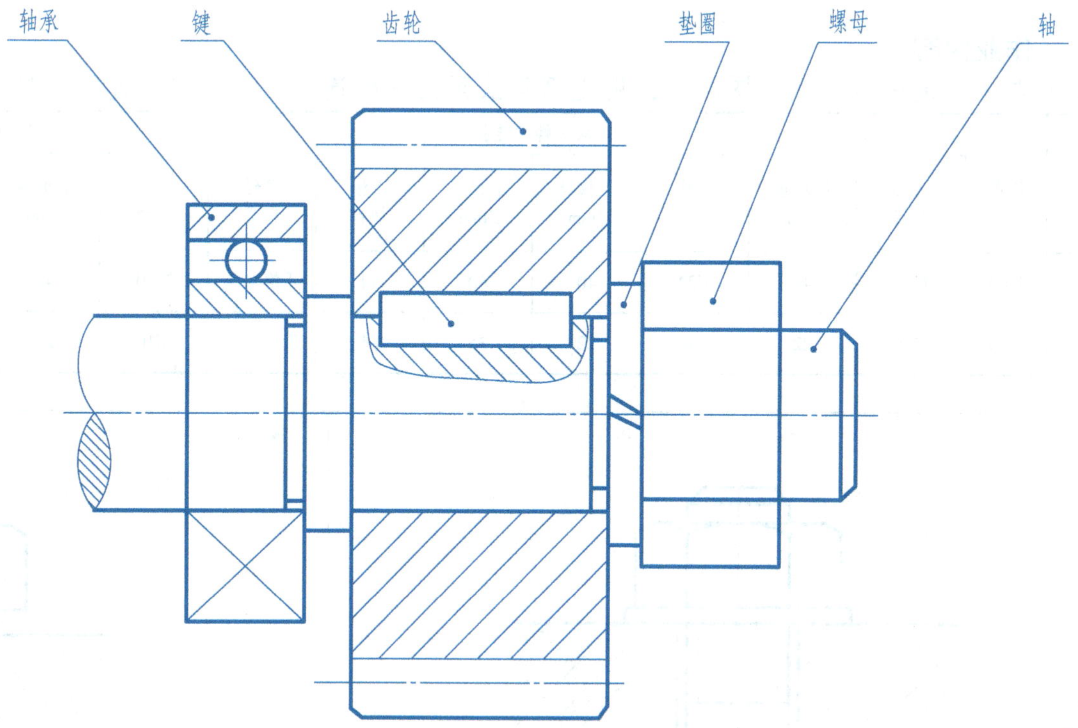

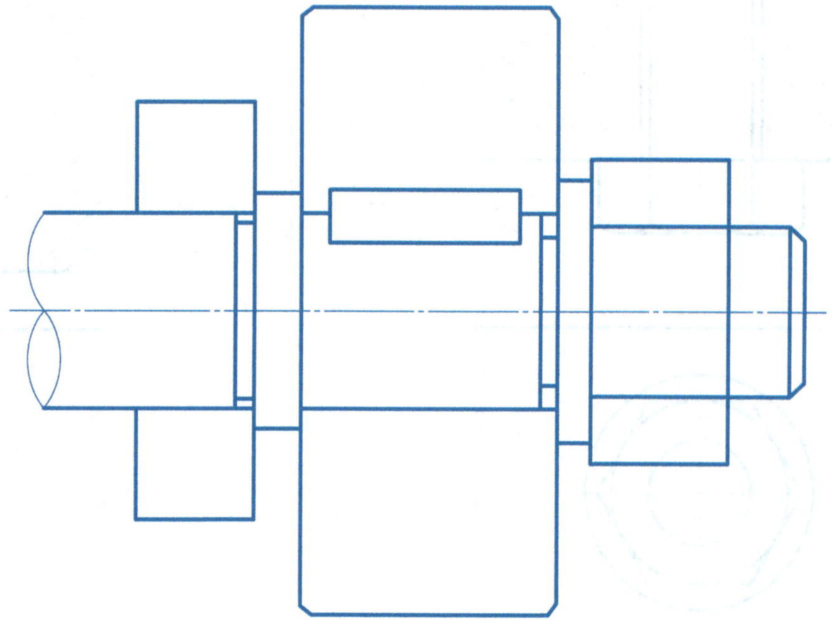

7-9 螺纹紧固件连接绘图训练

| 班级 | 姓名 | 学号 |

绘图技能训练——螺纹紧固件连接

一、作业内容

从下表中任选一组，按下图所示，用比例画法画出螺栓连接、双头螺柱连接、螺钉连接。

组别	比例	螺栓连接		双头螺柱连接				螺钉连接				
		公称直径	每块板厚/mm	公称直径	上板厚/mm	下板厚/mm	下板材料	螺钉种类	公称直径	上板厚/mm	下板厚/mm	下板材料
1	1:1	M24	40	M24	40	60	钢	开槽沉头	M10	48	68	铸铁
2	2:1	M10	22	M10	22	35	铸铁	开槽沉头	M10	25	30	钢

二、作业目的及要求

1. 目的：掌握螺纹紧固件的查表、选用方法；掌握螺纹紧固件连接的比例画法。

2. 要求：线型粗细均匀，图形正确，布置适当，连接光滑，图面整洁。

三、图幅、比例和图名

1. 图幅：A3 图纸横放。
2. 比例：1:1 或 2:1。
3. 图名：螺纹紧固件连接。

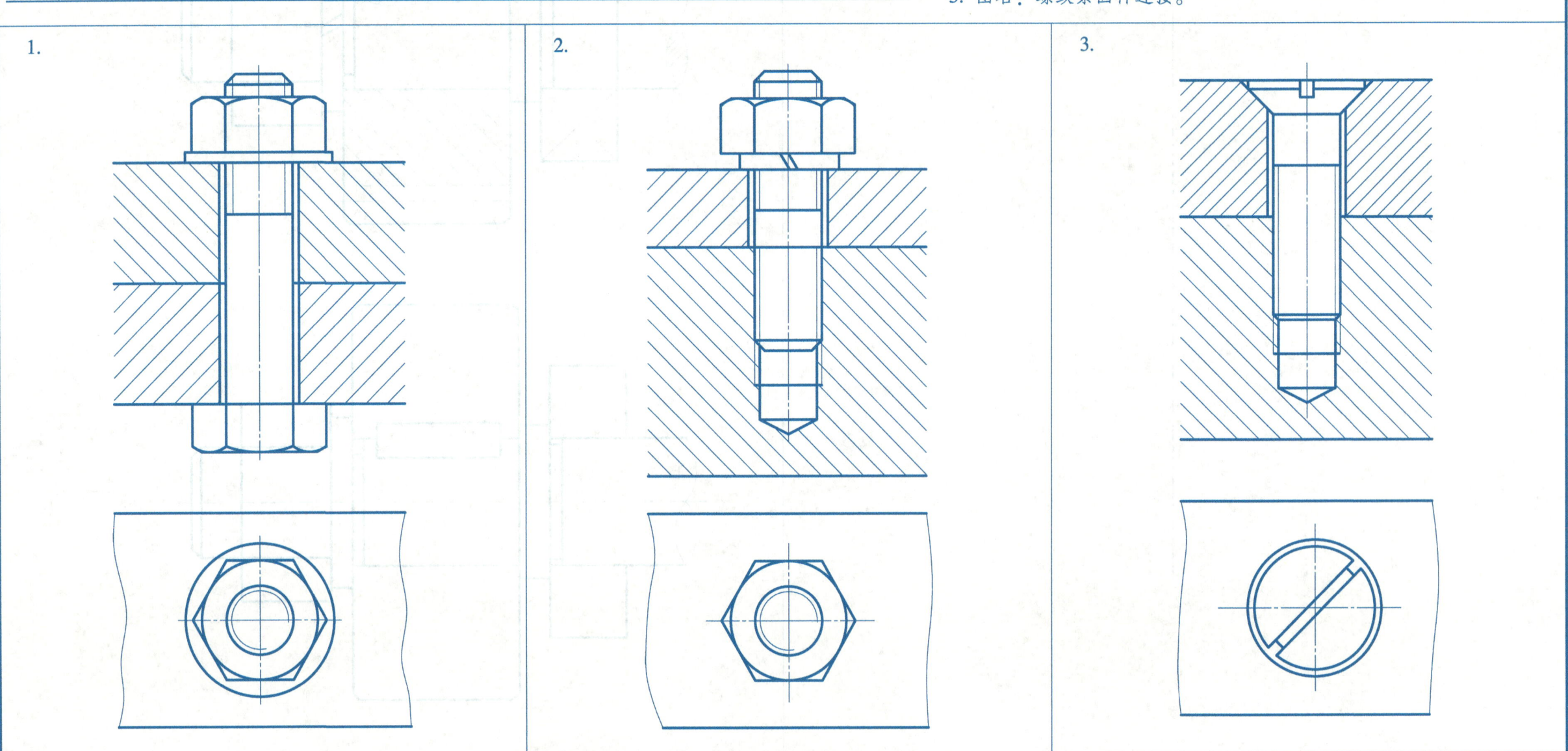

1.　　　　　2.　　　　　3.

第八章 图样上的技术要求

8-1 极限与配合　　　　　班级　　　姓名　　　学号

1. 根据图 a 和图 b 及其标注完成下列各题。

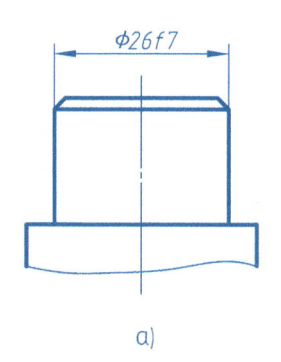
a)

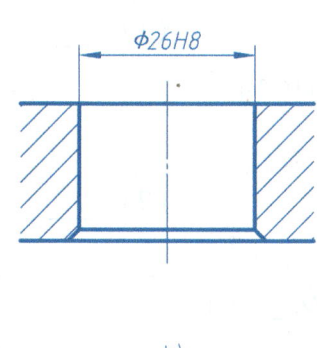
b)

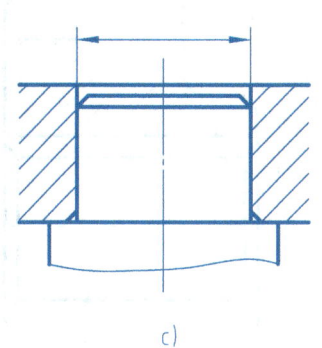
c)

(1) 根据图中尺寸标注（查阅教材附表）填写下表。

名　称		孔	轴
公称尺寸			
公差带代号			
极限偏差	上极限偏差	ES=	es=
	下极限偏差	EI=	ei=
极限尺寸	上极限尺寸		
	下极限尺寸		
尺寸公差			
配合	配合代号		
	配合种类		

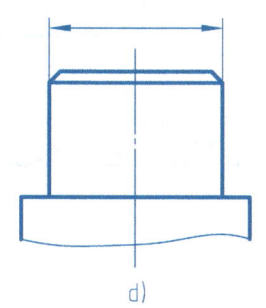
d)

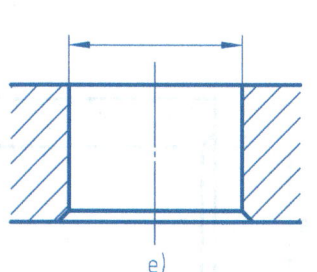
e)

(2) 在图 c 中标注配合尺寸，在图 d 和图 e 中标注极限偏差形式尺寸。

(3) 说明代号的含义。

φ26H8 _____

_____

φ26f7 _____

_____

(4) 根据查表得到的孔和轴的极限偏差值，完成该配合的公差带图。

2. 根据图 a 及其标注完成下列各题。

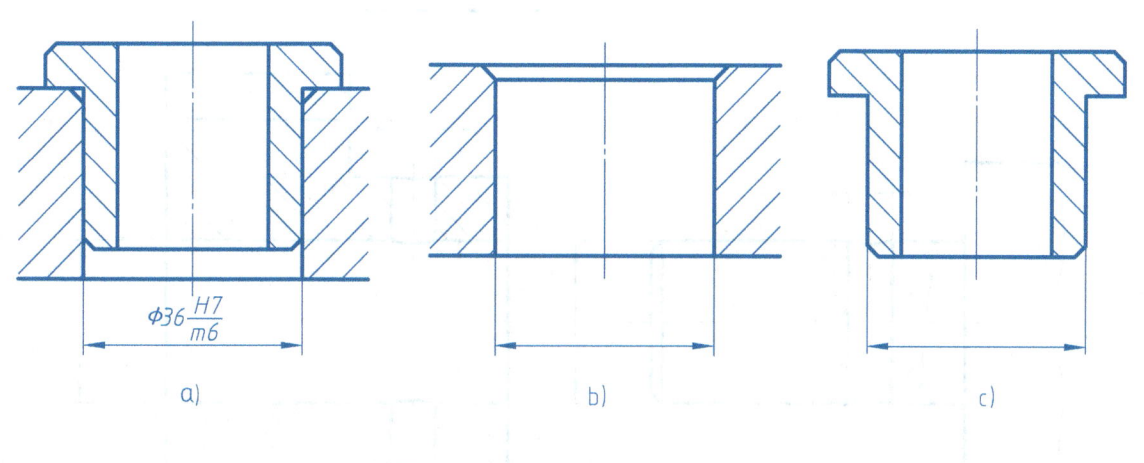
a)　　　　b)　　　　c)

(1) 在图 b 和图 c 中以公差带代号的形式标注零件的尺寸。

(2) 装配图中的配合种类有_____、_____和_____三种；
配合的基准制有_____和_____两种。在上图中给出的配合属于_____配合，基准制属于_____。

(3) 说明代号的含义。

$\phi 36 \dfrac{H7}{m6}$ _____

_____

8-1 极限与配合（续）

3. 已知齿轮孔和与其配合轴的公称尺寸是 φ20mm，齿轮孔的公差带代号为 K7，轴的公差带代号为 h6。装配图如下图所示，根据所给条件补全各图中的标注。

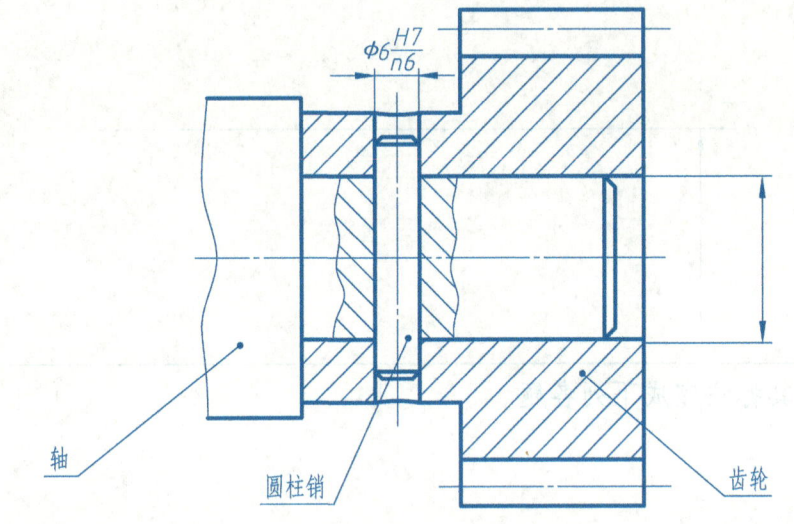

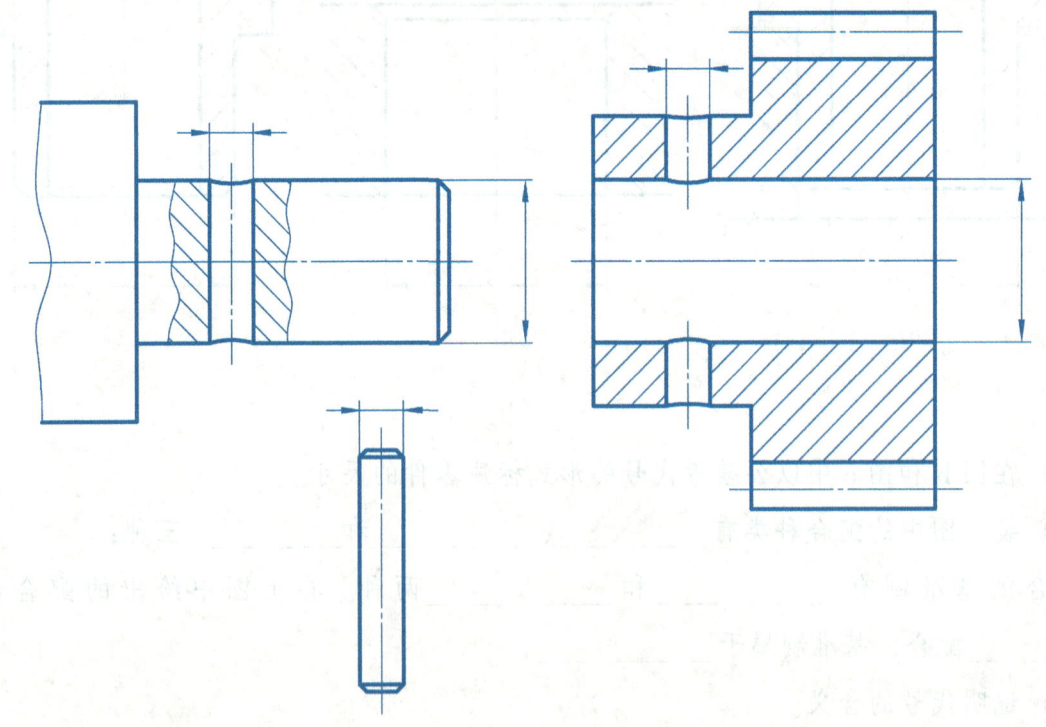

8-2 几何公差　　班级　　姓名　　学号

1. 用文字说明图中各几何公差标注的含义。

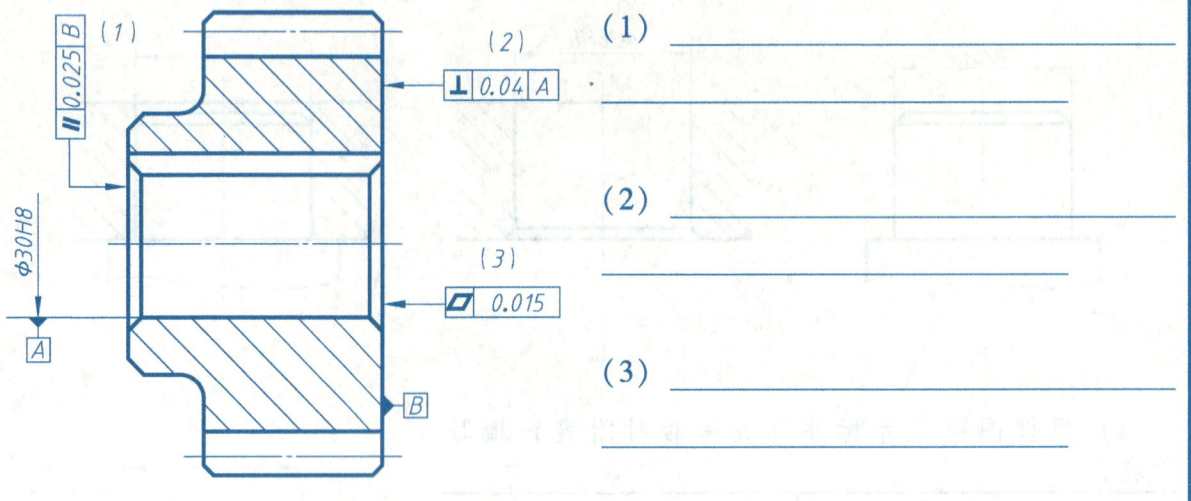

(1) _____

(2) _____

(3) _____

2. 按照要求在图上标注几何公差。

序号	被测要素	基准要素	特征项目	公差/mm
1	φ24 轴线	无	直线度	φ0.02
2	底面	无	平面度	0.01
3	φ24 轴线	底面	平行度	0.03

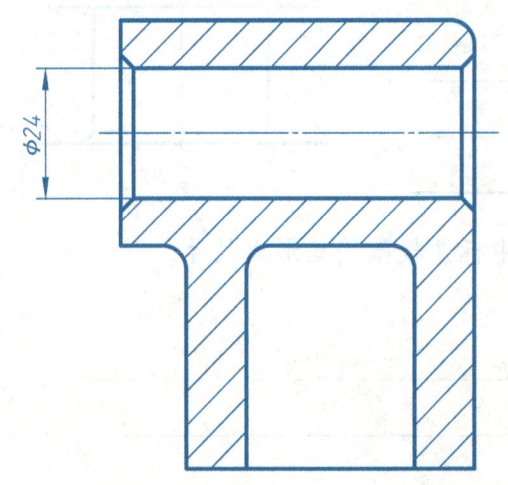

8-3 零件的表面结构要求 | 班级　　姓名　　学号

1. 抄画下列表面结构要求符号。

2. 找出表面结构要求注法的错误，在下图改正。

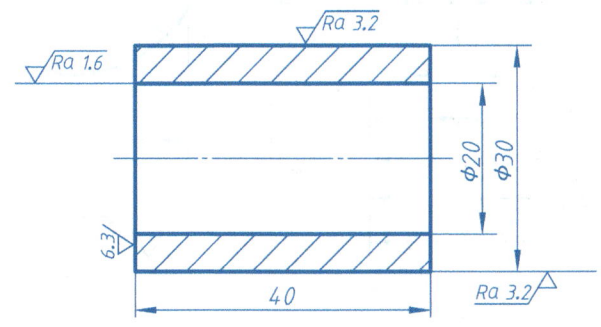

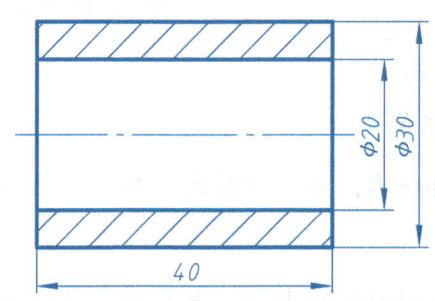

3. 将零件指定表面的表面结构要求标注在右图上。

(1)

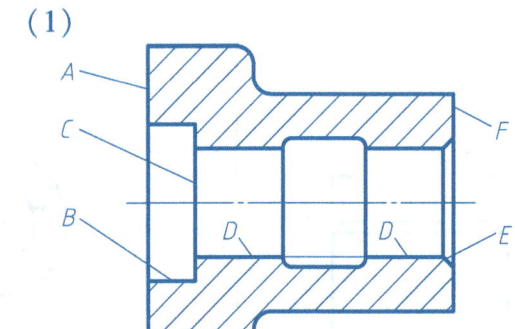

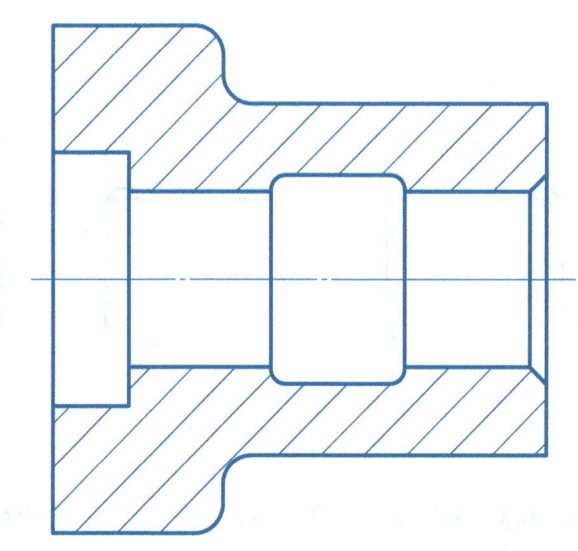

表面	A	B	C	D	E	F	其余面
Ra/μm	6.3	3.2	6.3	1.6	12.5	6.3	25
加工方法	去除材料						不去除材料

(2)

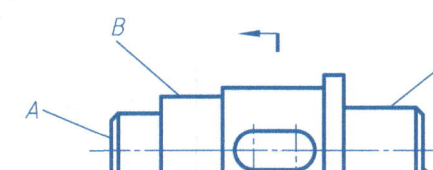

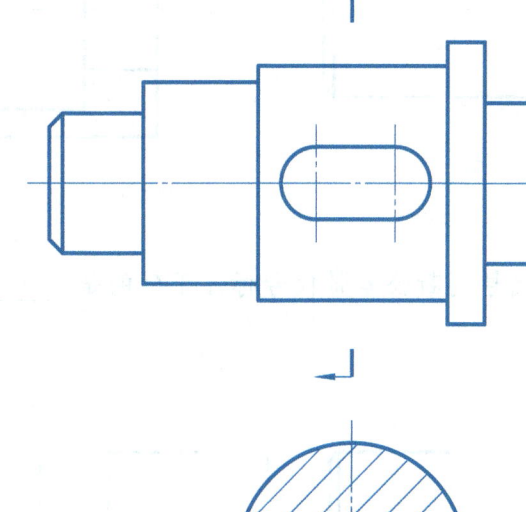

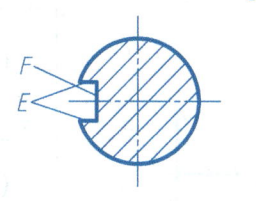

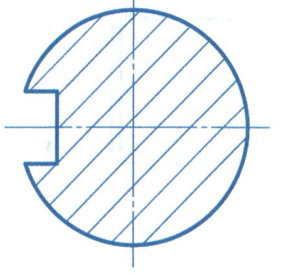

表面	A	B	C	D	E	F	G	其余面
Ra/μm	6.3	1.6	0.8	3.2	3.2	6.3	6.3	12.5
加工方法	去除材料							

8-4 技术要求综合练习

1. 判断题。

(1) 下图极限偏差标注正确的是_____。

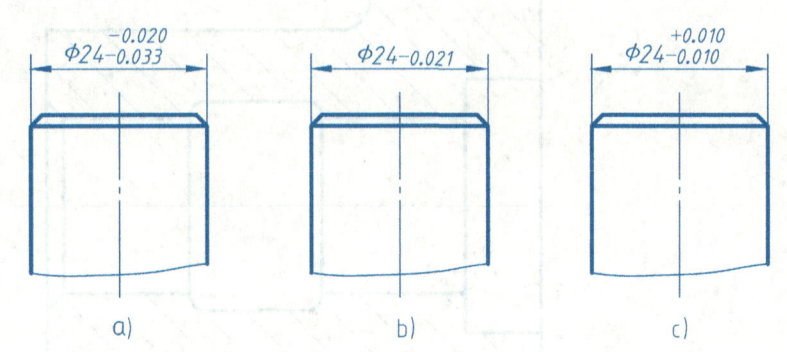

(2) 判断图中表面粗糙度标注的正误（正确的打√，错误的打×）。

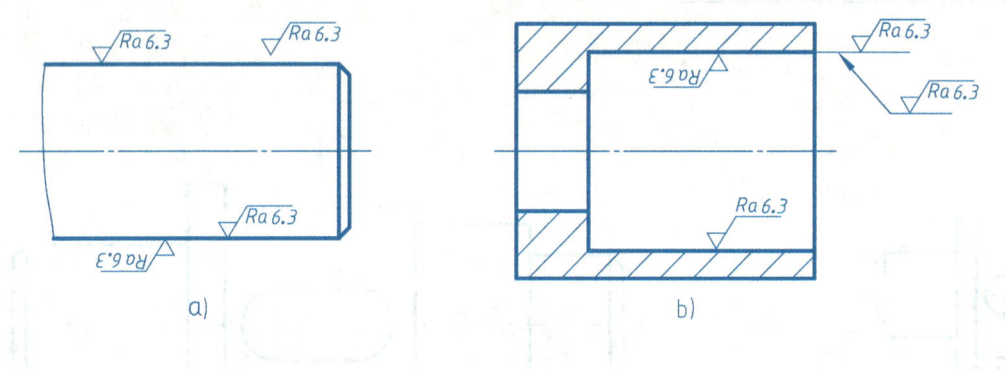

(3) 根据配合代号判断公差带代号标注正确的是_____和_____。

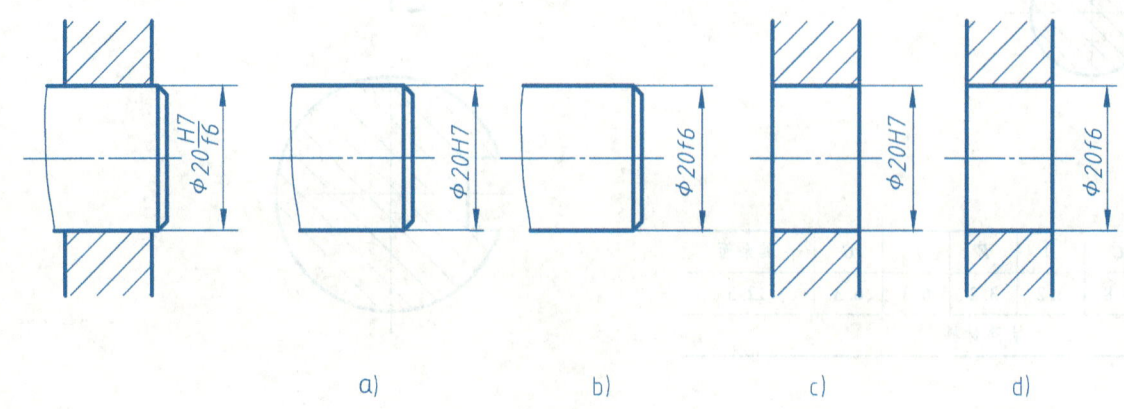

2. 读图填空。

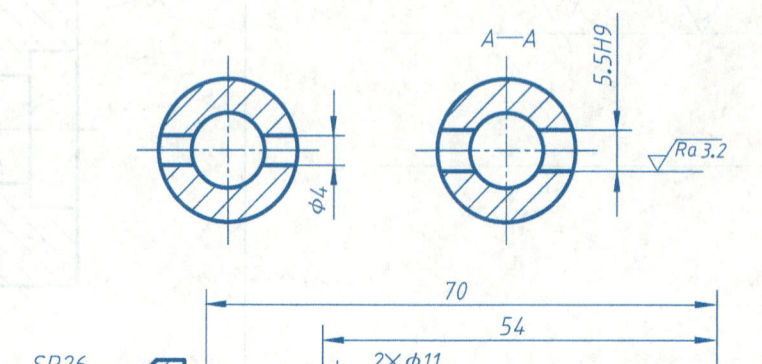

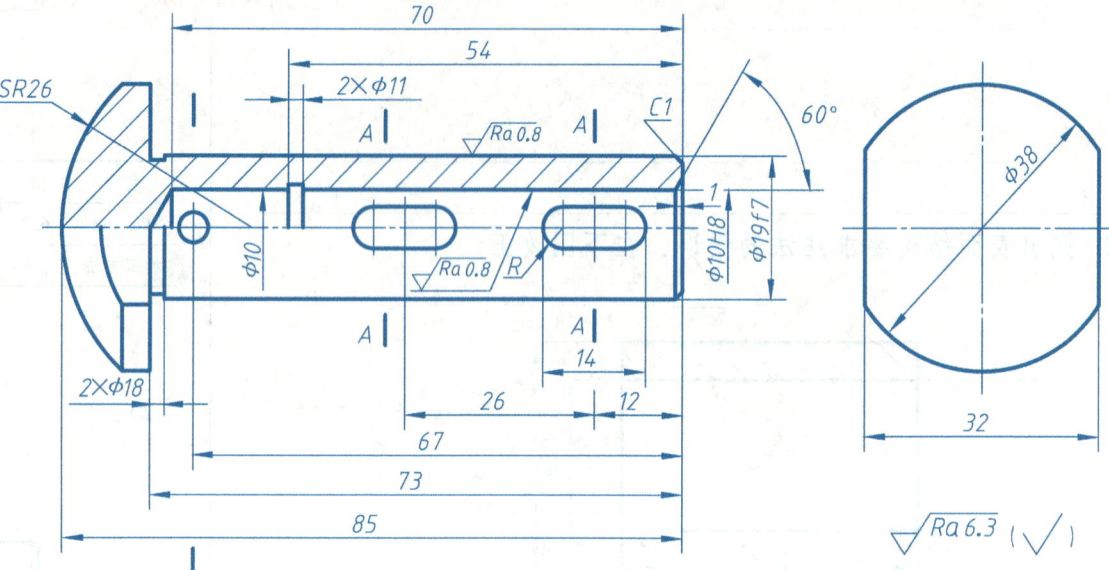

(1) φ19f7 中，公称尺寸是_____ mm，公差等级为_____级，基本偏差为_____，查表可知：es =_____，ei =_____。

(2) 代号 √Ra0.8 表示该表面用_____的方法获得，Ra 的上限值为_____。

(3) 球面 SR26 的表面结构要求 Ra 上限值为_____。

(4) 主视图中，长圆孔的半径尺寸只标注 R，没有标注尺寸数值，因为此半径尺寸是由尺寸_____确定的。

(5) 主视图中，圆柱孔表面同时标注 φ10H8 和 φ10，是因为在轴向长度 70mm 范围内，对长度为 54mm 的一段和其余部分_____和_____要求不同。

第九章 零 件 图

9-1 零件图的基本知识

1. 填空。

（1）零件图是_____和_____零件的依据，是设计和生产部门的重要技术文件之一。

（2）一张完整的零件图由_____、_____、_____和_____组成。

（3）零件主视图安放位置应符合_____原则和_____原则。

（4）按对零件功能的影响，将零件的尺寸分为_____尺寸、_____尺寸和_____尺寸。尺寸基准按用途分为_____基准和_____基准。

（5）按结构形状特点，典型零件可分为_____类零件、_____类零件、_____类零件和_____类零件四种。

（6）铸造圆角使得铸件表面间的交线不再明显，这种交线称为_____线。

2. 倒角与退刀槽。

（1）图a标注中，C表示倒角的角度是_____，1表示倒角的_____。

（2）图a和图b标注中，4表示退刀槽的_____，2表示退刀槽的_____，φ24表示退刀槽的_____。

3. 将图a中孔的尺寸标注，在图b和图c中用旁注法标出。

(1)
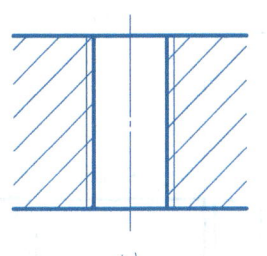 

(2)
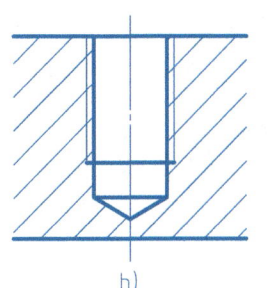 

(3)
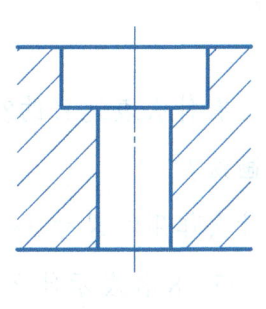 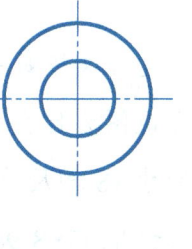

| 9-2 读零件图 | 班级 | 姓名 | 学号 |

1. 读懂铣床丝杠零件图，并回答问题。

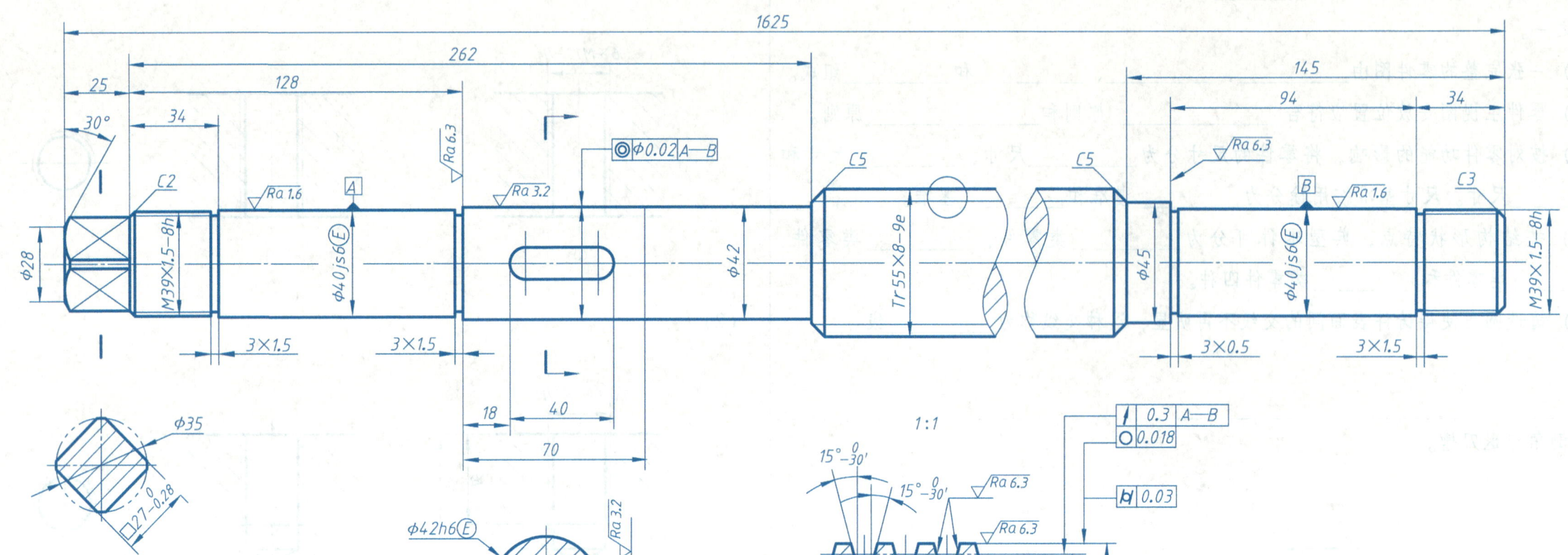

(1) 表达方案中每一个图形各有什么表达目的？
(2) 主视图为什么采用断开画法？
(3) 尺寸18和尺寸70各有什么作用？尺寸3×1.5是什么含义？
(4) 标记Tr55×8-9e中，Tr、55、8各表示什么？标记M39×1.5-8h中，M、39、1.5各表示什么？

技术要求
1. 粗车螺纹后时效处理。
2. 一个螺距误差不大于0.025mm。
3. 未注几何公差按K级。

$\sqrt{Ra12.5}(\sqrt{})$

	铣床丝杠	比例	数量	材料
		1:2		Y40Mn
制图				
审核			（学校、班级）	

9-2 读零件图（续）

2. 读懂端盖零件图，并回答问题。

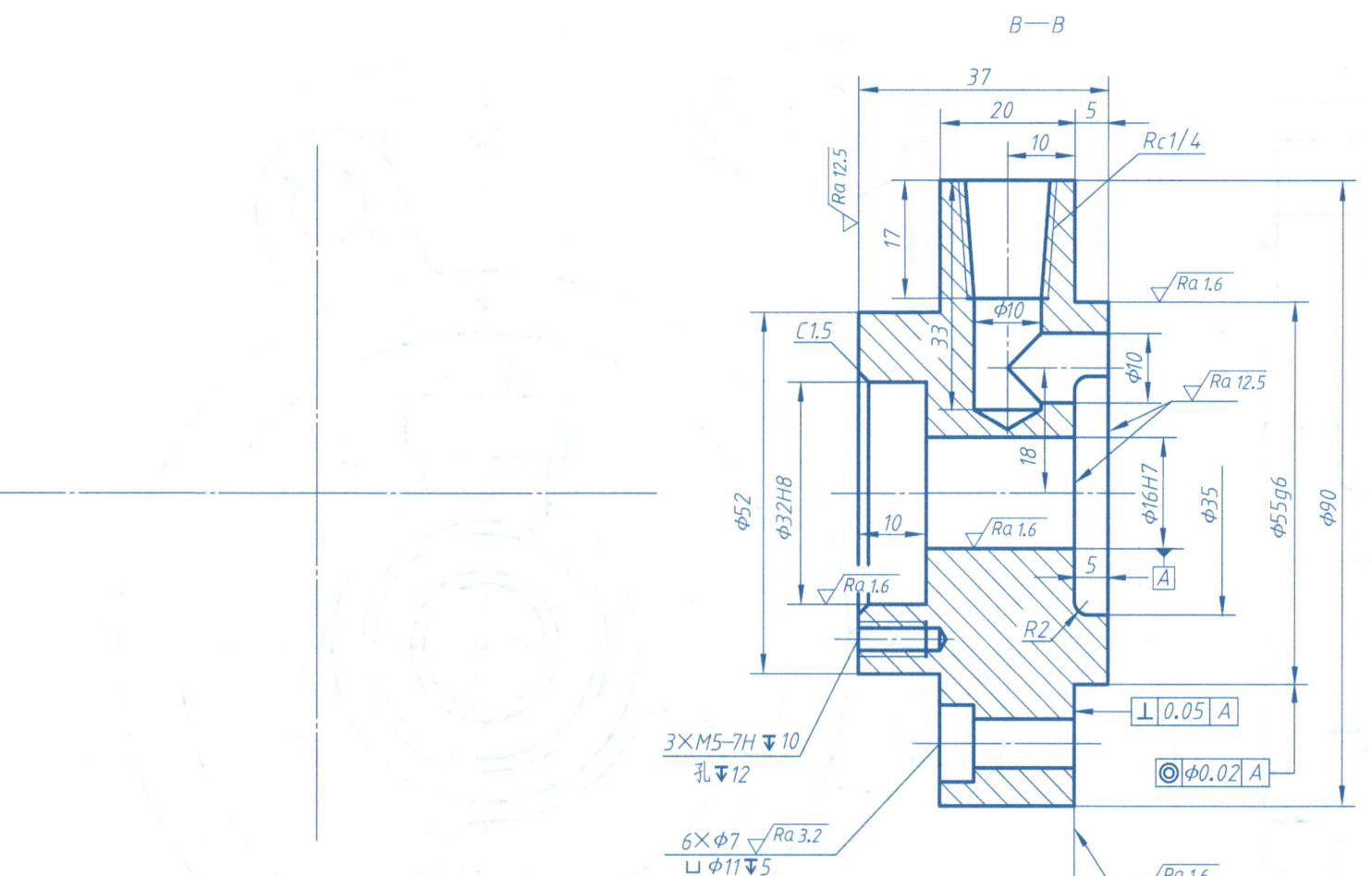

(1) 主视图采用了 B-B _____ 剖视图。

(2) 用指引线和文字在图上注明轴向和径向尺寸的主要基准。

(3) 右端面上 φ10 圆柱孔的定位尺寸是 _____。

(4) φ16H7 是基 _____ 制的孔，公差等级为 _____，写成上、下极限偏差的形式为 _____。

(5) $\frac{3×M5-7H ↧10}{孔↧12}$ 表示 _____ 个 _____ 孔，其中 5 表示 _____，10 表示 _____，12 表示 _____。

(6) $\frac{6×φ7}{⊔φ11↧5}$ 表示 _____ 个 _____ 孔，沉孔直径为 _____，深为 _____。

(7) 在指定位置画出右视图（只画外形，不画虚线）。

技术要求

1. 铸坯不得有砂眼、裂纹等缺陷。
2. 未注锐边倒角均为C1。
3. 螺纹孔均有倒角。
4. 铸件应人工时效处理。

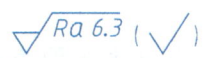

端盖　　比例 1:1　　材料 HT150

| 9-2 读零件图（续） | 班级 | 姓名 | 学号 |

3. 读懂盘座零件图，并回答问题。

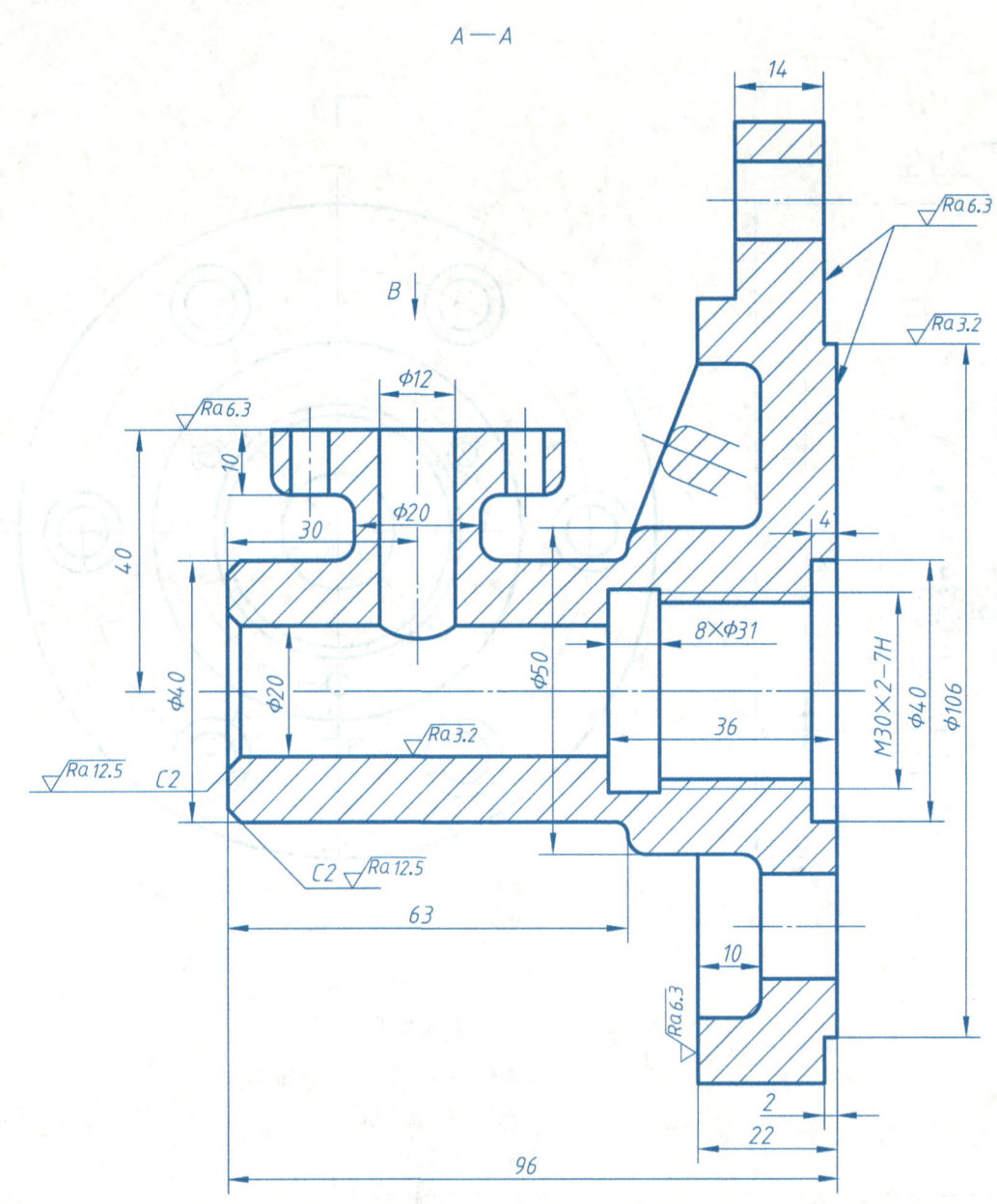

(1) 全剖主视图表达目的是什么？
(2) 肋板表达采用哪种断面？肋板厚是多少？φ100 沉孔深是多少？
(3) 8×φ31 表示哪种零件工艺结构？M30×2 是哪种螺纹？
(4) 用指引线和文字在图上注明轴向和径向尺寸的主要基准。

技术要求

未注铸造圆角R2～R3。

	盘 座	比例	数量	材料
		1:1		HT200
制图				
审核			(学校、班级)	

9-2 读零件图（续）

4. 读懂十字接头零件图，并回答问题。

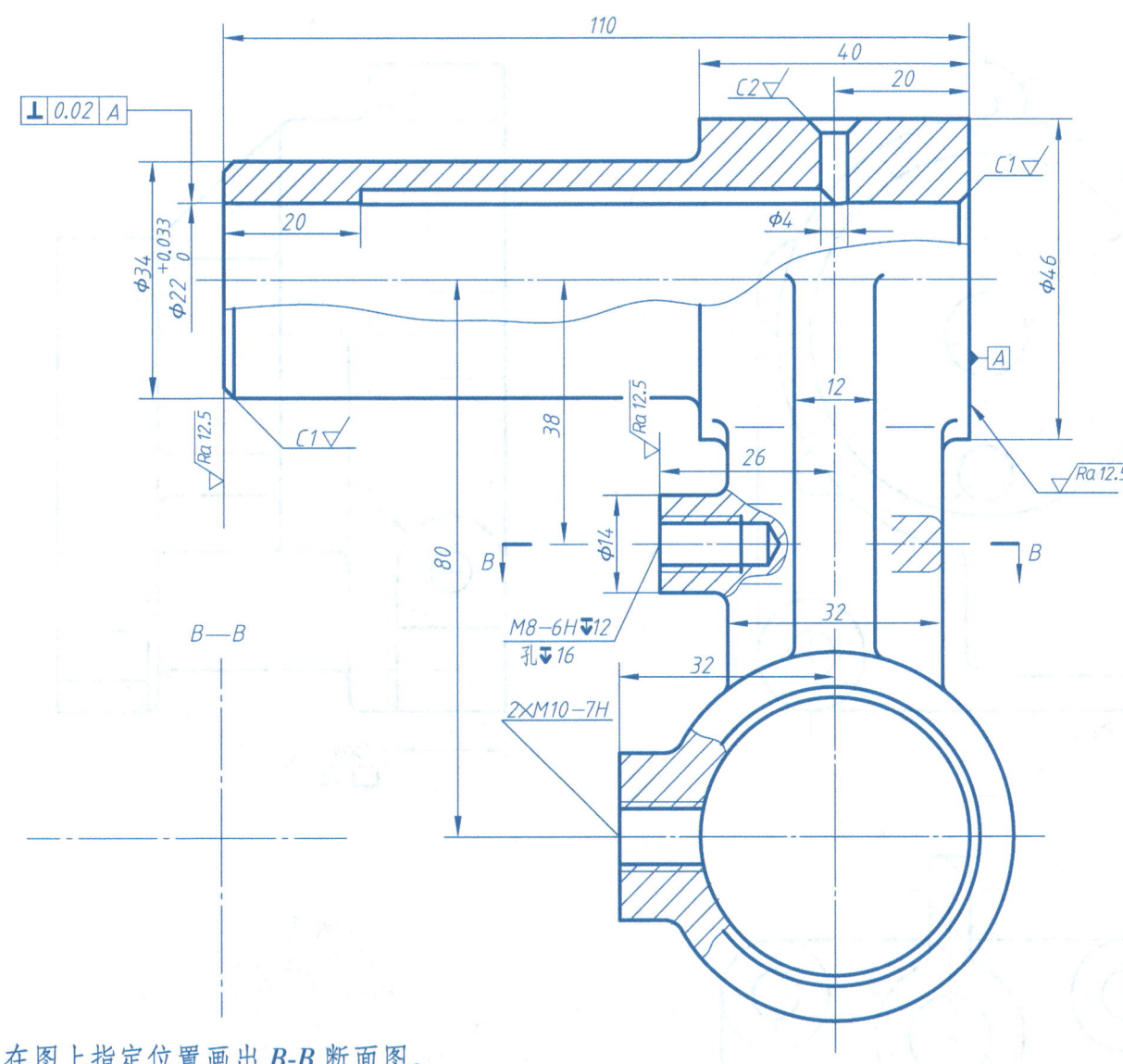
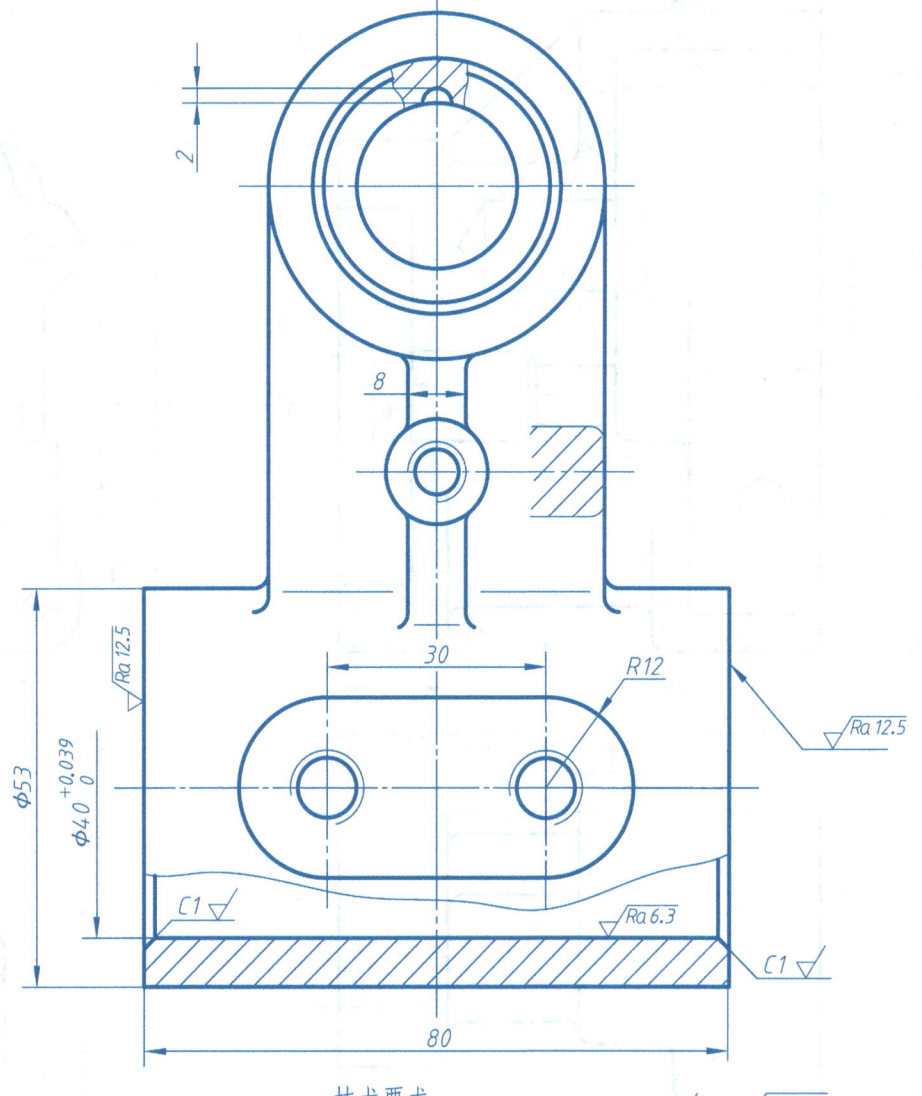

(1) 在图上指定位置画出 B-B 断面图。
(2) 根据零件的结构特点，此零件属于_____类零件。
(3) 用指引线和文字在图上注明长、宽、高三个方向尺寸的主要基准。
(4) 在主视图中，下列尺寸属于哪种（定形、定位）尺寸：80 属于_____尺寸，40 属于_____尺寸，38 属于_____尺寸，26 属于_____尺寸。
(5) 零件上共有_____个螺孔，它们的尺寸分别是_____。
(6) 解释几何公差框格 ⊥ 0.02 A 的含义：_____。

技术要求
1. 未注铸造圆角 R2~R3。
2. 铸件不得有砂眼、裂纹等缺陷。

十字接头　比例 1:1　材料 HT150

9-2 读零件图（续）

5. 读懂壳体零件图，并回答问题。

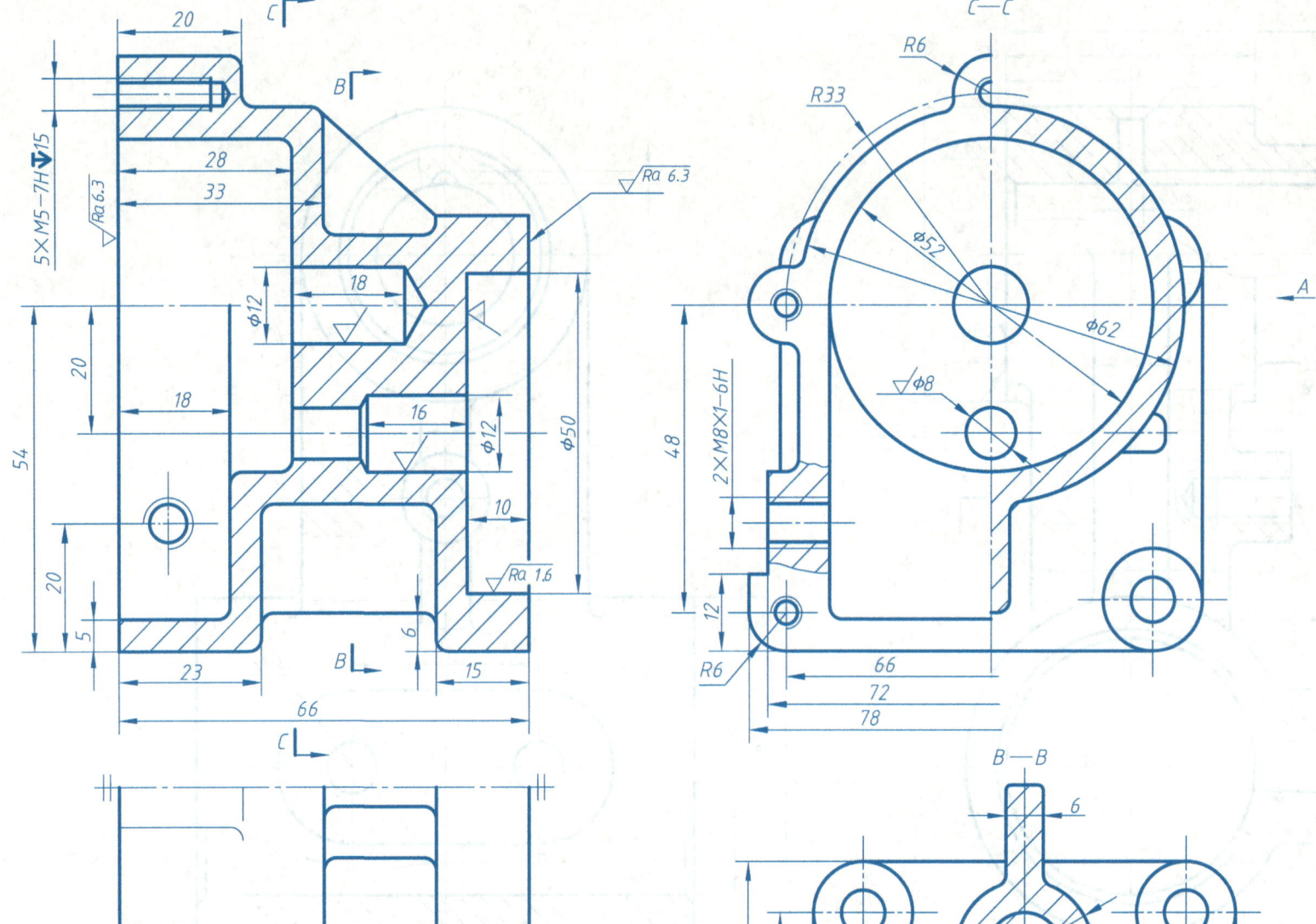

(1) 主视图采用了_____剖视图，左视图中采用了_____剖视图和_____剖视图，俯视图采用_____简化画法。

(2) 表面结构要求精度最高的是_____表面，Ra 值是_____。

(3) 在图上注明长、宽、高三个方向尺寸的主要基准。

(4) 试画出零件右端面 D 向局部视图。

9-3 零件图绘图训练

| 班级 | 姓名 | 学号 |

绘图技能训练——绘制零件图

一、作业内容

根据给定零件的轴测图，进行形体分析，确定表达方案后，先徒手画出零件草图，然后由草图整理成零件工作图。

二、作业目的及要求

1. 目的：了解零件图的内容、要求及在生产中的作用，学习零件的测绘方法；掌握徒手画草图、画工作图的方法和步骤。

2. 要求：在对所画零件的功用和结构理解的基础上，能采用恰当的一组图形（视图、剖视图、断面图等）来完整、准确、清晰地表达该零件，遵守表达规则。正确、完整、清晰、合理地标注尺寸，正确标注零件的典型工艺结构尺寸（倒角、退刀槽等）、表面结构要求以及几何公差。

三、图幅、比例和图名

1. 图幅：左泵缸 A2 图纸；其他 A3 图纸。

2. 比例：1∶1。

3. 图名：根据所选零件而定。

四、作图步骤及注意事项

1. 根据不同种类零件的结构特点，选择主视图，再确定视图数量及表达方法。

2. 根据选定的表达方案，徒手画零件草图，再根据轴测图中给定的尺寸，将零件各部分尺寸填入图中，写出技术要求，最后检查并做修改或补充。

3. 选择合适的图纸幅面，画好图框、标题栏，然后布图，把草图整理成零件图。

9-3　零件图绘制训练（续）

1. 轴。

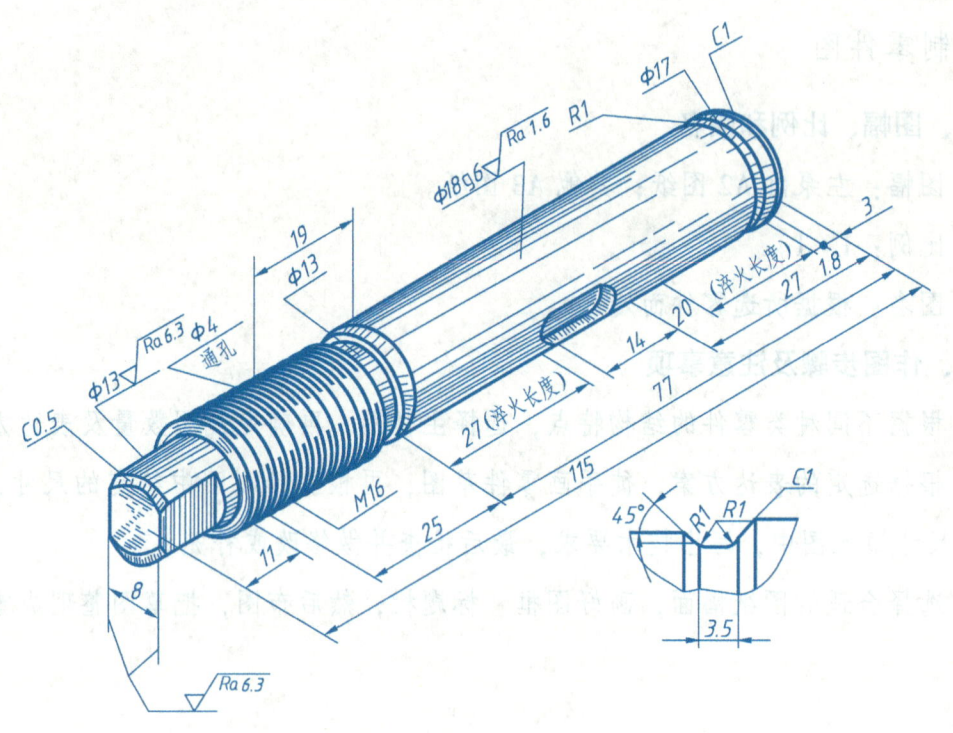

说明
1) 键槽宽 6N6，深 3.5mm，两侧面表面粗糙度 $\sqrt{Ra\,6.3}$。
2) 淬火部位 45~50HRC。

名称　轴
材料　45

2. 端盖。

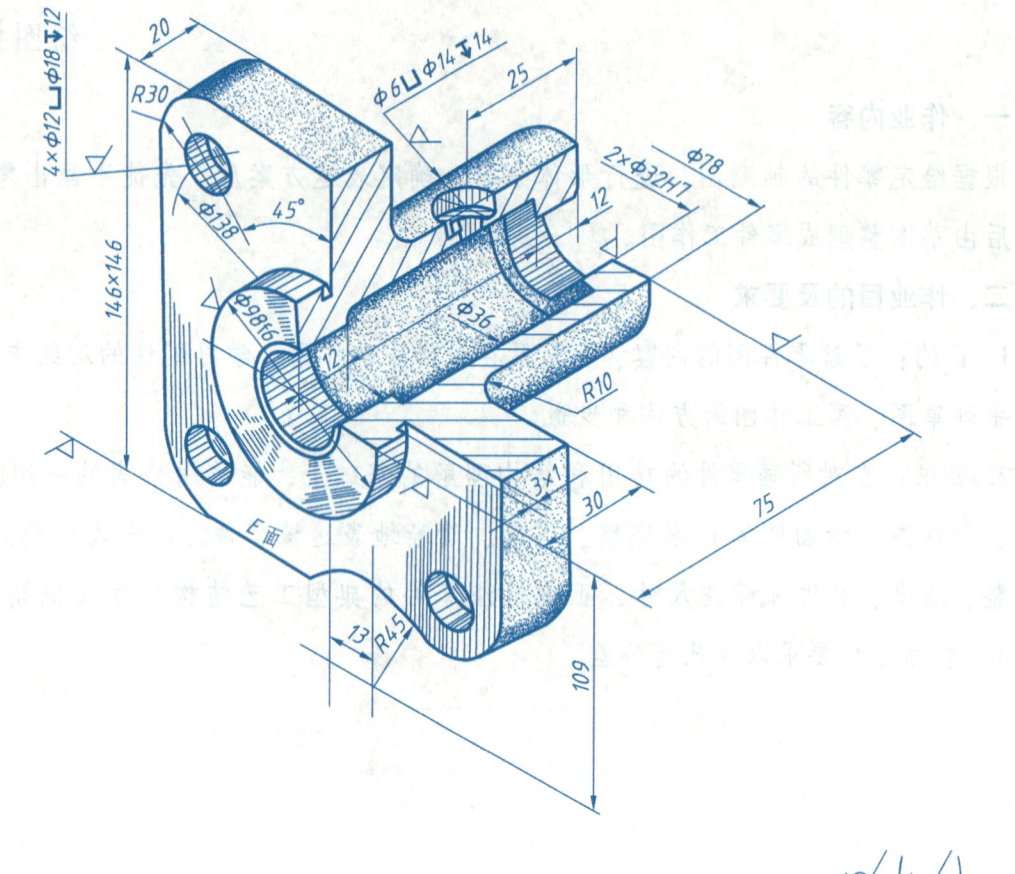

说明
1) φ98f6 的轴线与公共基准 2×φ32H7 轴线的同轴度公差值不超过 φ0.02mm。
2) E 面与基准 φ32H7 的轴线的垂直度公差值不超过 0.05mm。
3) 未注铸造圆角 R2~R3。
4) 孔 φ32H7 的 Ra 值为 3.2μm。
5) φ98f6 柱面 Ra 值为 3.2μm。
6) 其余孔的 Ra 值为 12.5μm。
7) 各端面的 Ra 值为 6.3μm。
8) 各倒角 Ra 值为 12.5μm。

名称　端盖
材料　HT200

9-3 零件图绘制训练（续）

3. 拨叉。

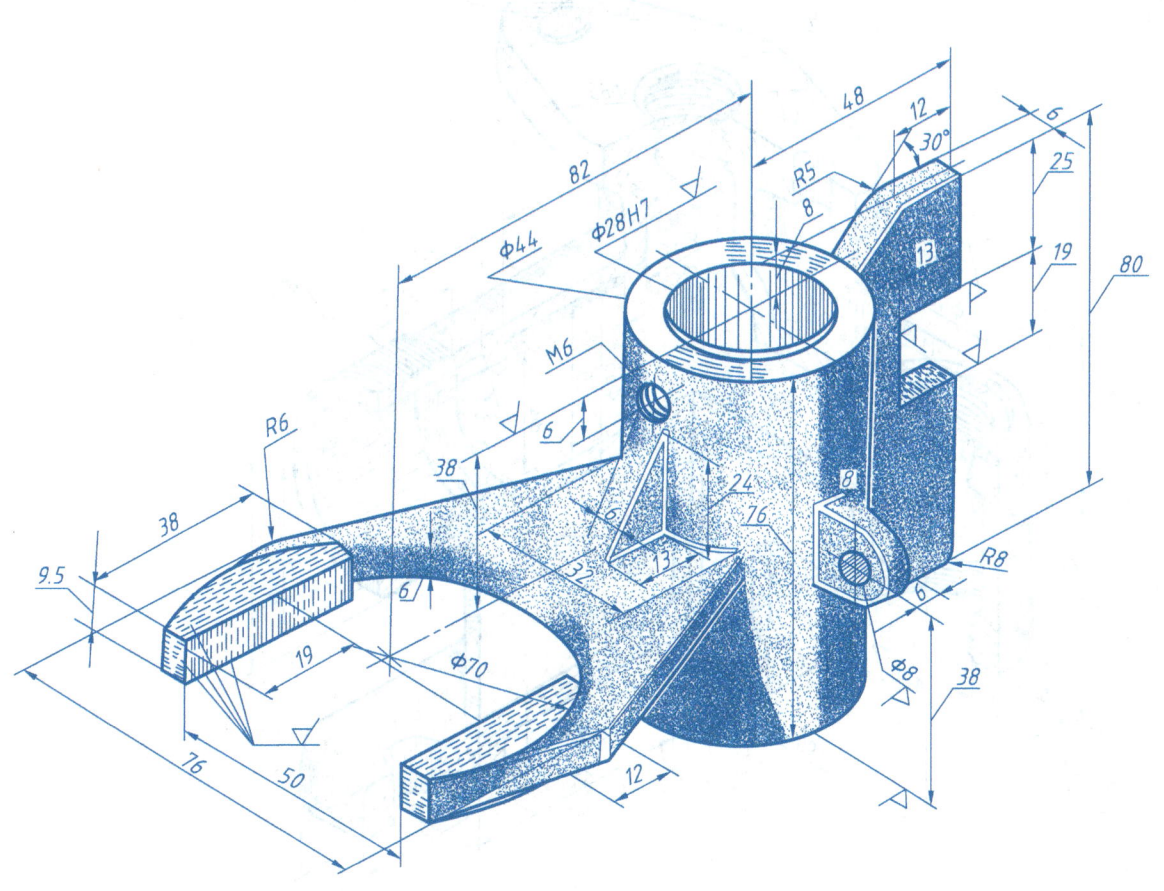

技术要求
未注铸造圆角均为 R2~R3。

说明
1) 重要孔的 Ra 值为 3.2μm。
2) 一般孔的 Ra 值为 12.5μm。
3) 各加工平面的 Ra 值为 6.3μm。
4) 其余铸造不加工面的 Ra 值为 50μm。

名称　拨叉
材料　HT200

4. 弯管。

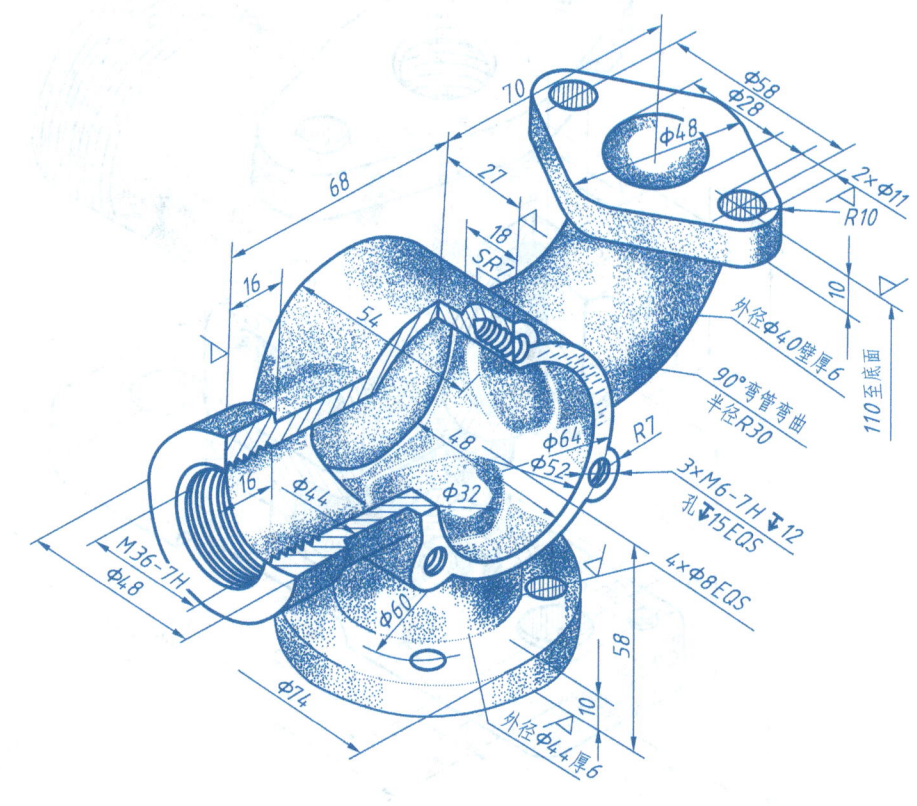

技术要求
未注圆角 R2~R3。

说明
1) 各孔的 Ra 值为 12.5μm。
2) 各端面的 Ra 值为 6.3μm。
3) 其余铸造不加工面的 Ra 值为 50μm。

名称　　弯管
材料　　HT200

9-3 零件图绘制训练（续）

5. 左泵缸。

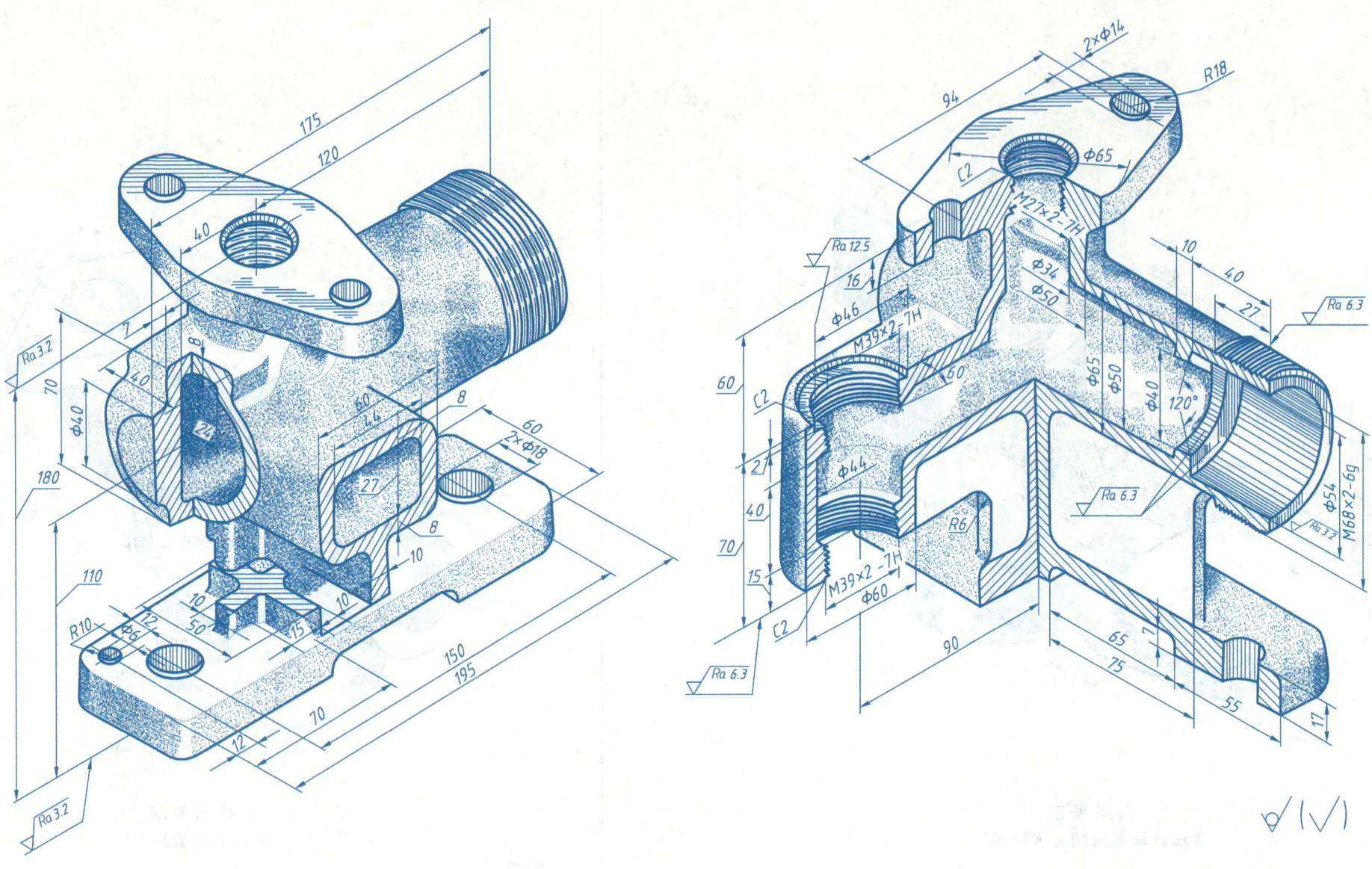

说明
1) 全部倒角 ∇Ra 12.5。
2) 2×φ18 及 2×φ14 孔 ∇Ra 12.5，φ6 孔 ∇Ra 1.6。
3) 未注铸造圆角 R3～R5。

名称　左泵缸
材料　HT200

第十章 装配图

10-1 装配图的基本知识

班级　　　　姓名　　　　学号

1. 填空。

(1) 一张完整的装配图由＿＿＿＿＿＿＿＿＿＿、＿＿＿＿＿＿＿＿＿＿、＿＿＿＿＿＿＿＿＿＿和＿＿＿＿＿＿＿＿＿＿四项内容组成。

(2) 装配图的一组视图是用恰当的表达方法表达机器或部件的＿＿＿＿＿＿＿＿＿＿、传动路线、零件间的＿＿＿＿＿＿＿＿＿＿、＿＿＿＿＿＿＿＿＿＿、连接方式及零件的主要结构形状。

(3) 绘制装配图时，相接触、相配合的两个面，必须画成＿＿＿＿＿＿＿条线；凡是非接触、非配合的两个面，不论其间隙多小，都必须画出＿＿＿＿＿＿＿条线。

(4) 定位滚动轴承的轴肩，其高度必须＿＿＿＿＿＿＿（高于/低于）轴承内圈的厚度。

(5) 装配图主视图选择时应先确定＿＿＿＿＿＿＿＿再确定＿＿＿＿＿＿＿＿。

(6) 绘制装配图还可以采用一些特殊的表达方法，分别是：＿＿＿＿＿＿＿＿、＿＿＿＿＿＿＿＿、＿＿＿＿＿＿＿＿和＿＿＿＿＿＿＿＿。

2. 判断正误（正确的打√，错误的打×）。

(1) 装配图中表示零件内外形状的工艺结构应该全部画出。（　）

(2) 装配图中螺纹紧固件及实心零件均按不剖绘制。（　）

(3) 装配图中的假想画法用来表示装配体上的不可见结构。（　）

(4) 装配图中的细小结构可以夸大画出。（　）

(5) 明细栏可以不画在装配图内，以 A4 幅面作为装配图续页单独画出。（　）

3. 下列装配结构中，合理的是＿＿＿＿＿＿＿＿＿＿。

10-2 由零件图拼画装配图绘图训练

班级　　　姓名　　　学号

绘图技能训练（一）——绘制千斤顶装配图

一、作业内容
根据千斤顶的轴测图和零件图绘制其装配图。

二、作业目的及要求
1. 目的：熟悉装配图视图选择、尺寸标注、零件序号编写及其他各项要求；掌握绘制装配图的方法、步骤和绘图技巧；进一步提高阅读零件图的能力。
2. 要求：看懂装配示意图和零件图，了解装配体的装配关系、工作原理和基本结构；选择合适的表达方案，完成装配图。

三、图幅、比例和图名
1. 图纸幅面：A3图纸竖放。
2. 比例：1∶1。
3. 图名：千斤顶。

四、绘图步骤及注意事项
1. 绘图前需根据千斤顶的结构特点确定表达方案，包括主视图的选择、视图数量的确定以及合适的表达方法。
2. 先画出各视图的主要基准线，再画出起定位作用的基准件，确定主要装配干线，然后沿装配干线依次画出每一个零件。
3. 对于标准件，需查表确定其尺寸，按规定画法画出。
4. 注意零件间的相互位置、尺寸关系和遮挡关系，注意接触面与非接触面的画法，注意相邻零件剖面线的区分。
5. 装配图中只需标注外形尺寸、规格尺寸、装配尺寸、安装尺寸和其他重要尺寸。
6. 编写零部件序号要整齐有序且方向一致。
7. 编写技术要求，填写明细栏、标题栏。

五、千斤顶工作原理
千斤顶利用螺旋传动来顶举重物，是机械维修安装中常用的一种起重工具。工作时，绞杠穿在螺杆顶部的孔中，转动绞杠，螺杆通过螺旋传动实现上、下移动，从而顶起重物。

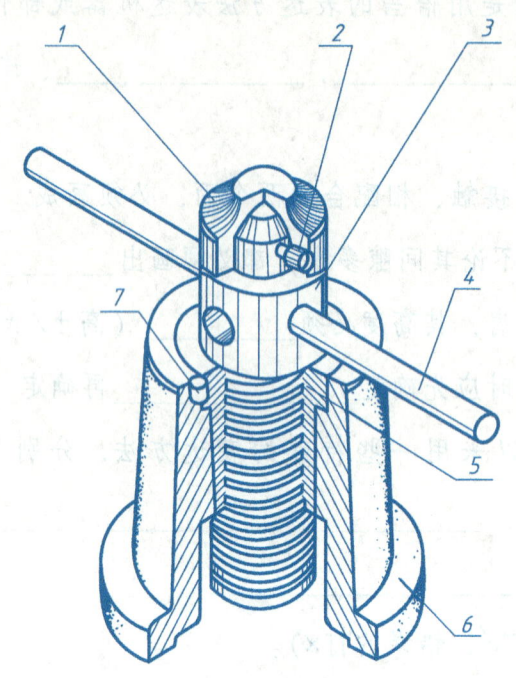

序号	名称	数量	材料	备注
1	顶垫	1	Q275	
2	螺钉 M10×12	1	Q235	GB/T 75—1985
3	螺杆	1	Q275	
4	绞杠	1	Q215	
5	螺套	1	QAl9-4	
6	底座	1	HT200	
7	螺钉 M8×12	1	Q235	GB/T 73—2017

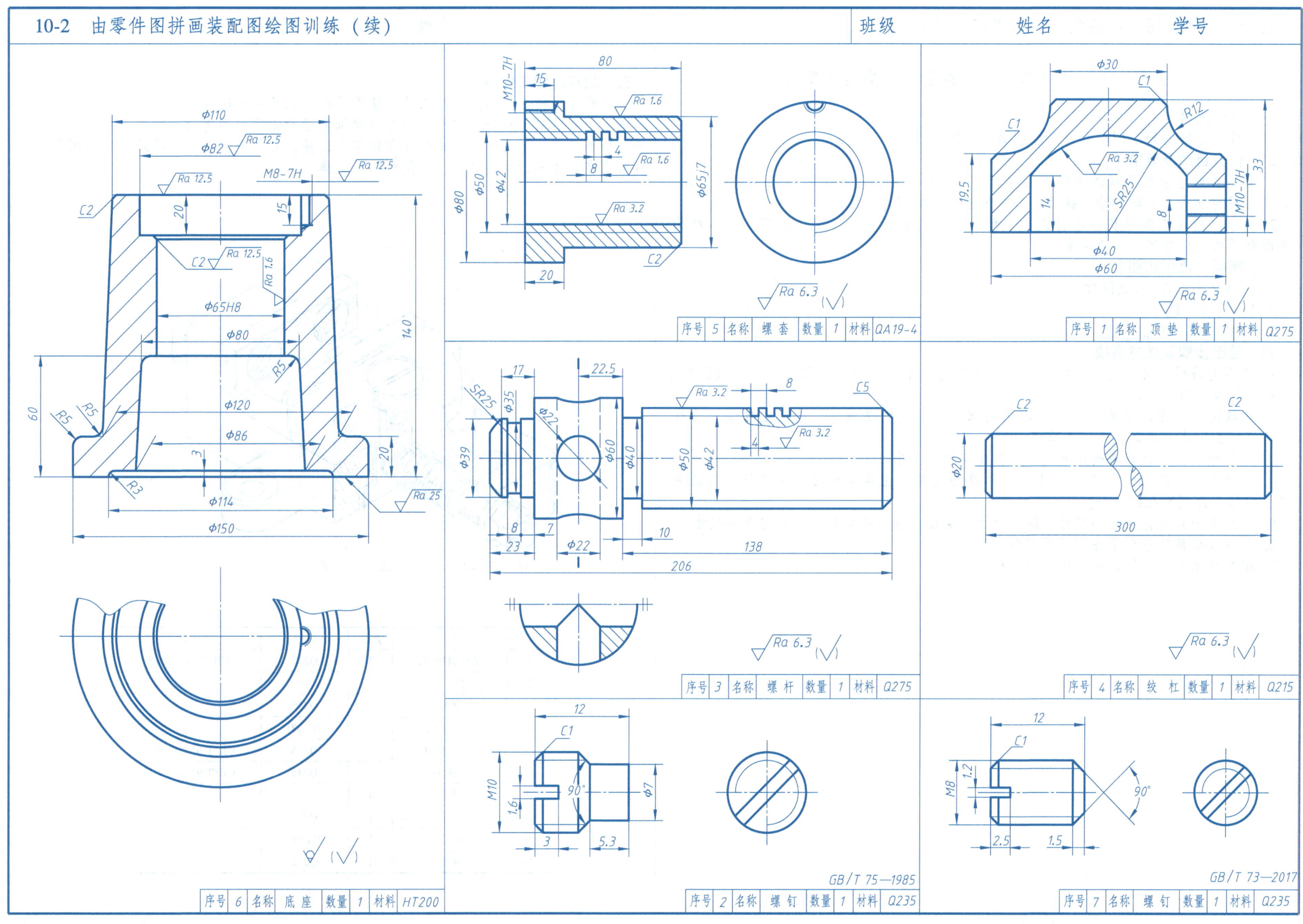

10-2 由零件图拼画装配图绘图训练（续）

班级　　　姓名　　　学号

绘图技能训练（二）——绘制机用虎钳装配图

一、作业内容

根据机用虎钳的轴测图和零件图绘制其装配图。

二、作业目的及要求

1. 目的：熟悉装配图视图选择、尺寸标注、零件序号编写及其他各项要求；掌握绘制装配图的方法、步骤和绘图技巧；进一步提高阅读零件图的能力。
2. 要求：看懂装配结构和零件图，了解装配体的装配关系、工作原理和基本结构；选择合适的表达方案，完成装配图。

三、图幅、比例和图名

1. 图纸幅面：A3图纸横放。
2. 比例：1∶1。
3. 图名：机用虎钳。

四、绘图步骤及注意事项

1. 绘图前需根据机用虎钳的结构特点确定表达方案，包括主视图的选择、视图数量的确定以及合适的表达方法。
2. 先画出各视图的主要基准线，再画出起定位作用的基准件，确定主要装配干线，然后沿装配干线依次画出每一个零件。
3. 对于标准件，需查表确定其尺寸，按规定画法画出。
4. 注意零件间的相互位置、尺寸关系和遮挡关系，注意接触面与非接触面的画法，注意相邻零件剖面线的区分。
5. 装配图中只需标注外形尺寸、规格尺寸、装配尺寸、安装尺寸和其他重要尺寸。
6. 编写零部件序号要整齐有序且方向一致。
7. 编写技术要求，填写明细栏、标题栏。

五、机床虎钳工作原理

机用虎钳是机床上用来夹持工件以便于进行加工的一种部件。

当用扳手转动螺杆时，螺杆带动方块螺母使活动钳块沿固定钳座作直线运动，从而夹紧或松开工件。活动钳块由螺钉和方块螺母连接，可防止其脱落。两块护口板用沉头螺钉紧固在钳座和活动钳块上，以便磨损后更换。

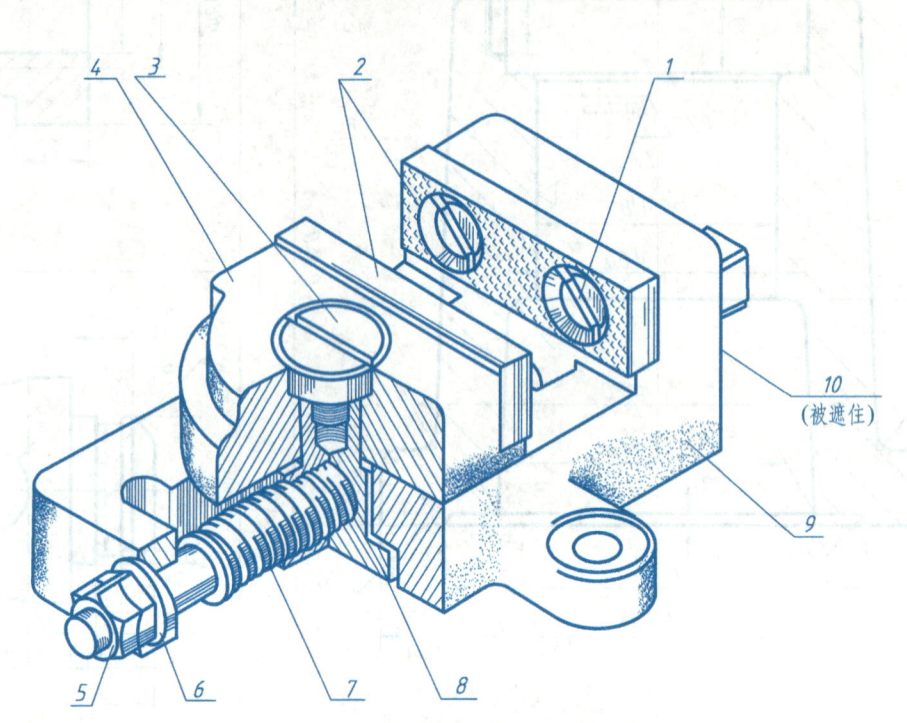

序号	名称	数量	材料	备注
1	螺钉 M10×12	4	Q235	GB/T 68—2016
2	护口板	2	45	
3	螺钉	1	Q235	
4	活动钳块	1	HT200	
5	螺母 M10	2	Q235	GB/T 6170—2015
6	垫圈 10	1	Q235	GB/T 97.1—2002
7	螺杆	1	45	
8	方块螺母	1	Q275	
9	钳座	1	HT200	
10	垫圈	1	Q275	

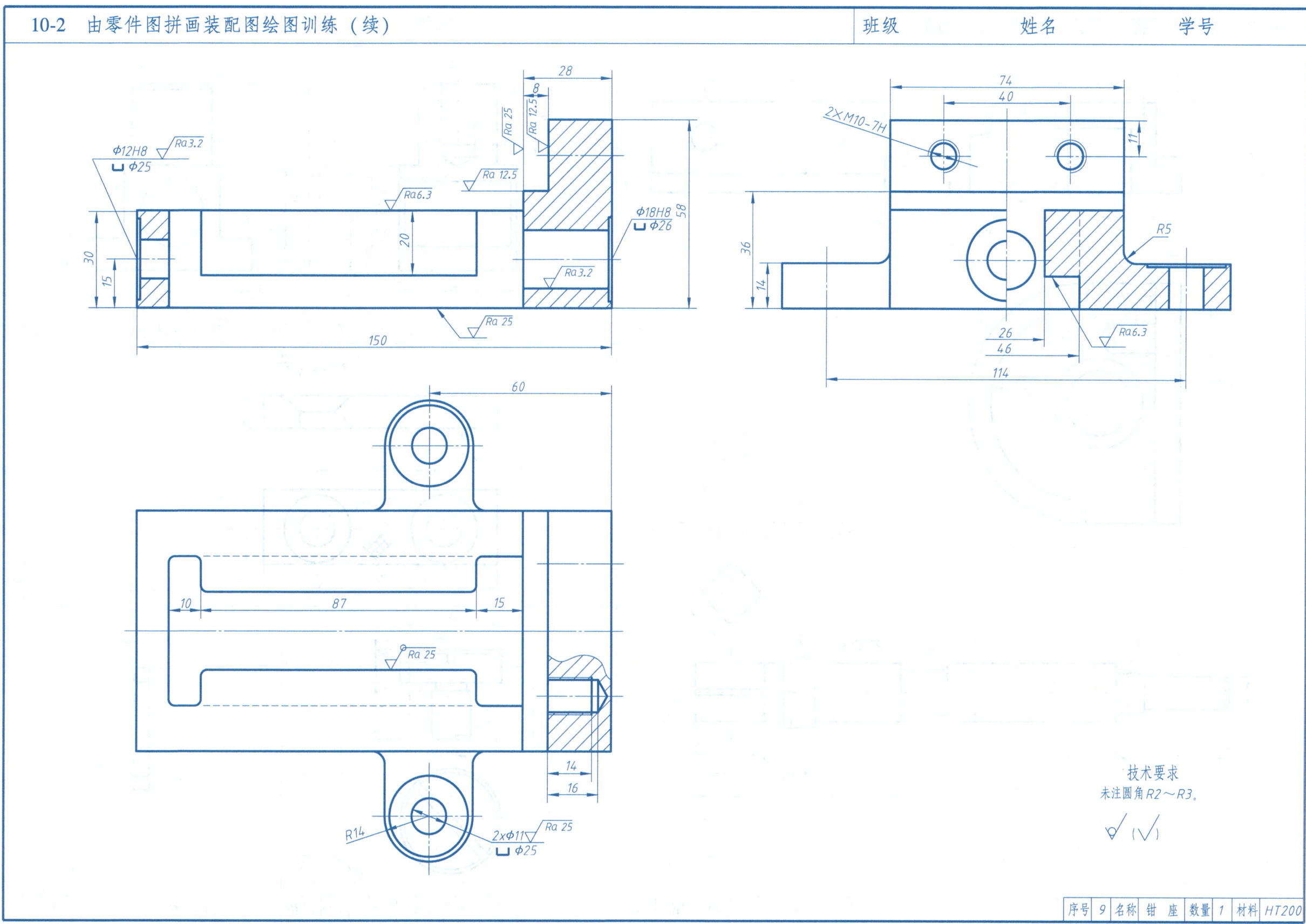

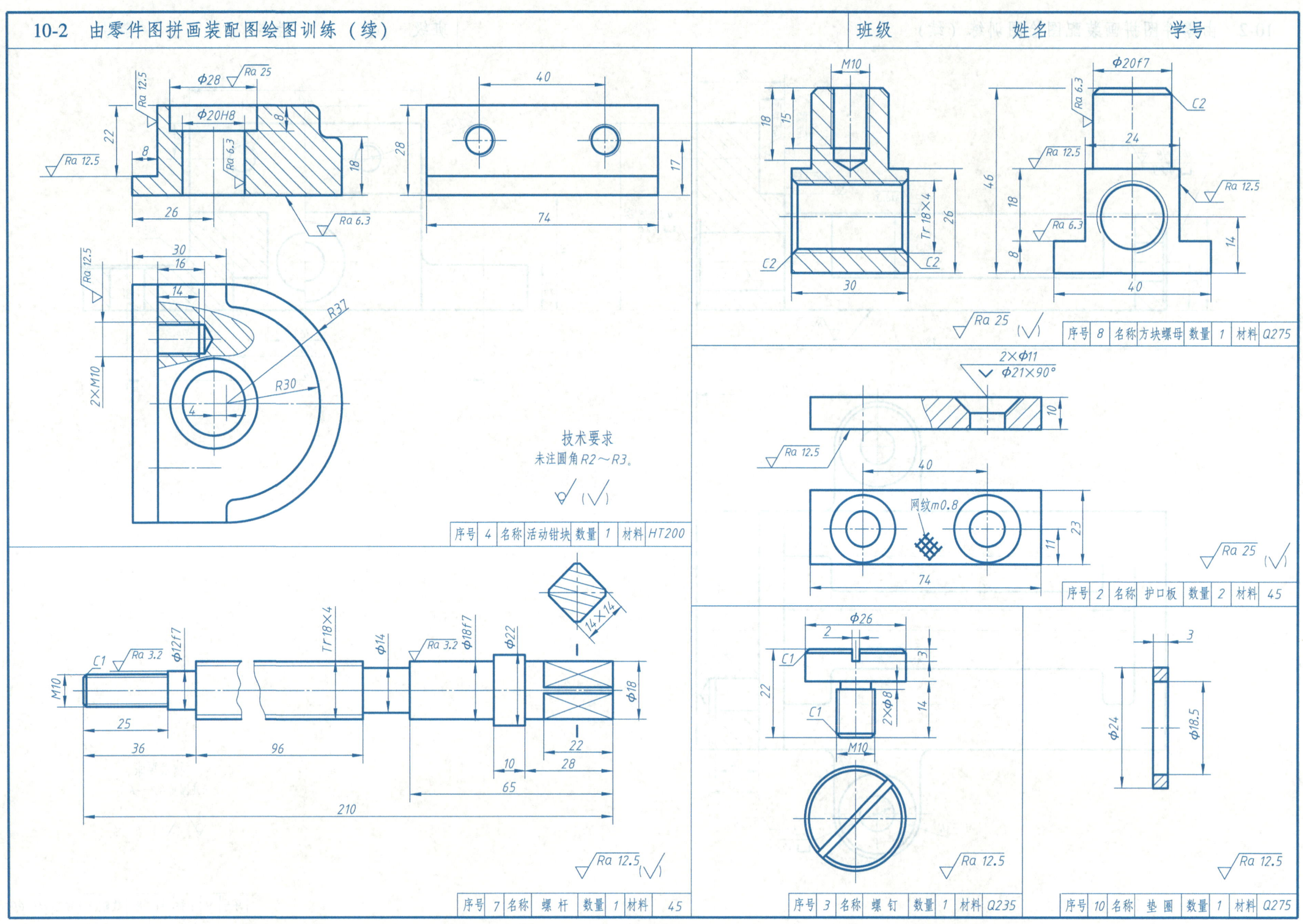

10-2 由零件图拼画装配图绘图训练（续）

班级　　　姓名　　　学号

绘图技能训练（三）——绘制减速器装配图

一、作业内容

根据减速器的装配示意图和零件图绘制其装配图。

二、作业目的及要求

1. 目的：熟悉装配图视图选择、尺寸标注、零件序号编写及其他各项要求；掌握绘制装配图的方法、步骤和绘图技巧；进一步提高阅读零件图的能力。
2. 要求：看懂装配示意图和零件图，了解装配体的装配关系、工作原理和基本结构；选择合适的表达方案，完成装配图。

三、图幅、比例和图名

1. 图纸幅面：A1图纸横放。
2. 比例：1∶1。
3. 图名：减速器。

四、绘图步骤及注意事项

1. 根据名称和装配示意图，对装配体的功能进行初步分析，将其与零件图的相应序号对应，区分一般零件和标准件，分析装配体的复杂程度。
2. 依据示意图详读零件图，进而分析装配顺序、零件间的装配关系、连接方法，弄清传动路线和工作原理，进而确定表达方案。
3. 合理布图，画各视图的基准线。
4. 画图顺序。一般从装配干线入手，由内向外逐个画出各零件的投影（也可酌情由外向里绘制），注意相邻零件剖面线的画法。

五、减速器的工作原理

减速器是安装在原动机与工作机之间的传动装置，工作时，动力从主动齿轮轴32输入，由从动轴25输出，用以降低转速、提高转矩。

减速器采用剖分式，分成箱体1和箱盖8。从动轴25上装有两个滚动轴承33，起着支撑和固定轴的作用，轴肩和套筒20顶住内圈，端盖35、调整环34压住外圈，以防止轴向移动，同时利用调整环来调整端盖与外圈之间的间隙，以防止温度升降时引起轴的伸缩而影响正常运转。主动齿轮轴32的装配结构与此相似。

齿轮采用油池浸油润滑，齿轮传动时溅起的油液使齿轮得到润滑。打开盖10可观察齿轮啮合情况，也可把油液注入箱体。需换油时，拧开箱体下部的螺塞18放出污油。盖上装有通气塞11，用来防止减速器工作时油温升高造成的箱内外压力不平衡。如果箱内压力增高，会使密封性能降低，导致出现漏油现象。

减速器采用毡圈24密封，主动齿轮轴上还装有挡油环29，以防止啮合区的润滑油溅入滚动轴承28稀释润滑脂。

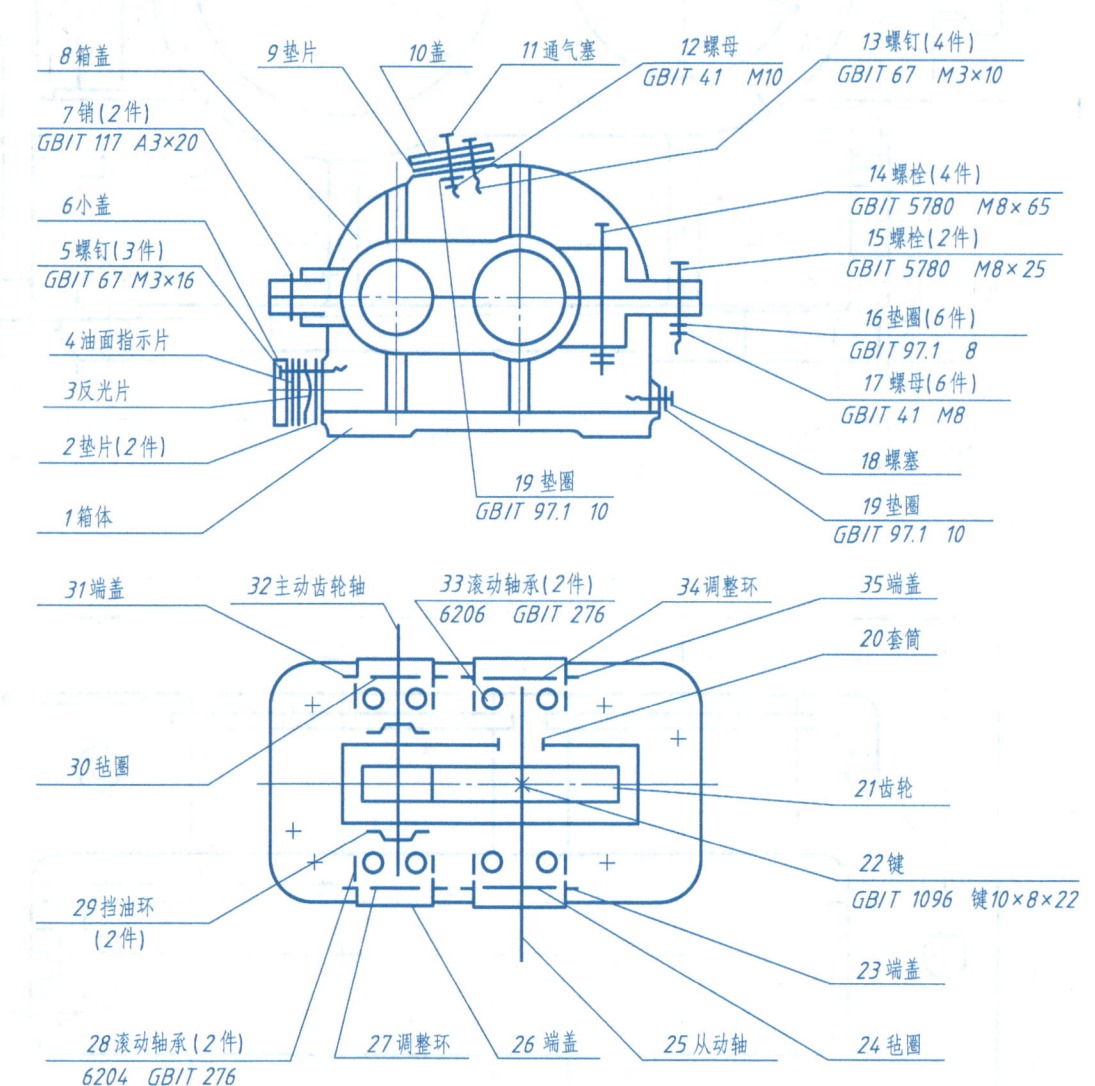

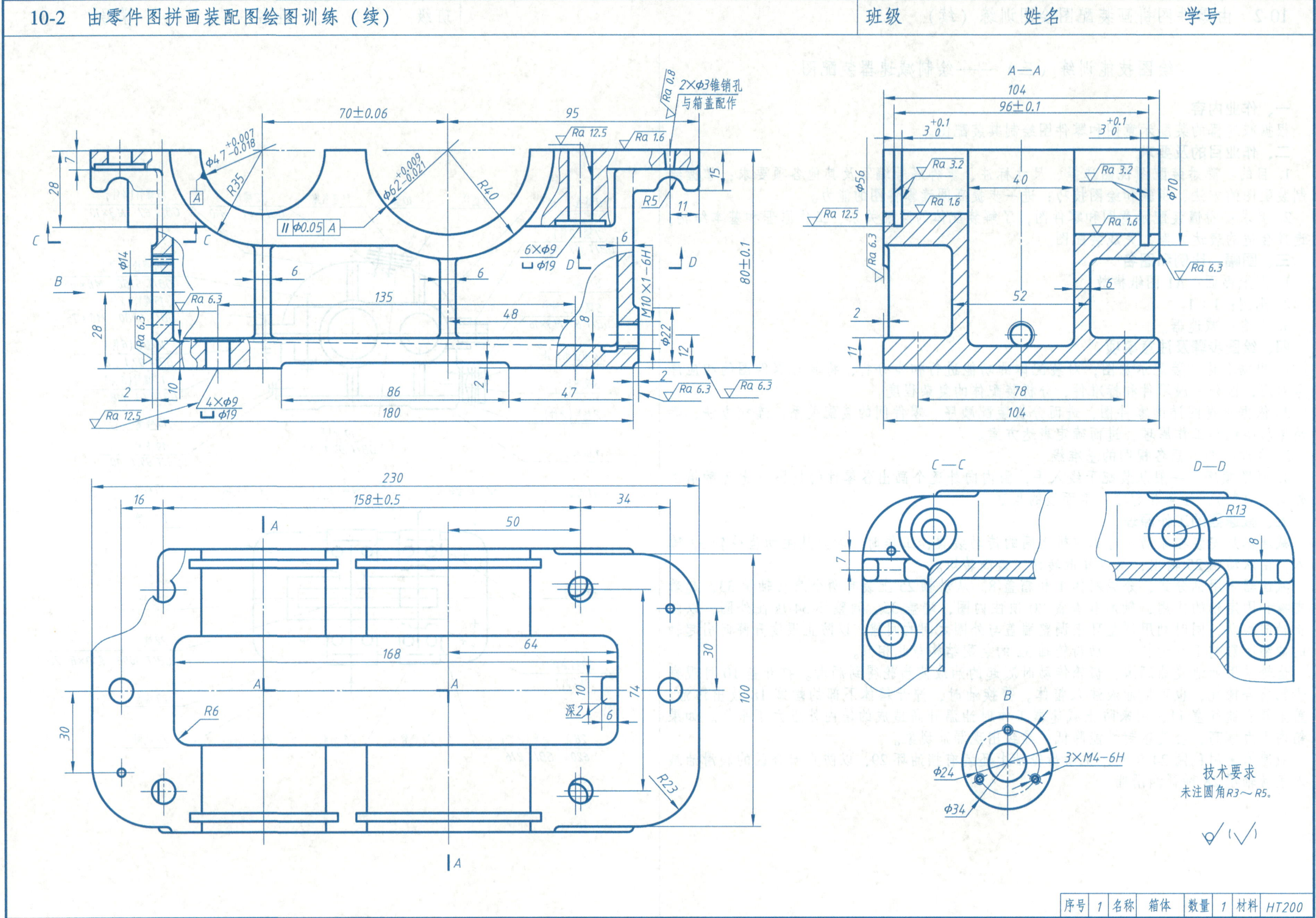

10-2 由零件图拼画装配图绘图训练（续）

班级　　　姓名　　　学号

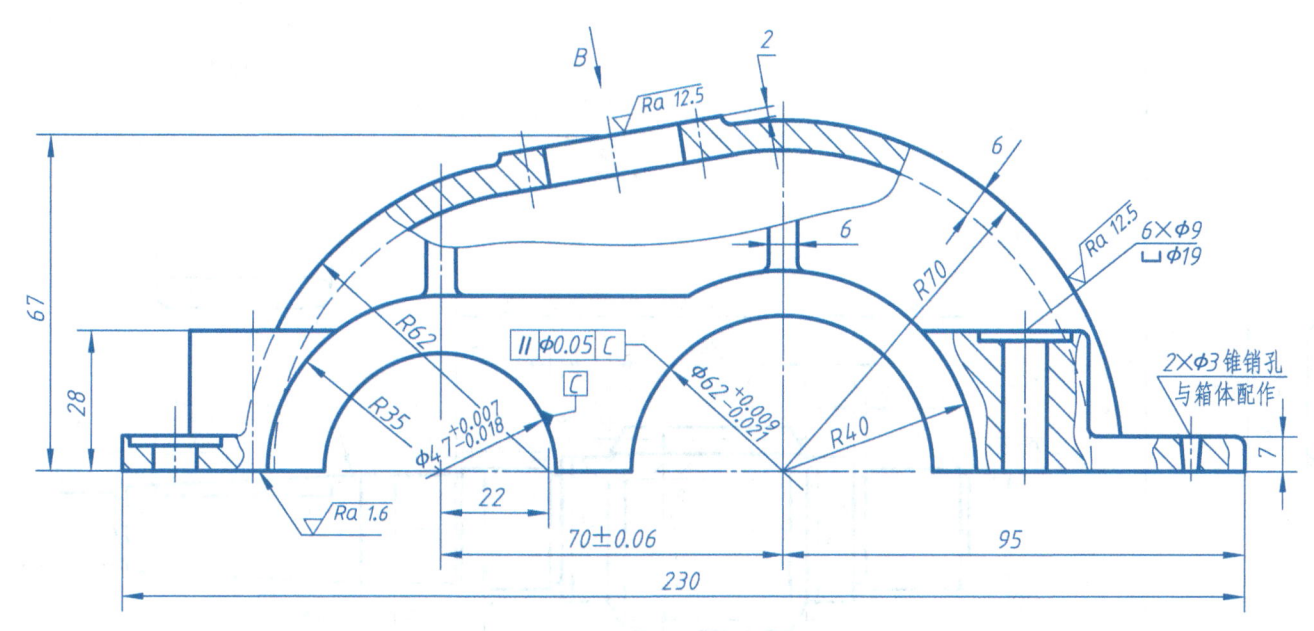
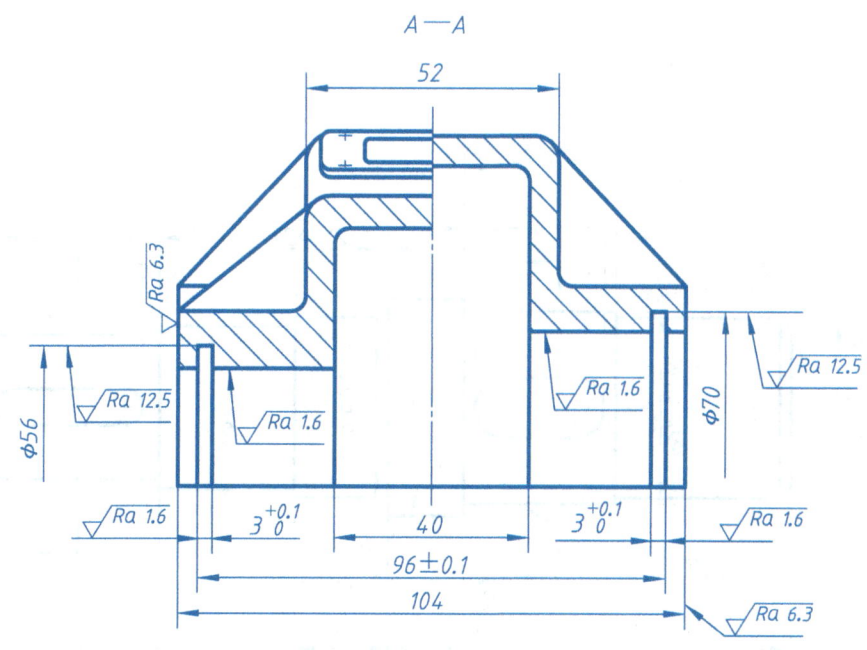
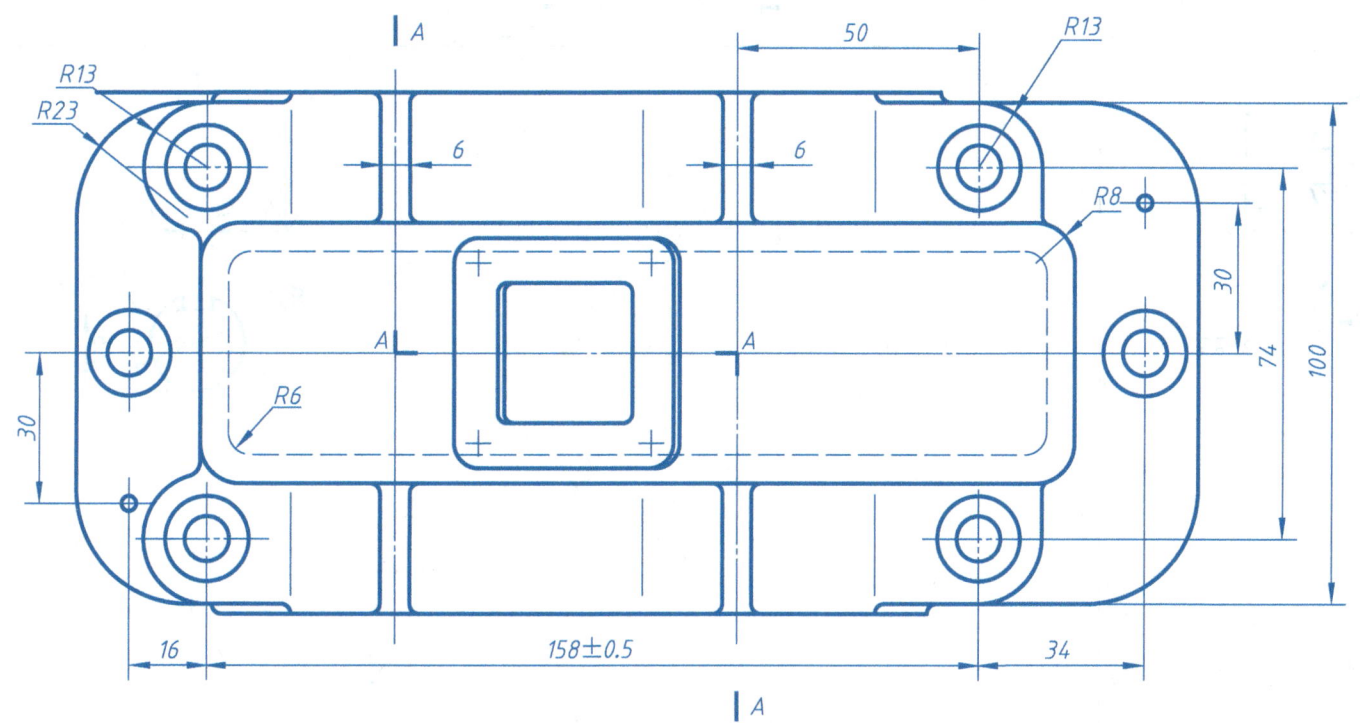
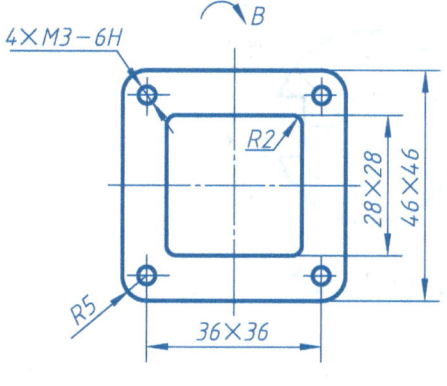

技术要求
未注圆角R3～R5。

| 序号 | 8 | 名称 | 箱盖 | 数量 | 1 | 材料 | HT200 |

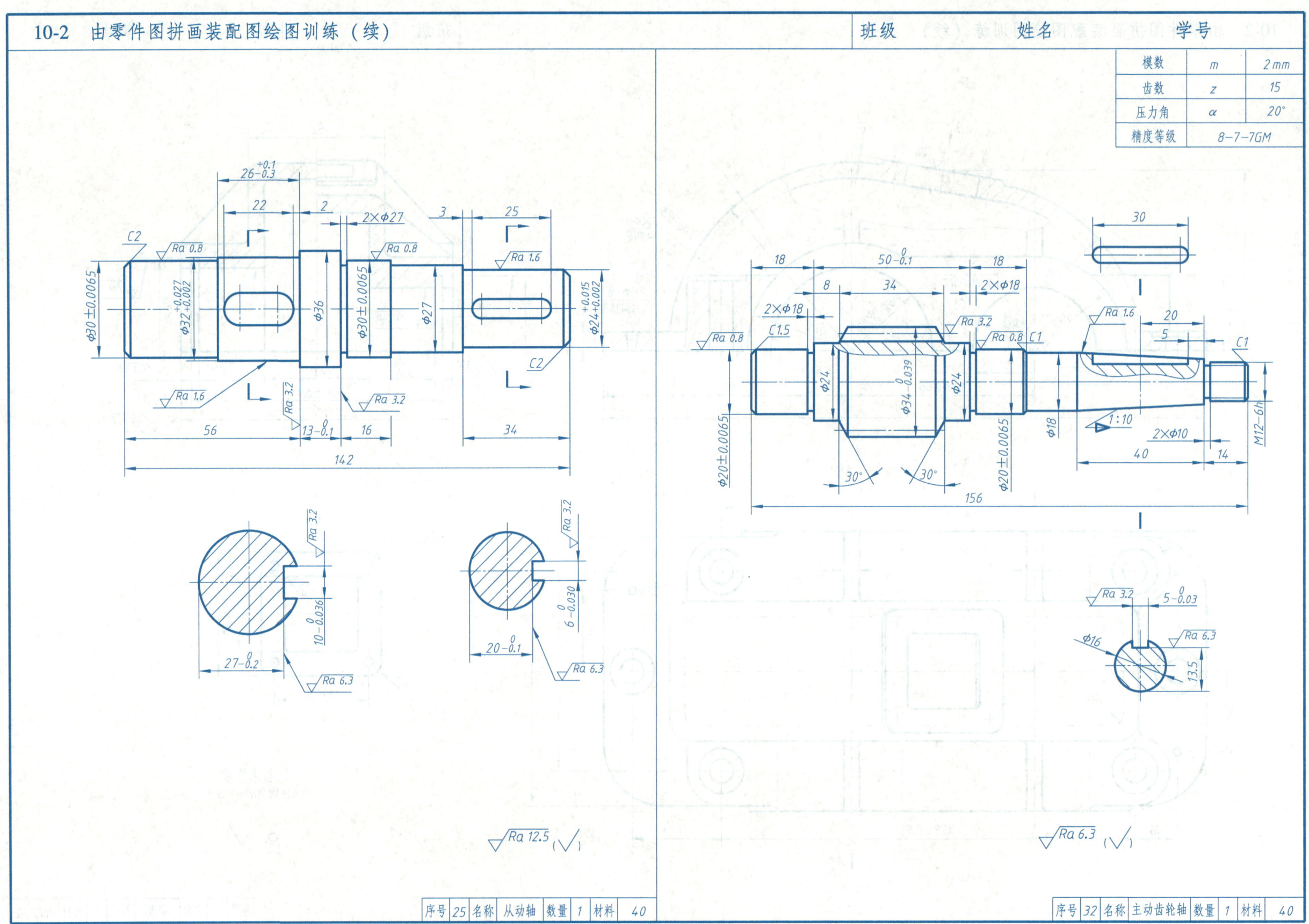

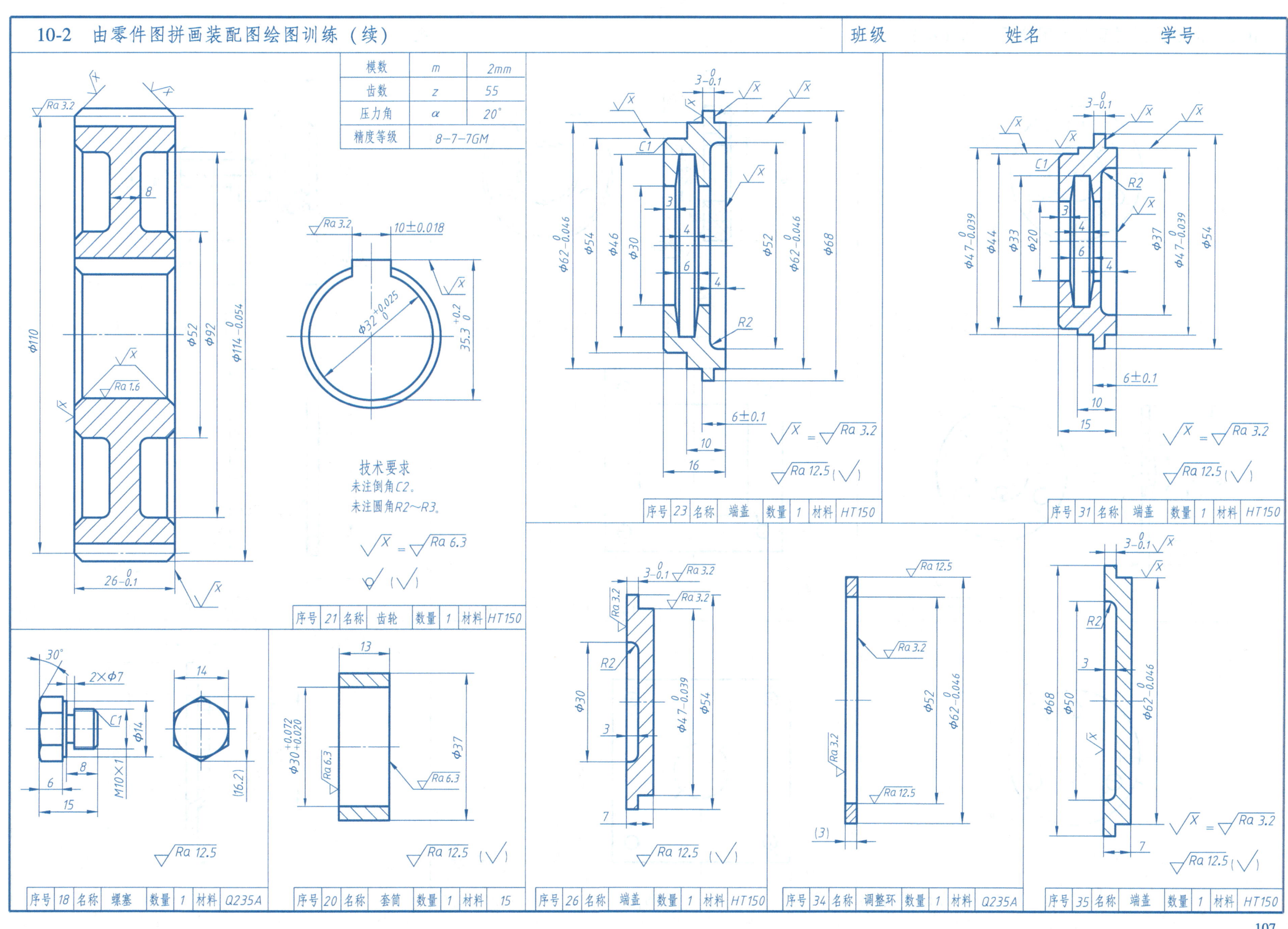

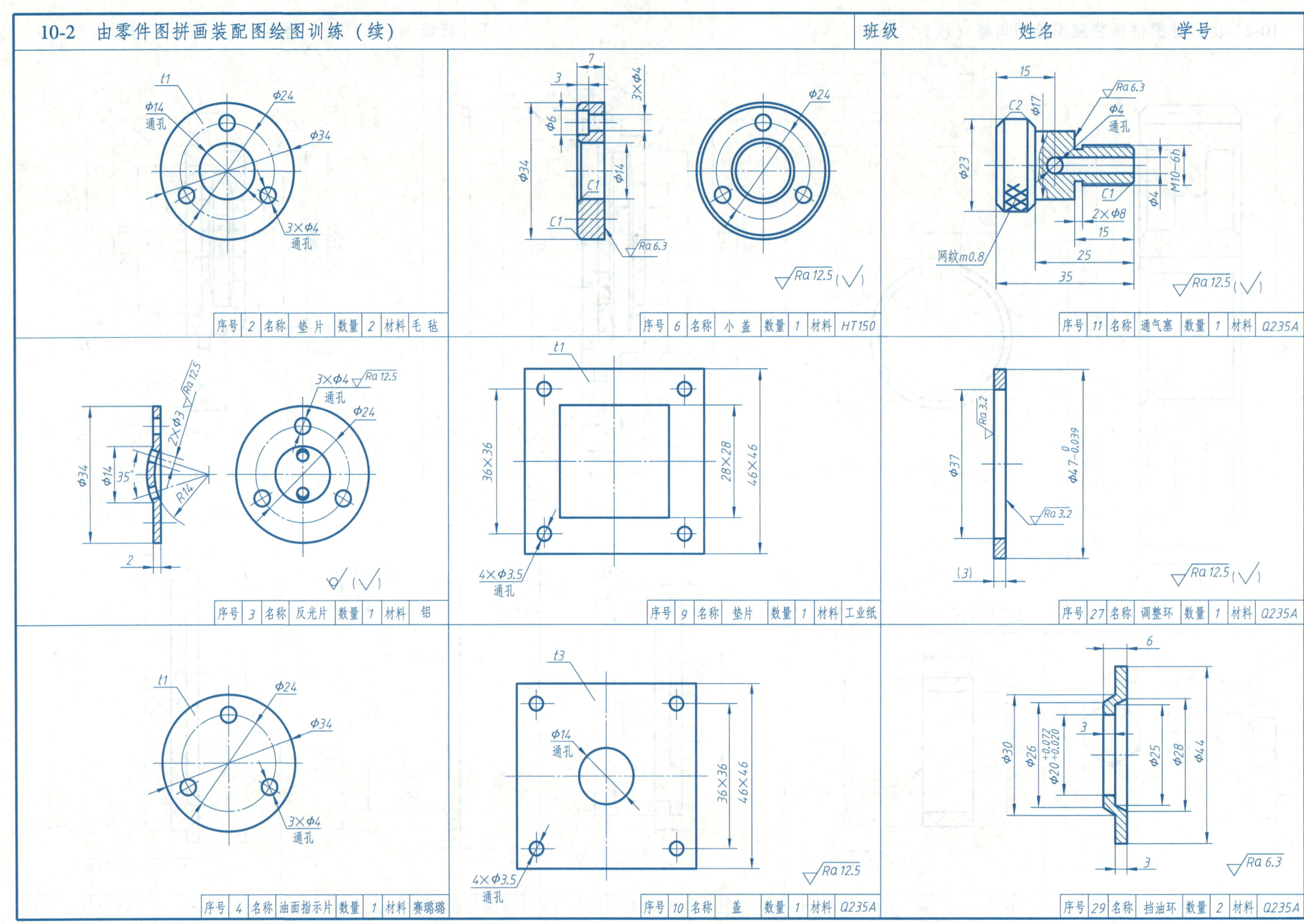

10-3 读装配图

1. 读懂柱塞泵装配图,并回答问题。

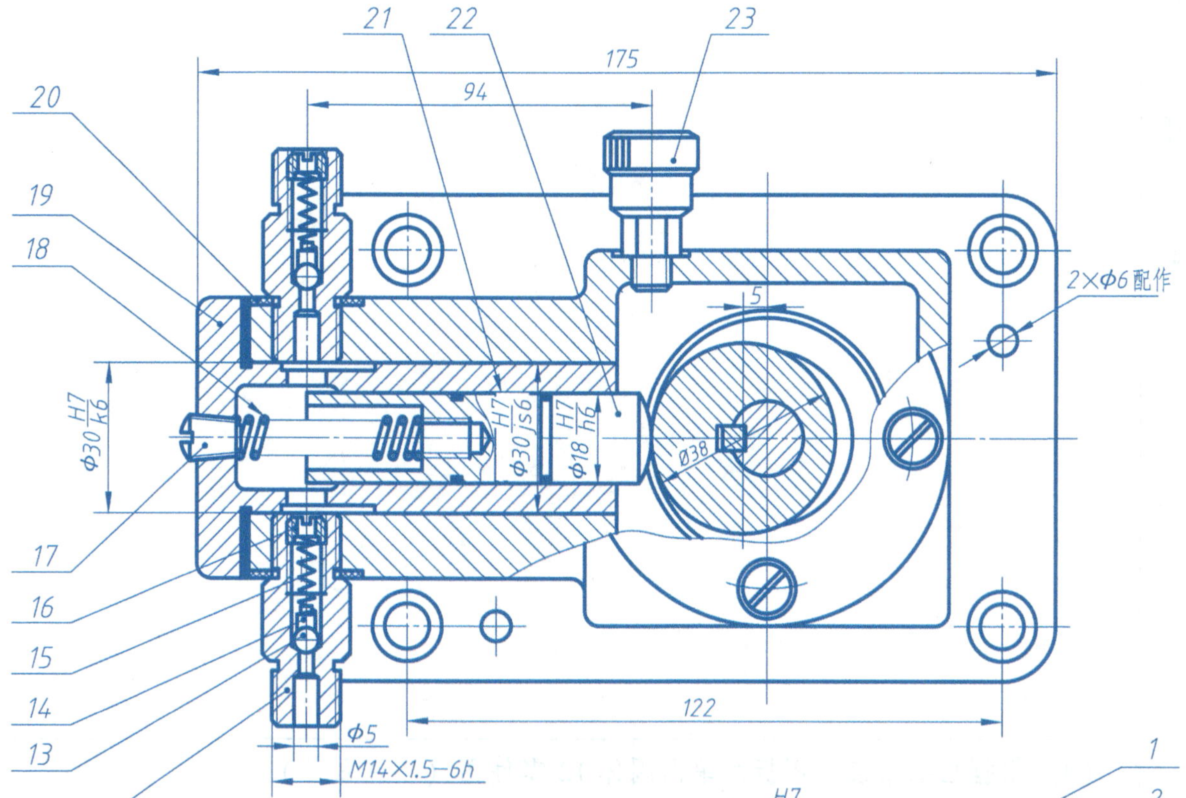

工作原理
柱塞泵是一种利用柱塞的循环往复运动,通过不断吸入和压出油液,来实现油液输送的装置。

柱塞泵的外界动力由轴1输入,带动偏心凸轮5转动,柱塞22靠弹簧18保持和凸轮接触,图中柱塞位于最左极限位置,从此位置开始旋转180°,柱塞运动到最右极限位置,此时泵腔内容积增大,压力减小,油液在大气压力作用下,顶开左下方单向阀体12中的钢球13进入泵腔。当凸轮再旋转180°时,柱塞向左运动,泵腔容积逐渐减小,压力增大,高压油液顶开左上方的单向阀,达到使用部位。

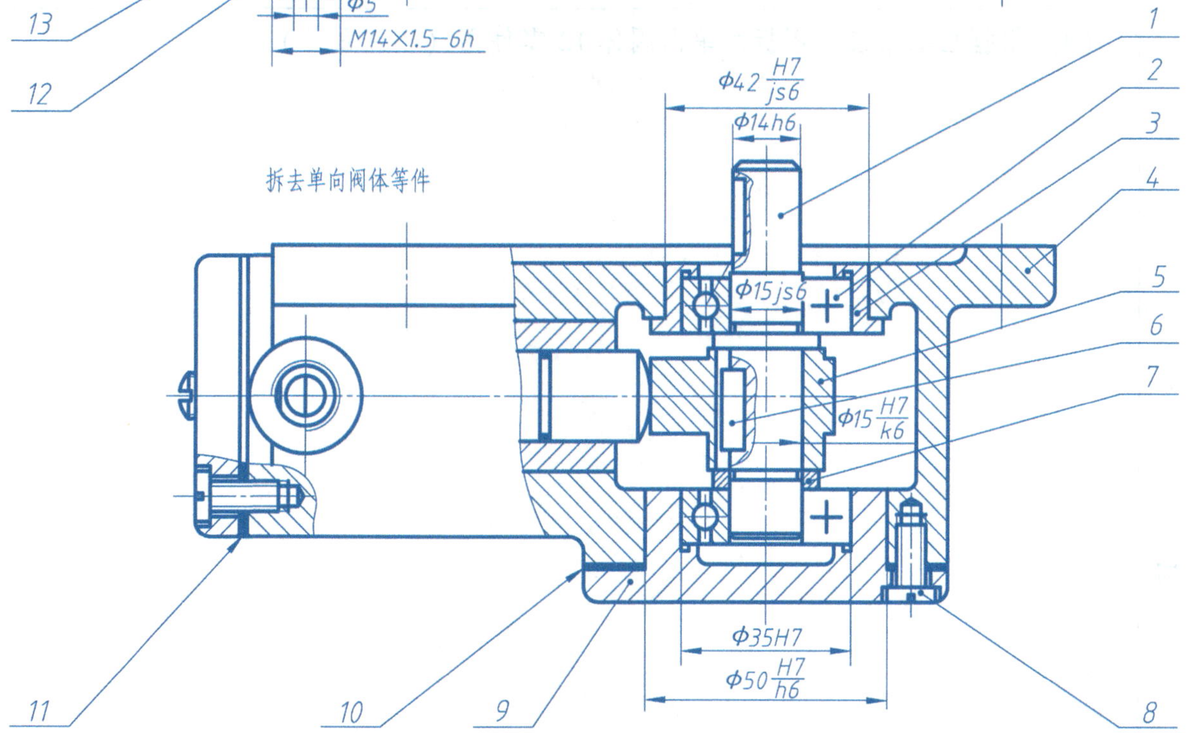

技术要求
部件在0.5MPa下进行试验,需能在喷油嘴喷出雾状油液,方可使用。

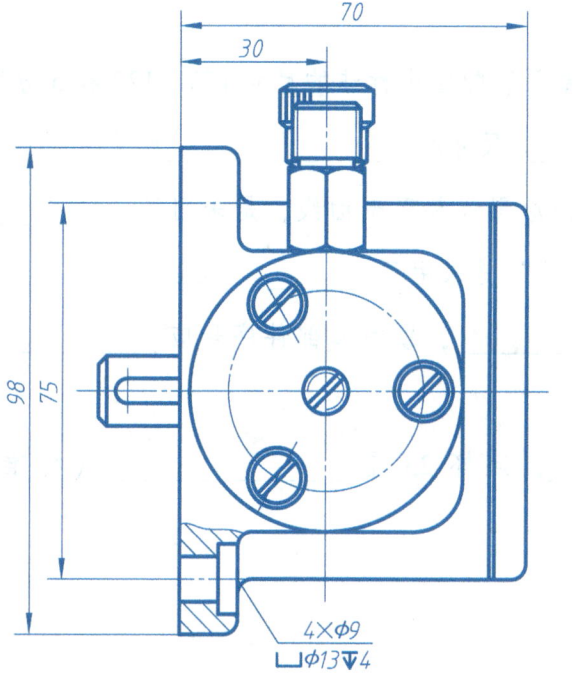

序号	名称	件数	材料	备注
23	油杯1.5	1		JB/T 7940.3—1995
22	柱塞	1	GCr15	
21	密封圈	3	氟氯橡胶	
20	封油圈22×14	2	工业用革	
19	泵套	1	45	
18	弹簧	1	QSi3-1	
17	螺塞Z3/8	1	Q235	
16	调节塞	2	Q235	
15	弹簧	2	QSi3-1	
14	球托	2	Q235	
13	钢球	2		GB/T 308—2013
12	单向阀体	2	45	
11	垫片	1	工业用纸	
10	垫片	1	工业用纸	
9	衬盖	1	HT200	
8	螺钉M6×16	7	Q235	GB/T 67—2008
7	调整环	1	45	
6	键5×16	1	45	GB/T 1095—2003
5	凸轮	1	GCr15	
4	泵体	1	HT200	
3	衬套	1	HT200	
2	滚动轴承6202	2		GB/T 276—2013
1	轴	1	40Cr	

柱塞泵　ZSB-01-00　比例 1:1.5

10-3 读装配图（续）

(1) 根据柱塞泵装配图填空。

1) 在柱塞泵装配图中，三个视图都采用了_____（全剖/半剖/局部剖）；其中俯视图中共有_____处。

2) 根据装配图中的尺寸种类，在柱塞泵装配图中标注的尺寸175、122和5分别属于_____尺寸、_____尺寸和_____尺寸。

3) 装配图中垫片10和垫片11将剖面涂黑代替了剖面线，是采用了_____画法。在俯视图中标记"拆去单向阀体等件"是采用了_____画法。

4) 装配图中标题栏上方是_____，填写零部件序号应_____依次书写。

5) 滚动轴承2是_____，油杯23是_____（标准件/常用件）。

(2) 根据柱塞泵装配图回答问题。

1) 油杯23中的油滴入泵体内有什么作用？

2) 螺塞17有什么作用？

3) 图中配合尺寸 $\phi 30H7/k6$ 表示什么含义？

4) 当柱塞22向右移动时，为什么左下方单向阀体中钢球向上顶开，而左上方单向阀中通路关闭？

(3) 根据柱塞泵装配图拆画泵套19零件图（只画出其主视图，不注尺寸）。

(4) 根据柱塞泵装配图拆画单向阀体12零件图（不注尺寸）。

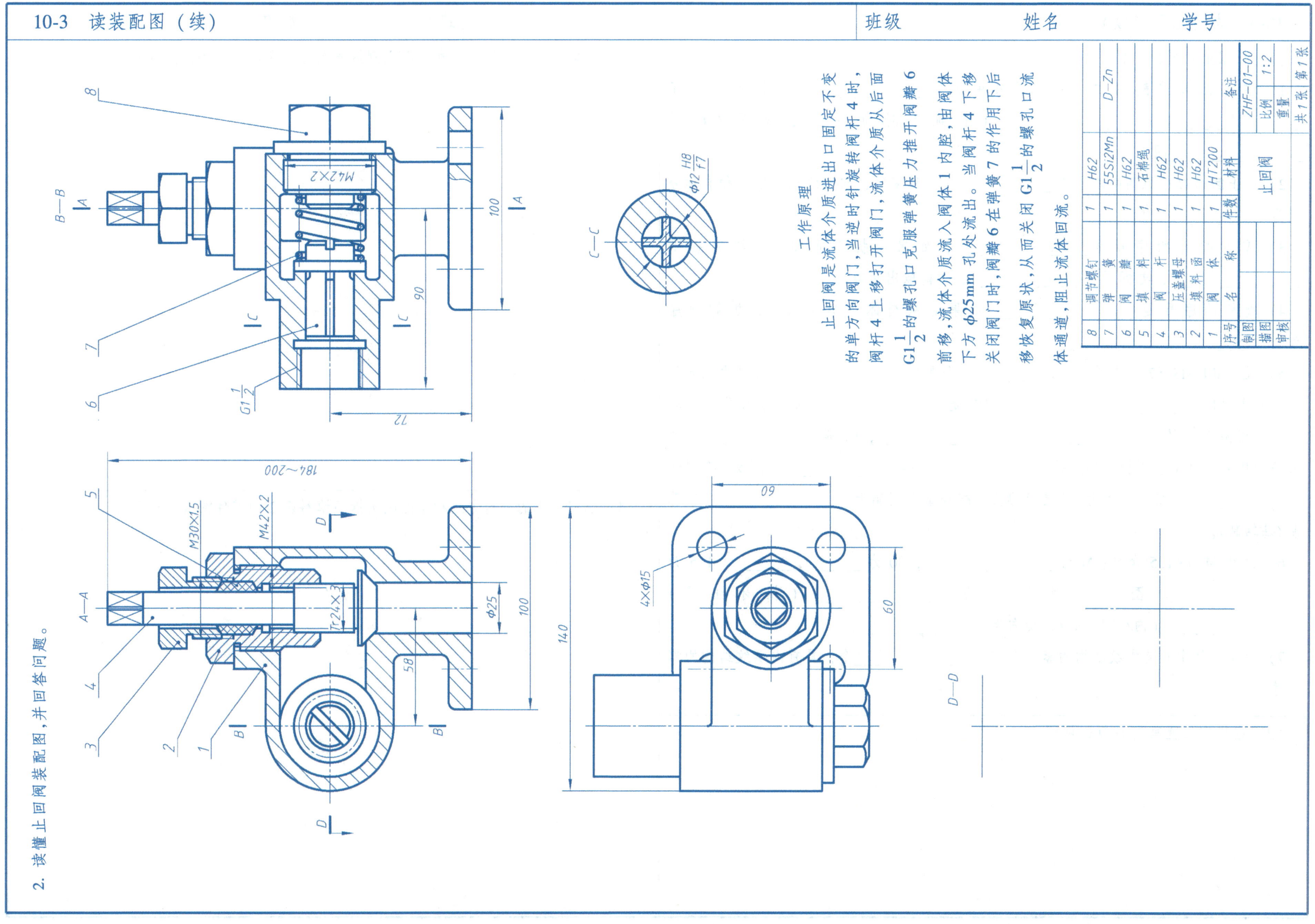

10-3 读装配图（续）

(1) 根据止回阀装配图填空。

1) 在止回阀装配图中，主视图采用了_____，左视图采用了_____和_____（全剖/半剖/局部剖）；视图 C-C 是_____图。

2) 在止回阀 C-C 视图中表达了_____种零件，它们的零件序号和名称分别为_____。

3) 零件阀瓣的序号是_____，如果要拆下阀瓣，需要先拆下_____，再拆下_____，才能取出阀瓣。

4) 阀杆的序号是_____，如果要从阀体中拆下阀杆，拆卸顺序为_____。

5) 尺寸 φ12H8/f7 是零件_____与零件_____之间的配合尺寸，其中 φ12 是_____尺寸，H8 是_____的公差带代号，其上、下极限偏差是_____和_____；f7 是_____的公差带代号，其上、下极限偏差是_____和_____，该配合属于_____配合（间隙/过盈/过渡）。配合基准制属于_____（基孔制/基轴制）。

6) 尺寸 M30×1.5 含义：M 为_____，30 为_____，1.5 为_____，图中该处螺纹为_____（粗牙/细牙）_____（内/外）螺纹，旋向为_____。

7) 该装配体中具有螺纹结构的零件共有_____个，具有内螺纹结构的零件序号：_____。

(2) 在指定位置画出 D-D 剖视图。

(3) 选取适当的表达方法和绘图比例拆画阀杆 4 零件图（不注尺寸）。

(4) 选取适当的表达方法和绘图比例拆画填料函 2 的零件图（不注尺寸）。

绘图技能训练——由装配图拆画零件图

一、作业内容

读铣床分度头尾座装配图,并由装配图拆画底座 6 零件图。

二、作业目的及要求

1. 目的:掌握读装配图的方法、步骤;进一步提高读装配图的能力。
2. 要求:视图选择正确合理,表达清晰完整;尺寸标注正确、完整、清晰、合理。

三、图幅、比例和图名

1. 图纸幅面:A3 图纸横放。
2. 比例:1:1。
3. 图名:底座。

四、拆画零件图尺寸标注注意事项

1. 装配图中已标注出的尺寸,在零件图上直接注出。对于配合尺寸,需查出偏差数值,标注在零件图上。
2. 零件上的标准结构,应从相应的标准中查出。
3. 其他尺寸可按比例从装配图上直接量取并圆整。

10-4 拆画零件图绘图训练（续）　　班级　　姓名　　学号

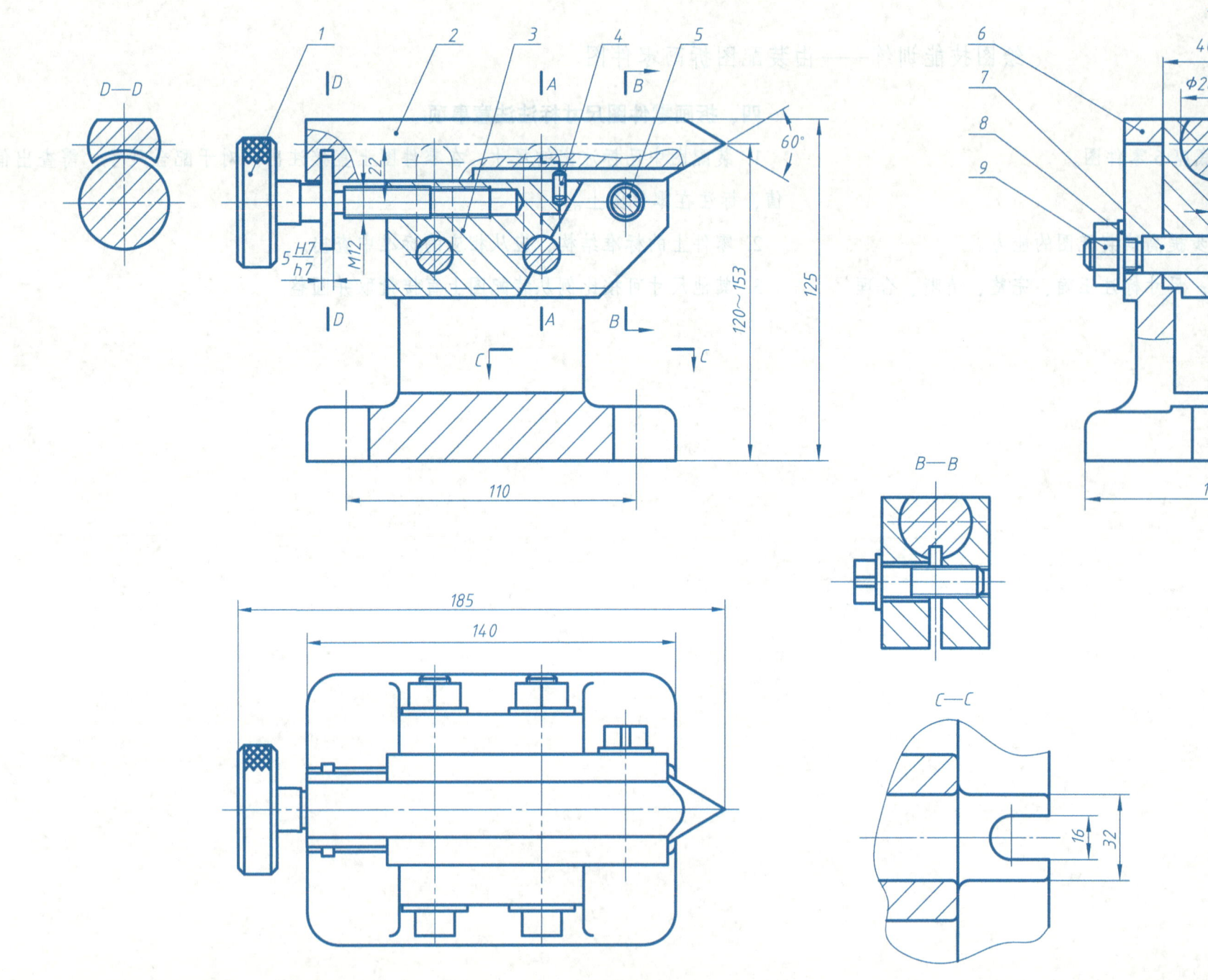

工作原理

铣床分度头尾座是铣床附件，固定在铣床工作台上，用于支承具有中心孔的工件。

需调节时，松开夹紧螺钉5，使顶尖2与座衬3松开。然后转动调节螺杆1，使顶尖在座衬槽内作轴向移动。这样就可以夹紧或拆卸工件。销4起着防止顶尖转动的作用。松开螺母9，使顶尖随座衬一起上下移动，在调整至适当位置后，拧紧螺母9，以夹紧座衬。这样就可达到调整顶尖位置的目的。

9	螺母M12	2	Q235	GB/T 41—2016
8	垫圈12	4	Q235	GB/T 97.1—2002
7	螺栓	2	45	
6	底座	1	HT200	
5	夹紧螺钉	1	15	
4	销B4×10	1	35	GB/T 117—2000
3	座衬	1	35	
2	顶尖	1	45	
1	调节螺杆	1	15	
序号	名称	件数	材料	备注

制图　　　　　　　　　FDT-01-00
描图　　铣床　　比例　1:2
审核　分度头尾座　重量
　　　　　　　　共1张　第1张

第十一章 计算机辅助绘图

11-1 Auto CAD 基本绘图命令

班级　　　姓名　　　学号

1. 图层设置练习。
(1) 利用图形界限命令确定 A3 图幅边界：左下角 (0, 0)，右上角 (420, 297)。
(2) 利用图层命令建立四个图层，分别命名为：粗实线、细实线、细点画线、虚线。
(3) 进行线宽设置：粗实线 0.6、细实线 0.3、细点画线 0.3、虚线 0.3。
(4) 要求在不同图层上绘制下列图形。

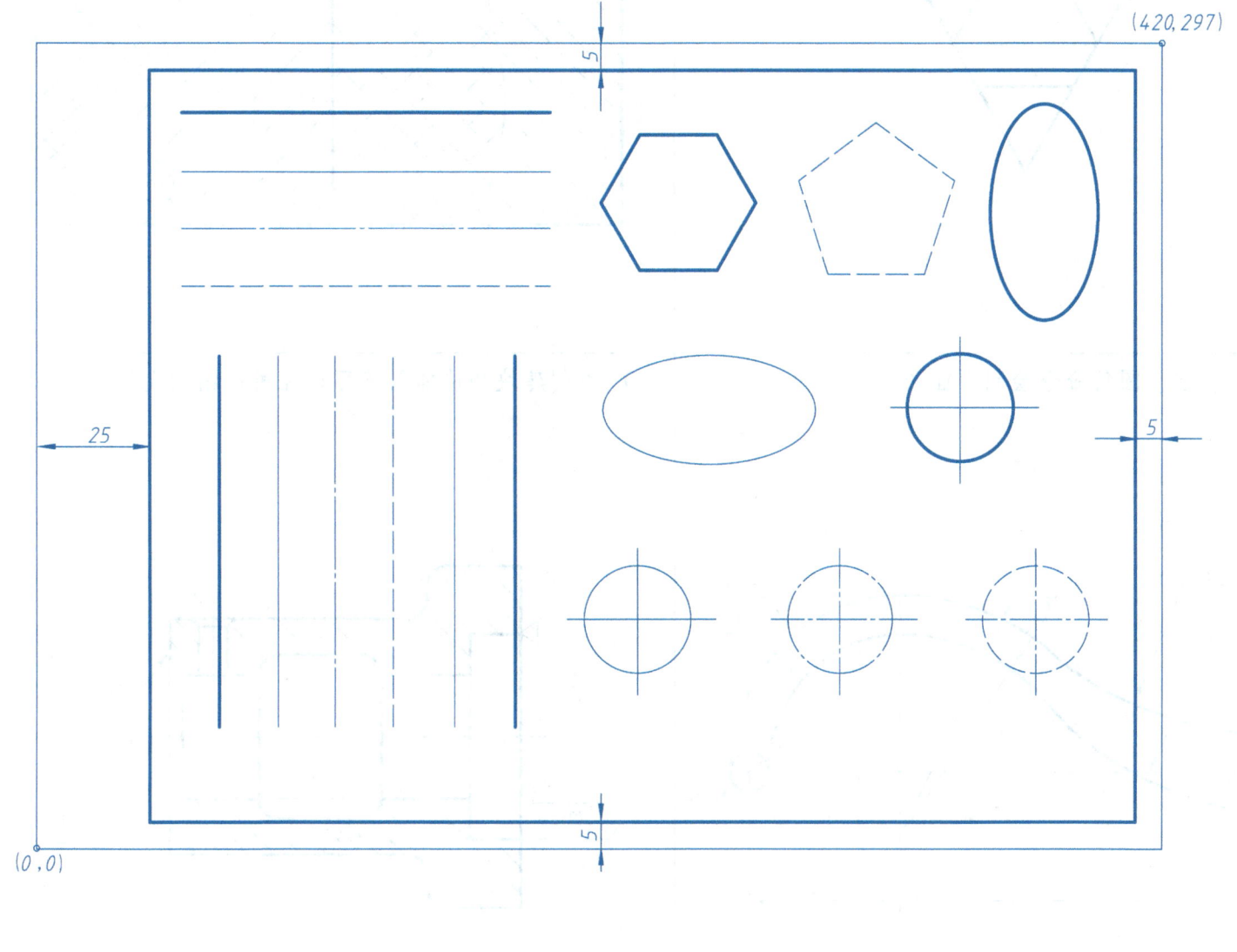

2. 用直线命令（正交模式）绘制下面图形。

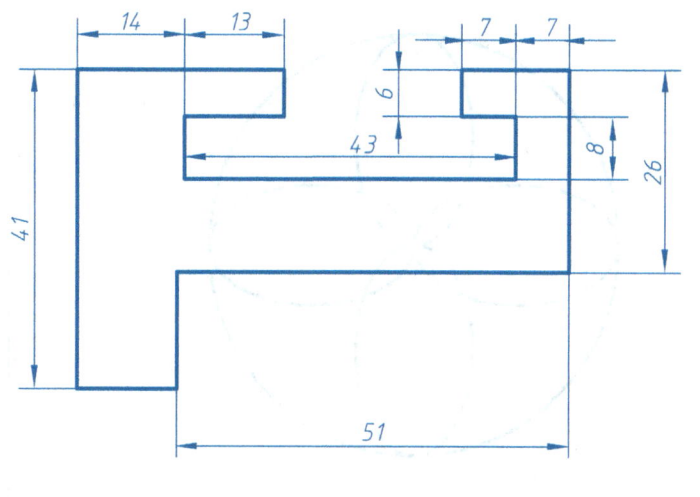

3. 用矩形（倒角、圆角）命令绘制下面图形。

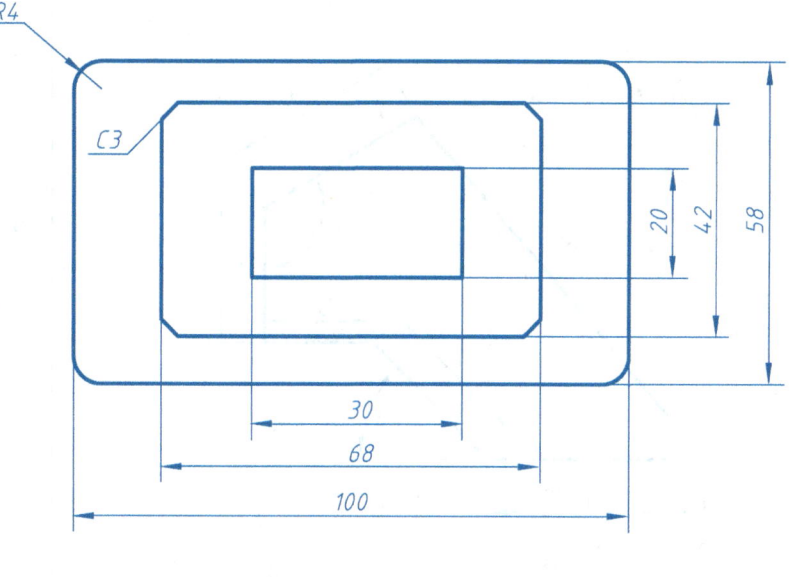

| 11-1　AutoCAD 基本绘图命令（续） | | 班级　　　姓名　　　学号 |

4. 用圆、椭圆命令绘制下面图形。

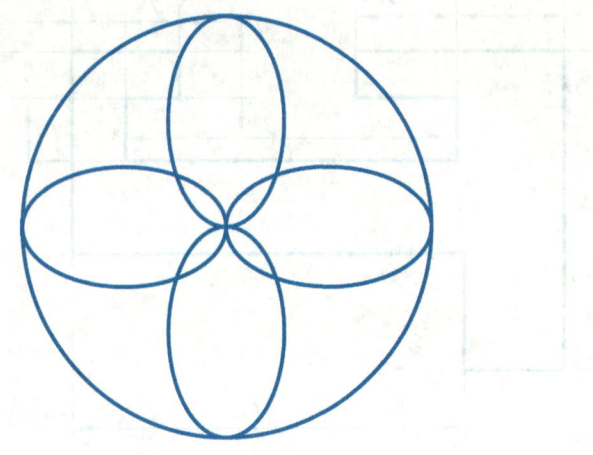

5. 用多边形命令绘制下面图形。

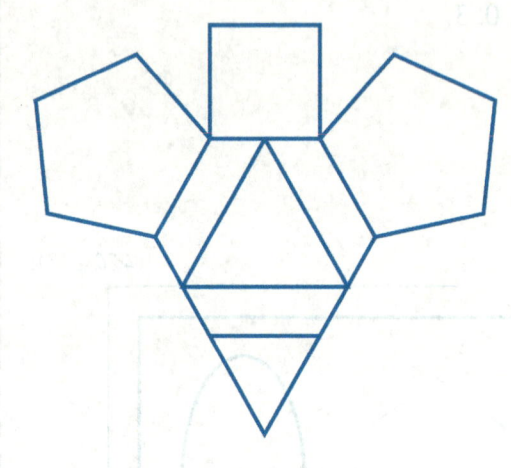

6. 用图案填充命令练习绘制下面图形。

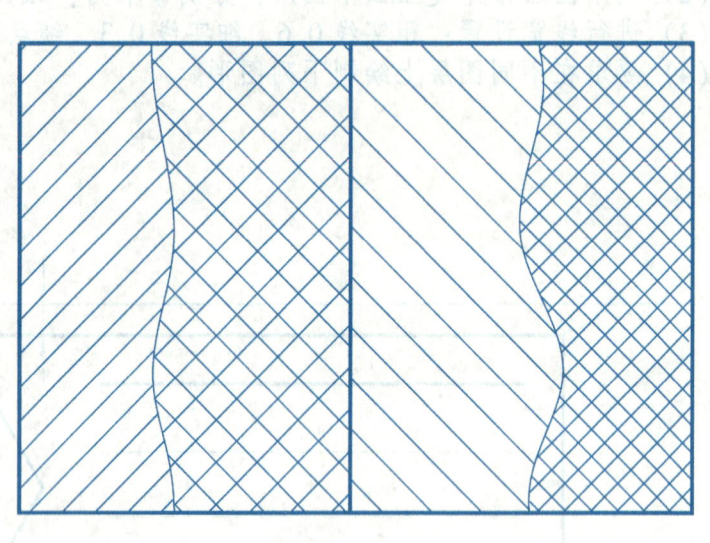

7. 用直线命令（极坐标方式）绘制下面图形。

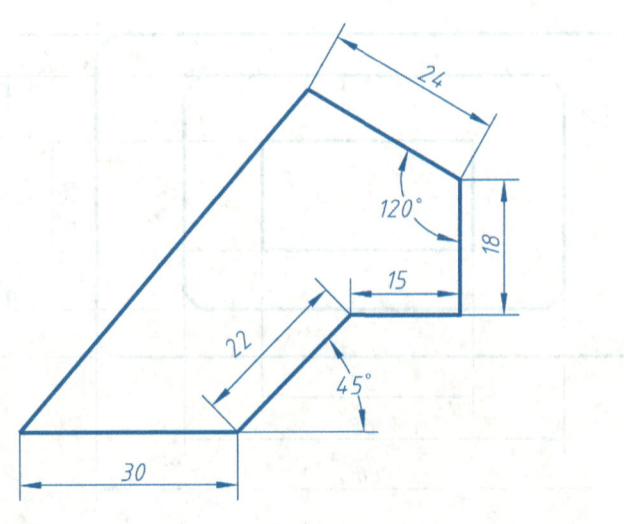

8. 用直线、圆、圆角命令绘制下面图形。

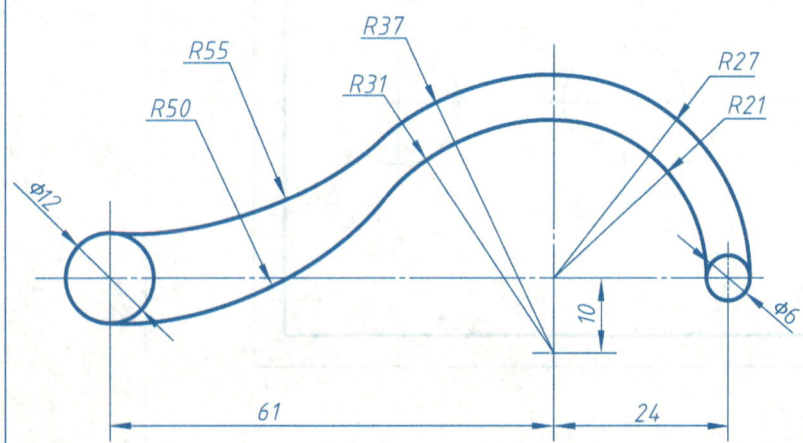

9. 用创建块和块插入练习标注表面结构代号。

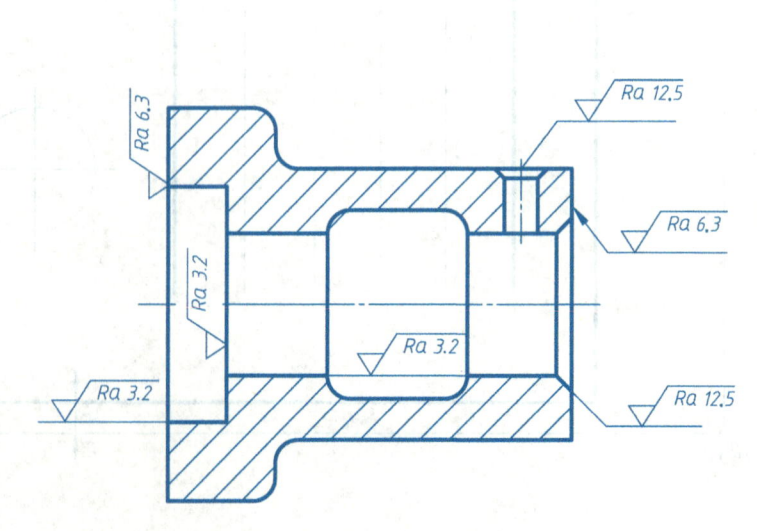

11-2 基本编辑命令	班级　　　　姓名　　　　学号

1. 运用裁剪、旋转、镜像等编辑命令绘制下面图形。

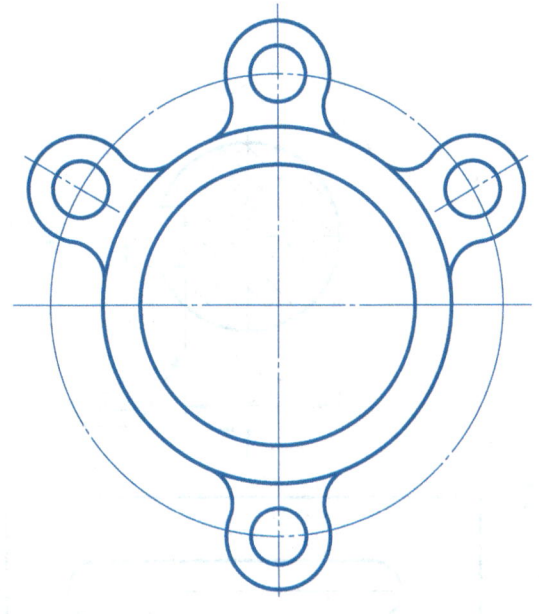

2. 综合运用绘图和编辑命令，绘制平面图形并标注尺寸。

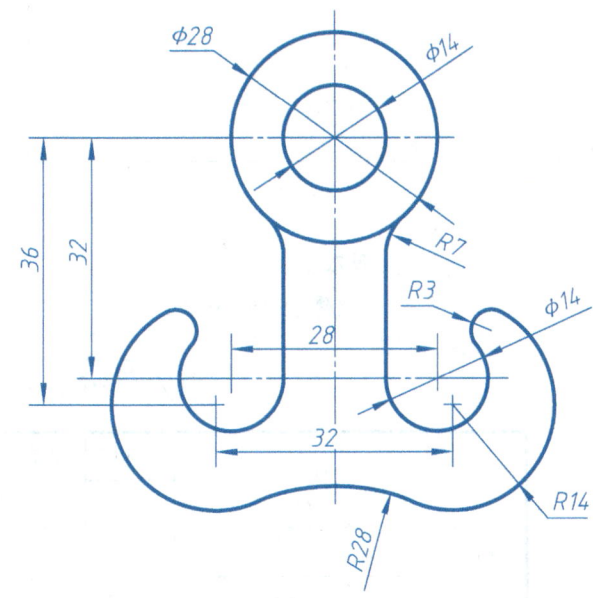

3. 按照 1∶1 的比例抄画组合体主、俯视图，并补画其左视图（不注尺寸）。

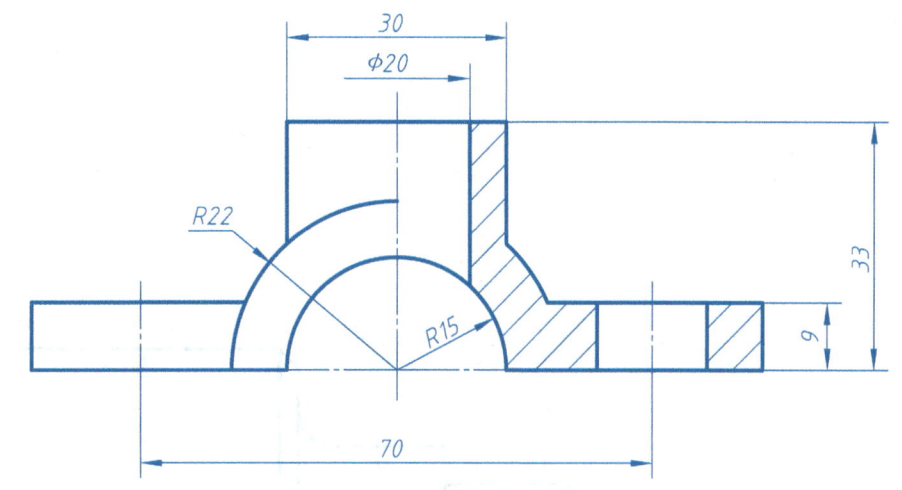

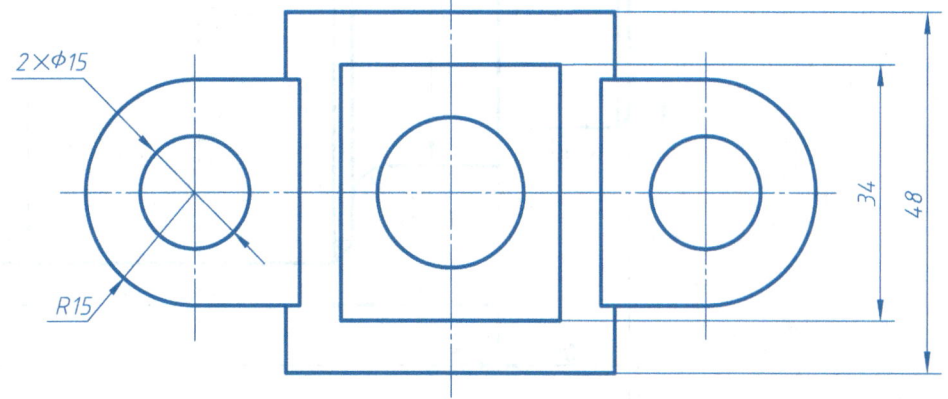

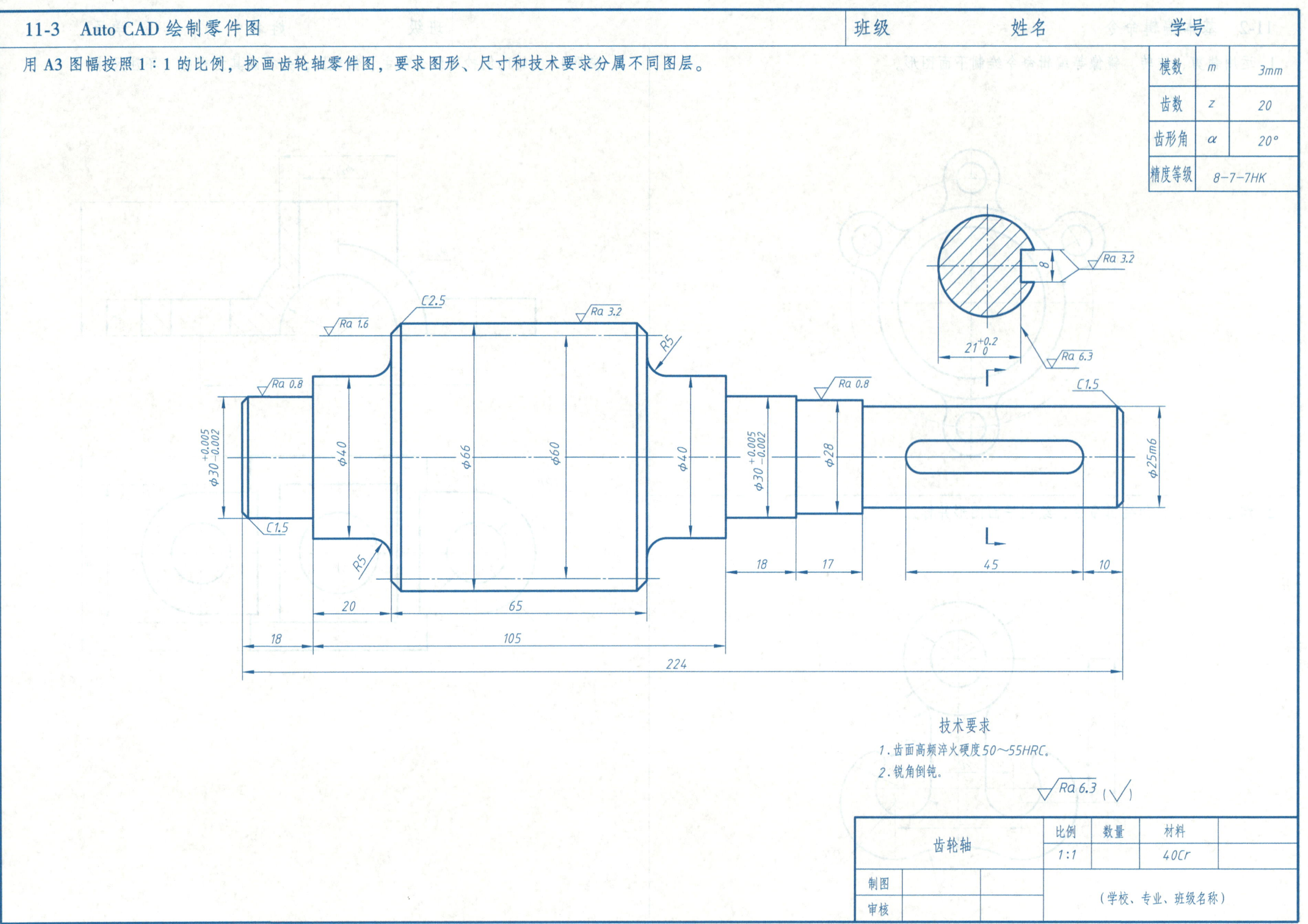

11-4 由零件图绘制装配图

机械式支顶是用来支起重物的机构。操作者使用扳手转动顶杆上部的六角头结构以旋转顶杆，顶杆在顶座中转动，此时顶杆连同顶碗相对于底座产生上、下移动，从而起到升降重物的作用。

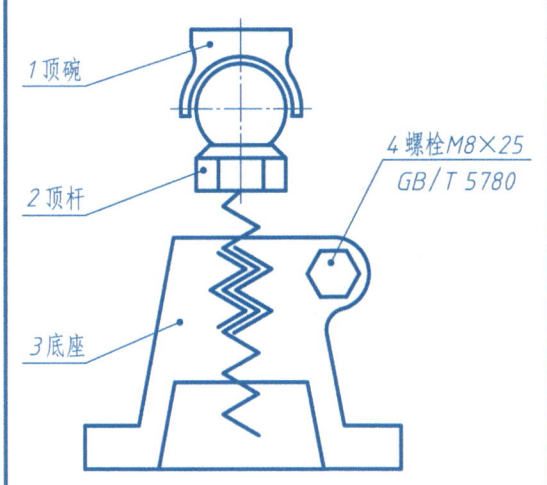

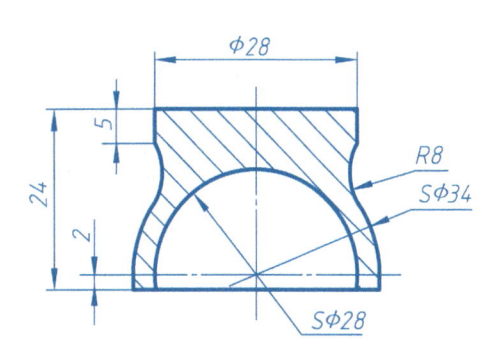

| 序号 | 1 | 名称 | 顶碗 | 数量 | 1 | 材料 | 35 |

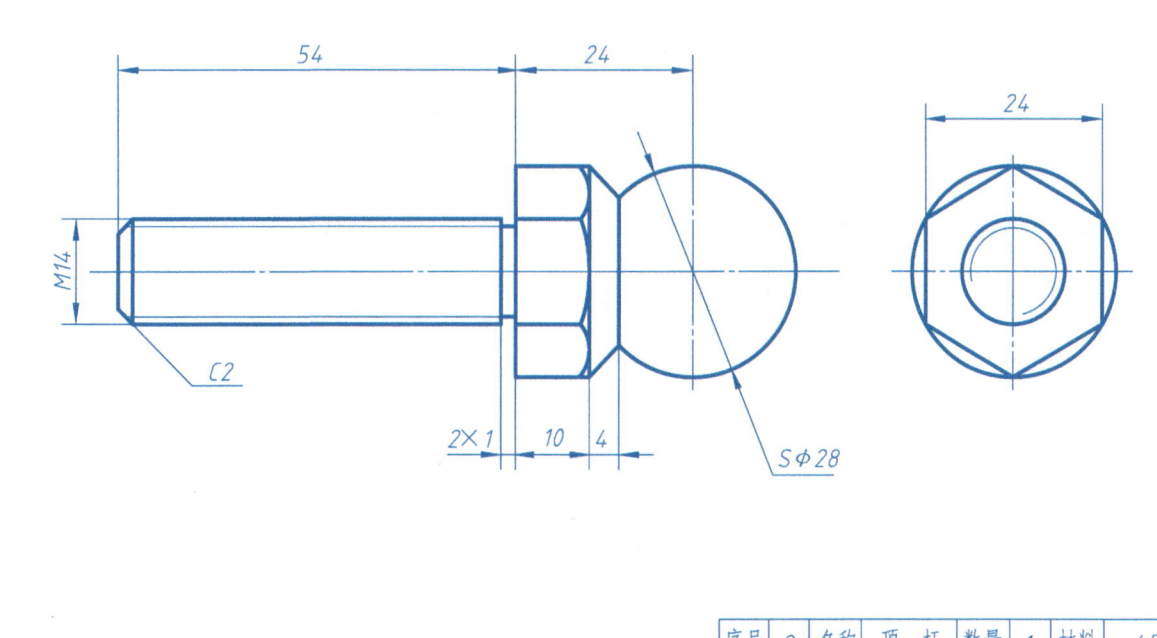

| 序号 | 2 | 名称 | 顶杆 | 数量 | 1 | 材料 | 45 |

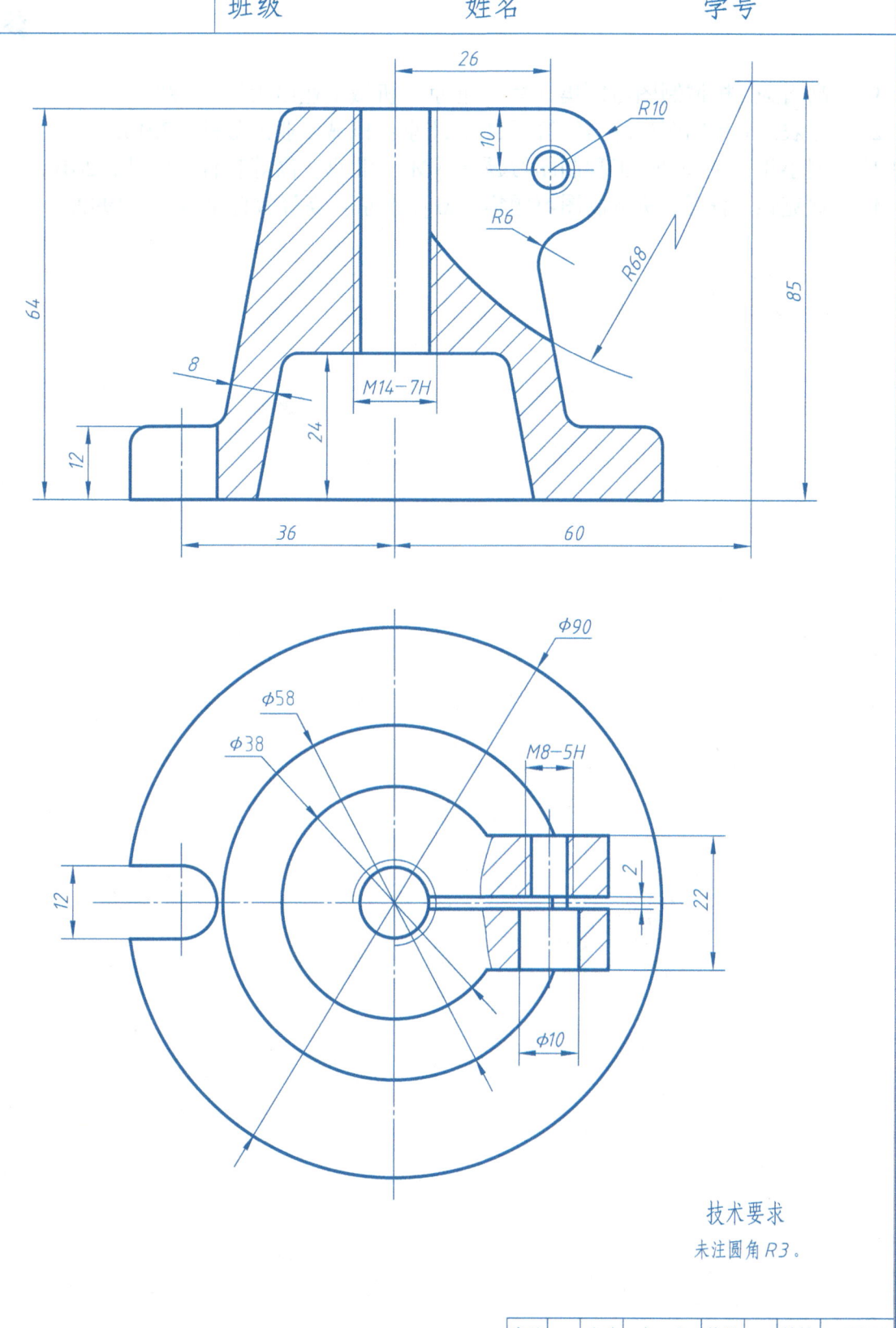

技术要求

未注圆角 R3。

| 序号 | 3 | 名称 | 底座 | 数量 | 1 | 材料 | HT200 |

参 考 文 献

[1] 高雪强. 机械制图习题集 [M]. 北京：机械工业出版社，2008.
[2] 王农. 工程制图训练与解答 [M]. 北京：机械工业出版社，2013.
[3] 刘小年，王菊槐. 工程制图习题集 [M]. 北京：高等教育出版社，2010.
[4] 钱克强，汪珍. 机械制图习题集 [M]. 北京：高等教育出版社，1999.